Sistemas CBIR: recuperación de imágenes por rasgos visuales

SISTEMAS CBIR: RECUPERACIÓN DE IMÁGENES POR RASGOS VISUALES

Sara Pérez Álvarez

EDICIONES TREA, S. L.

BIBLIOTECONOMíA Y ADMINISTRACIÓN CULTURAL —168

Polígono Industrial de Somonte
María González la Pondala, 98, nave D
33393 Somonte, Cenero. Gijón (Asturias)
Tel.: 985 303 801. Fax: 985 303 712
trea@trea.es
www.trea.es

Dirección editorial: Álvaro Díaz Huici
Producción: José Antonio Martín
Maquetación: María Álvarez Menéndez
Corrección: Olaya González Dopazo
Cubiertas: Impreso Estudio (Oviedo)
Impresión: Gráficas Apel, S. L. (Gijón)
Encuadernación: Encuadernaciones Cimadevilla, S. L. (Gijón)

Depósito legal: As. 1207-2007
ISBN: 978-84-9704-314-4

Impreso en España — Printed in Spain

A Antonio
A mis padres y hermano

ÍNDICE

INTRODUCCIÓN

Todos hemos escuchado alguna vez aquello de que estamos inmersos en una «cultura visual», con las posibles connotaciones negativas que a alguien le pueda sugerir. Y es que esta tendencia social tan común hoy en día de preferir la imagen a la palabra puede ser vista por algunos como una amenaza al raciocinio, pues mientras la palabra es portadora de saber, la imagen agita los sentimientos, las emociones, haciéndolo muchas veces de forma inconsciente para nosotros.

Dejando al margen las ventajas e inconvenientes que tenga el guiarse por una u otra forma de expresión, lo que resulta evidente es que en esta sociedad dominada por el desarrollo tecnológico, la información visual se impone definitivamente sobre lo lingüístico. Y dada esta situación, es interesante aprovechar para reflexionar acerca de nuestro grado de conocimiento sobre las imágenes, sobre las necesidades reales que tenemos de ellas y sobre los medios con los que contamos para localizarlas, entre otras cuestiones.

Pues bien, acerca de los medios con los que contamos para ello, es obvio que la cultura de la imagen imperante hoy día es la de la imagen digital y en Internet. Esta nueva cultura supone nuevas formas de uso, de gestión, de aprendizaje y de difusión de la imagen. En este libro, vamos a acercarnos a las nuevas formas de representación y de recuperación y, más en concreto aún, a la representación y recuperación visual de la imagen fija.

La representación tradicional de las imágenes para su posterior recuperación consiste en transcribir el lenguaje visual al verbal. Dicho de otro modo, para localizar una imagen preguntamos por términos que la describan y que habrán sido asociados a ella bien de manera casual (leyenda, título, etcétera), o predeterminada (palabras clave, descriptores). Fruto de este último caso tenemos, por ejemplo, la construcción de tesauros para controlar el vocabulario propio de un área temática concreta.

En las próximas páginas, sin embargo, vamos a tratar de un tipo de sistemas automáticos para representar y recuperar imágenes que tienen como principal objetivo evitar esa transcripción del lenguaje visual al verbal. Dichos sistemas se conocen habitualmente por las iniciales de la expresión anglosajona *Content-Based Image Retrieval Systems,* de ahí que, en adelante, nos refiramos a ellos como sistemas CBIR. La característica principal que presentan es la de permitir la extracción automática de los rasgos visuales contenidos en una imagen digital tales como su forma, color o textura. De esta manera, el usuario puede buscar imágenes visualmente semejantes entre sí sin necesidad de recurrir a atributos textuales que las definan.

Una buena razón para acercarnos al estudio de estos sistemas es el hecho de que presentan soluciones a algunos de los problemas planteados por la representación textual de las imágenes. Entre los problemas que pueden verse resueltos se encuentran el del tiempo empleado en indizar las imágenes y la inconsistencia entre indizadores, así como la dificultad de expresar cualidades gráficas mediante palabras. Por estos motivos, y desde un punto de vista documental, resulta de interés estudiar las características y posibilidades que pueden ofrecer los sistemas CBIR, así como determinar qué aspectos son susceptibles de mejora y de qué manera pueden corregirse para aumentar el grado de aceptación de esta tecnología entre los usuarios.

Y es que, efectivamente, el grado de aceptación que han recibido los sistemas CBIR desde que surgieron, hace ya más de una década, ha sido bajo excepto en entornos muy específicos. Sin embargo, y a tenor de estudios realizados, los usuarios se ven atraídos por sus opciones de búsqueda, al tiempo que la investigación al respecto es muy abundante. Esta contradicción entre el interés que suscitan las técnicas de recuperación CBIR y su escasa aprobación en términos generales nos lleva a la necesidad de indagar acerca de los posibles motivos.

Una de las posibles causas que vamos a analizar se basa en la consideración de que el éxito de estos sistemas no solo está condicionado por el avance tecnológico que pueda lograrse en cuanto a su funcionamiento interno, sino también por la capacidad que tengan para posibilitar la interacción y relación de intercambio de conocimiento entre las personas. En realidad, este es un condicionante que puede servir a todo desarrollo tecnológico.

Vamos a examinar con detalle los problemas de interacción que afectan a los sistemas CBIR en su relación con el usuario. Las conclusiones de este examen han de demostrar la necesidad que existe de mejorar el diseño de estos sistemas para adecuarse a las características de sus destinatarios finales. A fin de mejorar esta situación, propondremos unos requisitos mínimos de usabilidad exigibles a cualquier sistema CBIR para garantizar un diseño que pueda ser comprendido y aprendido por todo usuario.

El interés de diseñar interfaces «usables» para sistemas CBIR reside en última instancia en el valor potencial que la aplicación de esta tecnología puede suponer sobre cualquier sistema de recuperación de imágenes. Por otro lado, debido a que estos sistemas han sido propuestos desde parcelas alejadas a nuestro ámbito profesional, y debido también a la escasez de trabajos que desde la perspectiva documental hayan tratado el tema, nos hemos visto en la necesidad de explicar sus orígenes, sus características y posibilidades de uso en la recuperación de imágenes, a fin de conformar un trabajo que sirva de base a cualquiera en general, y al estudioso de la documentación, en particular.

De esta forma, el primer capítulo sirve de presentación de los sistemas CBIR, definiéndolos y situando su origen en el tiempo. Prosiguiendo con el estado de la cuestión, analizamos la productividad de la investigación al respecto a través de una relevante base de datos como es INSPEC. Nuestro comentario de los estudios contenidos en INSPEC se utiliza para reforzar las consideraciones de los expertos acerca de la literatura relacionada con los sistemas CBIR. Fruto de este análisis, dejamos patente cuáles son las principales líneas abiertas en la investigación sobre esta materia, al tiempo que destacamos los aspectos menos cuidados.

También hemos sintetizado cuáles son las principales publicaciones, profesionales, instituciones y grupos de trabajo dedicados a aumentar el cuerpo teórico y práctico en torno a la tecnología CBIR. En este sentido, ponemos de manifiesto la escasa participación española, aunque aplaudimos especialmente el trabajo del profesor Jesús Robledano por sus aportaciones dando a conocer la existencia de estos sistemas al profesional español de la documentación.

Siguiendo precisamente a Jesús Robledano, en el segundo capítulo especificamos las características y algunas limitaciones de funcionamiento que presentan estos sistemas. A partir de sus descripciones y las de otros autores, se concretan las principales dificultades a las que se somete la tecnología CBIR en la actualidad, prestando especial atención a los problemas de recuperación semántica y evaluación.

Tras aclarar las posibilidades y restricciones de esta tecnología, en el capítulo tercero se señala la tipología que podemos establecer sobre las aplicaciones CBIR existentes, comentando algunos ejemplos dentro de cada categoría. Asimismo, hemos querido dedicar un apartado al estudio de las aplicaciones más directamente relacionadas con nuestro ámbito profesional que han comenzado a explorarse.

Para acabar, el capítulo cuarto se dedica a la reflexión sobre los problemas de interacción que presentan los sistemas CBIR. Teniendo en cuenta las conclusiones aportadas por otros trabajos relacionados, hemos diseñado un método para analizar la usabilidad de las interfaces CBIR. Este método ha sido aplicado sobre una selección de interfaces CBIR y nos ha permitido detectar un conjunto de problemas de interacción que nos parecen suficientemente graves como para sostener que su corrección podría contribuir notablemente a mejorar la eficacia percibida por el usuario. Las soluciones que aportamos para corregir estos problemas conforman el cuerpo de requisitos mínimos de usabilidad que proponemos al final de dicho capítulo.

Capítulo 1

LA INVESTIGACIÓN EN SISTEMAS CBIR

1.1. Consideraciones sobre el significado de los sistemas CBIR

Antes de proceder a una posible definición de los sistemas CBIR, interesa recordar los dos niveles estructurales básicos que la semiótica establece en el enunciado icónico: el nivel de la expresión, también llamado formal o plástico, y el del contenido.[1]

El nivel de la expresión se identifica con la forma de representación de los iconos en la imagen. Por su parte, el nivel del contenido o nivel icónico consiste en la percepción de elementos de la realidad en la imagen. La significación en este nivel deriva de la interpretación de los iconos representados: identificamos categorías, características e identidad de objetos, así como su marco circunstancial —cronológico, geográfico y temático.

Evidentemente, la separación entre ambos niveles solo se justifica aquí para explicar los procedimientos analíticos que tienen los sistemas objeto de este trabajo. También para explicar dentro de un momento qué debemos entender cuando hablamos de *sistemas de recuperación de imágenes basados en el contenido*.

John Eakins y Margaret Graham (1999), dos destacados profesores del *Institute for Image Data Research* (IIDR) de la Universidad de Northumbria (Newcastle) —instituto desaparecido en 2005—, consideran que el primero en utilizar la expresión *content-based image retrieval* fue Toshikazu Kato,[2] en su trabajo: «Database archi-

[1] Estamos recordando el modelo estructural más simple, inspirado en la tríada de Charles Sanders Peirce, uno de los fundadores de la semiótica, a cuyo modelo se ha accedido a través de Robledano Arillo (2002: 109 y ss.). Un análisis más profundo de la teoría de este autor en: C. Sanders Peirce: *La Ciencia de la Semiótica,* Buenos Aires: Nueva Visión, 1974.

[2] También otros autores coinciden en atribuir el origen de estos sistemas a los trabajos de Kato (Venters y Cooper, 2000*b*); y, cuando no se afirma directamente, al menos se está de acuerdo en que fue a comienzos de los años noventa.

tecture for content-based image retrieval», en A. A. Jambardino y W. R. Niblack (eds.) (1992): *Image Storage and Retrieval Systems,* Proc. SPIE 2185, pp. 112-123.

Lo hace al describir sus experimentos sobre recuperación automática de imágenes a partir de dos bases de datos distintas, *Trademark* y *Art Museum,* que representan sus imágenes mediante los atributos de forma y color, respectivamente. Desde entonces, se ha utilizado ampliamente para referirse a la recuperación de imágenes almacenadas en grandes bases de datos a partir de rasgos como el color, la textura o la forma, que pueden extraerse de manera automática directamente de las imágenes.

Podemos apreciar que la cuestión derivada de la expresión CBIR *(content-based image retrieval)* es el tipo de atributos a partir de los cuales estos sistemas permiten recuperar imágenes. Literalmente la expresión se traduce como «recuperación de imágenes basada en el *contenido*». Sin embargo, hoy día cuesta entender que esta expresión se refiera al nivel estructural de *contenido* al que aludíamos más arriba, ya que en la actualidad los sistemas CBIR consideran esencialmente los elementos formales intrínsecos que caracterizan a una imagen, es decir, los elementos propios del nivel formal o plástico.

Entre los elementos formales gráficos de carácter intrínseco que pueden ser abstraídos y analizados por estos sistemas, se encuentran colores, texturas, figuras y relaciones topológicas entre esos atributos. El análisis de dichos elementos permite inferir automáticamente estructuras de composición de la imagen. Debemos tener presente esta apreciación, y quizá atrevernos a entender que el uso del término *content-based* alude en la práctica a que realmente lo *contenido* en una imagen es una serie de elementos morfológicos, a partir de los cuales el lector puede inferir un significado referente a su realidad, a su mundo visual y cultural. De esta forma tendría sentido hablar de una recuperación que está basada en el contenido, es decir, una recuperación detrás de la cual siempre se esconde un proceso de extracción automática de rasgos visuales, considerados estos como el verdadero contenido[3] de una imagen.

Precisamente así lo conciben muchos autores, por ejemplo Urcid Pliego (2003), para quien la expresión *por contenido* significa que los únicos datos que utilizan estos sistemas para formular las consultas son aquellos que comprende o encierra la imagen en sí, o sea, su *contenido*.[4] Esta forma de entender la expresión *CBIR* es fruto de la realidad actual de estos sistemas.

[3] Entendido este como nos indica la segunda entrada del DRAE (21.ª ed., 2001) para este término (2. m. Cosa que se contiene dentro de otra) y no desde la interpretación lingüística (4. *Ling.* Plano del contenido).

[4] De acuerdo con nota anterior.

Es interesante considerar los dos niveles estructurales, formal y de contenido, en que puede descomponerse una imagen desde otra perspectiva semejante que nos ayude a ver con mayor claridad, si cabe, los posibles atributos que sirven de materia prima a los sistemas CBIR. El profesor Eakins (1996) establece un modelo semántico de la imagen orientado a las posibilidades de representación, precisamente, de los planos de significación de la imagen en un sistema de recuperación. Básicamente viene a distinguir entre rasgos primitivos (correspondientes al nivel plástico) y rasgos semánticos.[5] Su distinción tiene en cuenta el tipo de preguntas que el usuario puede hacer en relación con una imagen. A este respecto, establece tres niveles de abstracción: rasgos primitivos, como colores, formas o texturas; rasgos lógicos, como la tipología e identidad concreta de los objetos mostrados; y atributos abstractos, como las clases de eventos o actividades representadas, o la identificación de elementos de significación emocional. Tanto los rasgos lógicos como los atributos abstractos implican la referencia a un cuerpo de conocimiento ajeno a lo directamente mostrado por la imagen que nos permite identificar una determinada forma como un objeto concreto, o interpretar el significado de una escena; de ahí que la distinción se resuma finalmente en rasgos primitivos y rasgos o atributos semánticos.

Hoy día, tal como hemos dicho, los sistemas CBIR recuperan a partir del nivel de abstracción más bajo (color, forma, textura, distribución espacial, posición, bordes, etcétera), pero la mayoría de los usuarios demanda un estadio de recuperación más alto. El hecho de que actualmente los sistemas CBIR funcionen de manera relativamente exitosa en la recuperación de imágenes desde el punto de vista del plano o nivel formal no significa que su intención no sea la de hacerlo también a partir del nivel del contenido. Así, autores como Venters, Hartley y Hewitt (2004) aseguran expresamente que el objetivo de la recuperación CBIR también es la recuperación semántica de las imágenes.

Y este es precisamente el principal reto al que se enfrenta la tecnología CBIR en la actualidad: inferir significados por los que se pueda recuperar partiendo de la extracción automática de atributos visuales. Cuando quede superado este reto, será cuando podamos entender claramente que el término *content-based* que se encuentra en su denominación hace plena referencia tanto a la recuperación del contenido formal como a la del contenido icónico de las imágenes.

Finalmente, presentamos a continuación la definición que más completa y precisa nos resulta acerca de la naturaleza de los sistemas CBIR. Se trata de una definición

[5] Distinción que, por su parte, ya hicieron con anterioridad Gudivada y Raghavan (1995: 19).

dada por un profesor español, donde se pone de manifiesto no solo la particularidad que presentan estos sistemas de manejar los atributos visuales de las imágenes, sino también el hecho de que dichos atributos se extraigan automáticamente:

> Sistemas CBIR: Modelo de recuperación visual de las imágenes, basado en el uso de características intrínsecas[6] de los documentos que son extraídas y representadas automáticamente a través de estructuras de datos numéricas (Robledano Arillo, 2002).

1.2. Explicación del interés de estos sistemas desde el punto de vista documental

El contexto en que se dan a conocer los sistemas CBIR se inserta en un momento de explosión, que arranca fuertemente desde comienzos de la década de los noventa, de los sistemas multimedia y de la digitalización de colecciones de imágenes disponibles a través de Internet y de otros medios.[7] Es difícil considerar una sola razón por la cual se originan estos sistemas, pero desde el punto de vista documental se suele señalar como motivo fundamental las limitaciones que, ante la nueva situación de crecimiento de la producción de imágenes digitales, comienzan a advertirse con más firmeza en relación con el modelo lingüístico tradicional aplicado a la recuperación de imágenes (Robledano, 1999). Este modelo se basa en la representación textual de las imágenes y el empleo de criterios de recuperación también textuales. A pesar de que las técnicas de indización textual tienen muchas fortalezas, sobresaliendo la capacidad de las palabras para describir casi cualquier aspecto del contenido de una imagen, el proceso de indización manual presenta dos inconvenientes principales:

- Alto coste en términos de tiempo y dinero.
- Problemas de consistencia entre indizadores, e incluso de un mismo indizador, a la hora de determinar los temas presentes en una imagen.

Así, por ejemplo, entre las razones que aducen los autores Aigrain, Zhang y Petkovic (1996) acerca de la necesidad de desarrollar técnicas para el procesamiento del contenido visual, se encuentra la de ofrecer acceso a grandes bases de

[6] En Robledano (2002) se entiende por características o contenido íntriseco de la imagen «el conjunto de atributos derivados de las características materiales de la imagen» (o. cit., p. 182).

[7] Esta reflexión se puede detectar en la práctica totalidad de la bibliografía consultada. Como ejemplos sirvan la mención a los trabajos de Rui, Huang y Chang (1997; 1999); o Long, Zhang y Dagan (2003).

datos de imágenes fijas superando las limitaciones de tiempo y coste que implica la producción humana de información descriptiva sobre las imágenes.

Con respecto al segundo inconveniente que mencionábamos, relativo a los problemas de consistencia en la indización manual, a menudo se cita una idea expresada por Enser (1995: 145), por la que viene a establecer que si recuperamos una imagen que no es predecible, entonces podemos deducir que su indización temática no es útil. Jain (1996) va más allá en este sentido, puesto que para él las palabras clave ofrecen con frecuencia una mejor descripción de la persona que las asigna que de la propia imagen a la que se refieren. A este respecto, Vendrig (1997) comenta que la recuperación de las imágenes no debería tener que ver con lo que el indizador piensa que se representa en la imagen, sino con lo que el usuario asocia a la imagen. Esa asociación depende de la finalidad del que busca y no solo varía en virtud del usuario, sino por cada sesión de recuperación, en tanto y cuanto la motivación del que busca puede cambiar. Ogle y Stonebraker (1995) refuerzan esta idea concluyendo que la tarea de indizar textualmente el contenido de las imágenes es muy subjetiva y se enfrenta al cambio diacrónico del vocabulario empleado como herramienta de trabajo. Romer (1996) añade también como problemas la falta de estándares para la denominación de los códigos visuales y el desigual entrenamiento visual entre los analistas.[8]

Una síntesis similar a la ofrecida por los anteriores autores nos la aportan Venters y Cooper (2000*b*), quienes destacan la subjetividad a la hora de interpretar una imagen.

Por último, Corridoni, Del Bimbo y Vicario (1998) manifiestan un problema distinto a los planteados hasta ahora. Se trata de la necesidad de superar la limitación que supone la imposibilidad o gran dificultad de expresar mediante palabras las cualidades gráficas y las sensaciones estéticas que proporciona la percepción de una representación visual.

Esta última idea también la plantea Robledano (1999; 2002) al señalar que el sistema de significación de la imagen es distinto al del texto lingüístico, y que, en consecuencia, aspectos muy relevantes de la semántica de una imagen no podrán ser trasladados a descripciones lingüísticas. Como vemos, esto pone en entredicho

[8] Acerca de la falta de estándares para la denominación de los códigos visuales, hemos de decir que en la actualidad el estándar MPEG-7 resuelve precisamente este problema, pero los sistemas CBIR no excluyen la posibilidad de incluir estos descriptores como complemento. Sirva de ejemplo a este respecto el sistema PICSOM (Koskela, Laaksonen y Oja, 2001) o el prototipo experimental ERIC7 (Gagnon, Foucher y Gouaillier, 2004), pues ambos utilizan metadatos de color, textura y forma.

precisamente una de las ventajas que se consideraba presentaba el modelo lingüístico: la capacidad de las palabras para describir casi cualquier aspecto del contenido de una imagen. Para contrarrestar el efecto de estas afirmaciones, tal vez podamos decir que, a pesar de la ambigüedad y subjetividad ligadas a la asignación de texto a las imágenes, lo cierto es que este método de representación permite una recuperación semántica, y en aquellas áreas donde cada objeto tiene una única posible interpretación o descripción, es además una técnica de recuperación muy poderosa (Vendrig, 1997; Picard, 1995*b*).

Los sistemas visuales puros, que es como Enser (1995) y Robledano Arillo (1999) denominan a los sistemas que permiten tanto la representación automática de los atributos visuales de la imagen como la recuperación a partir de esos criterios, intentan solucionar las debilidades impuestas por el modelo lingüístico. El problema de la inconsistencia en la indización se soluciona siendo el propio sistema el que extrae de forma automática los datos que representan a las imágenes; en consecuencia, no es necesario ningún entrenamiento visual por parte de los analistas, a la vez que permiten expresar cualidades gráficas. Sin embargo, también suponen ciertos problemas que se comentarán más tarde. El fundamental, que ya hemos adelantado, es el de la asignación de significados a los atributos formales extraídos de la imagen para permitir la recuperación a nivel semántico: por objetos, personas concretas y escenas, principalmente. También es cierto que este problema a menudo se resuelve incorporando sobre los sistemas visuales puros funciones de consulta lingüísticas. Es lo que Robledano Arillo (1999) considera como un tipo de sistema mixto y una solución bastante acertada, opinión defendida por Eakins (1996) entre otros muchos autores.

A nuestro juicio, los sistemas CBIR abarcan tanto sistemas visuales puros como sistemas mixtos, fruto de la combinación de estos con sistemas del tipo VL, LV o incluso con sistemas lingüísticos del tipo LL, siguiendo la tipología de sistemas automatizados de recuperación de imágenes establecida por Peter Enser (1995: 146),[9] ya que, de forma aislada o en conjunción con herramientas de representación y recuperación textuales, los sistemas resultantes de dichas combinaciones emplearían atributos visuales para representar el contenido de las imágenes al tiempo que siempre permitirían la posibilidad de recuperar por dichos criterios, ajustándose con ello a la definición anteriormente dada de sistemas CBIR.

[9] Tipología compuesta por cuatro modelos, a saber: LL (representación y recuperación lingüísticas); LV (representación lingüística y recuperación visual); VL (representación visual y recuperación lingüística); VV (representación y recuperación visuales).

En todo caso, la integración de estas tipologías aboga por la automatización de los procesos para solucionar los problemas tradicionales e intentar un análisis y una recuperación lo más ajustada posible al contenido total de las imágenes. En consecuencia, y hoy por hoy, creemos que, en la medida de lo posible, se debe defender el uso conjunto de técnicas de análisis y recuperación visuales y conceptuales como método ideal para considerar en los procesos documentales tanto la naturaleza semántica como la naturaleza morfológica de las imágenes. Cómo adecuar esas combinaciones será un tema que nos corresponda resolver como profesionales de la documentación en función de las características de los documentos a representar, de las necesidades informativas de los usuarios, de los tiempos de respuesta ante las consultas que el usuario precise y de las formas de difusión requeridas en cada caso; cuestiones todas estas que, como bien nos recuerdan Robledano y Moreiro (2002: 180-181), han de estar siempre presentes si queremos conseguir sistemas de recuperación factibles.

1.2.1. IMPORTANCIA Y FINALIDAD

Decía Jones (1986: 12) al referirse a la importancia de la indización automatizada frente a la humana aplicadas al documento textual, que el valor de la indización automatizada se incrementaría cuando la literatura de forma legible a máquina fuese más importante que la producida por medios tradicionales. Esta afirmación, tal como consideran Méndez y Moreiro (1999: 6), quizá se haya hecho presente no tanto en el sentido de que la producción de literatura legible por máquina sea más importante que la impresa, pero sí en cuanto a que la naturaleza de la información ha cambiado y cada vez se presenta más en formato electrónico. Ambas reflexiones, tanto la de Jones en 1986 como la perspectiva de Méndez y Moreiro en 1999, son perfectamente extrapolables al ámbito de la imagen. Lo evidente en el terreno documental es que la indización automatizada de imágenes ha venido a centrar la atención de un gran número de estudios cuando la digitalización y los sistemas multimedia, hace ya más de una década, aumentaron la disponibilidad de las colecciones de imágenes y supusieron con ello una solución al problema entre preservación y acceso a la información.

Que el modelo tradicional de indización manual de las imágenes impone limitaciones a la explotación de las mismas como recursos de información es algo ampliamente reconocido, y que la digitalización acentúa los problemas de tiempo invertido en la asignación de texto a las imágenes, es un hecho aún más palpable. Para solventar estos obstáculos, los avances de los últimos años se han centrado en la indización automática y la recuperación de las imágenes por su contenido visual.

Las razones para optar por una u otra solución en el campo de la imagen se han expuesto en el apartado precedente, en el que hemos subrayado las dificultades de la indización manual que han contribuido a una mayor atracción hacia los sistemas CBIR; máxime si tenemos en cuenta que el procesamiento automático del lenguaje natural no resuelve todos los problemas de la indización manual; por ejemplo, es sensible a la ambigüedad que provoca el hecho de asignar una palabra clave a un cierto contexto, obviando otras palabras que pueden ser igualmente aceptables u otros contextos (Vendrig, 1997). Precisamente, y como ya hemos comentado antes, en una imagen ha de primar la idea que el usuario asocia a dicha imagen, y no lo que un indizador (automático o humano) ha interpretado que representa. Aun así, hemos dejado entrever que las soluciones más recomendables en la actualidad pasan por la conjunción de técnicas en función del fondo que se vaya a consultar.

Para Xiangyu Jin (2002), la necesidad del CBIR se resume en tres ideas que podemos sumar a lo ya comentado y que entroncan directamente con su aplicación a Internet:

— La creciente cantidad de imágenes digitales.
— El hecho de que la Web es un recurso abierto.
— Que los motores de búsqueda actuales se basan en el título de las imágenes, con la limitación que esto supone.

Podemos explicar estas apreciaciones de Xiangyu Jin considerando el fenómeno de desintermediación que ha supuesto Internet al convertirse actualmente en el medio generalizado de acceso a la información gráfica. Las implicaciones que ello conlleva desde el punto de vista del diseño de nuevos sistemas de recuperación de imágenes son diversas (v. Robledano y Moreiro, 2002, p. 182): por lo pronto, supone una amplia tipología de usuarios que potencialmente pueden acceder a las distintas colecciones disponibles a través de la Web; el usuario es ahora, además, un usuario activo, que realiza sus propias búsquedas. Esta situación conduce al intento de desarrollar sistemas que conjuguen potencia en la recuperación y facilidad de uso; para ello, una posible solución es la de diseñar entornos de descubrimiento sobre sistemas que permitan distintos niveles de descripción de las imágenes y distintas posibilidades de búsqueda que satisfagan la enorme variedad de necesidades manifiestas.

Evidentemente, el interés que suscitan las técnicas CBIR es considerable, y dicho interés puede defenderse desde distintas perspectivas. La posibilidad de representar y recuperar visualmente una imagen también plantea interrogantes, como por ejemplo qué campos científicos serán los más beneficiados de su uso. El desaparecido IIDR[10] señalaba como principales destinatarios las galerías de arte, museos, periódicos y bibliotecas de diapositivas, así como en general todas aquellas organizaciones cuyo trabajo reside en el tratamiento de colecciones de imágenes. Lo cierto es que las áreas que han recibido ya una atención directa han sido aquellas para las que el reconocimiento de características formales de la imagen es fundamental: fondos de patentes, logotipos comerciales, sellos, diseños industriales, imágenes médicas, identificación de huellas digitales, reconocimiento de rostros, entre otras. En el terreno de la biblioteconomía y la documentación interesaría especialmente su integración en bases de datos de imágenes o multimedia y su aplicación en bibliotecas digitales.

Hemos de remarcar, no obstante, la sugerencia hecha ya por Robledano Arillo (1999; 2002) de aumentar la oferta de sistemas de recuperación automáticos con propósito de aplicación general. Es una idea formulada también por Frost y otros (1997) en su defensa de desarrollar sistemas para el usuario casual. Dado que nuestra exposición a la información gráfica es más que evidente, es difícil determinar qué contextos científicos o qué personas no necesitan en algún momento la facilidad de acceder a determinadas imágenes digitales, bien sea por una situación profesional o personal. Decía además Pejtersen (1995) que el ser humano es particularmente bueno estableciendo similitudes entre imágenes por sus atributos intrínsecos; utilizamos millones de conexiones entre imágenes, muchas de ellas en virtud del color, textura, forma, orientación, etcétera. En este sentido, la posibilidad de interrogar por atributos visuales podría estar al alcance de cualquiera y, en consecuencia, se hace necesario establecer de qué forma y en qué momentos ha de ponerse a disposición esta opción de recuperación. Las técnicas CBIR plantean así la importancia de pararnos a reflexionar sobre las necesidades informativas y comportamiento de búsqueda de los usuarios con respecto a las imágenes, aspectos estos mucho menos estudiados que en lo que a la búsqueda de información textual se refiere. Dicho de otro modo, el advenimiento de sistemas CBIR ha motivado, y ha de seguir haciéndolo en mayor medida, el desarrollo de estudios relacionados con la recuperación y uso de las imágenes, entre otras cuestiones, apor-

[10] *Institute for Image Data Research*, <http://www.unn.ac.uk/iidr/>. [Consulta: agosto 2005.]

tándonos datos de interés al tiempo que generan nuevos planteamientos y líneas de investigación.

En conclusión, podemos decir que la importancia de las técnicas CBIR radica en que no son excluyentes de otros métodos, sino que pueden funcionar en conjunción con las formas habituales de representación y recuperación de imágenes, aportan soluciones a problemas propios del paradigma tradicional de análisis y recuperación, así como también suscitan nuevos intereses en el estudio de la recuperación de imágenes.

1.3. Nacimiento y evolución de las técnicas y estudios sobre CBIR

Iniciaremos este apartado rastreando más detenidamente el camino seguido en la recuperación de imágenes hasta la aparición de estos sistemas. Igualmente, se tratará de delinear las características que han presentado los distintos estudios sobre CBIR, los problemas que más se han considerado y los métodos que se han abordado para ello, dejando constancia de los puntos débiles en la investigación al respecto.

1.3.1. ACLARACIÓN ACERCA DEL ORIGEN DE LAS TÉCNICAS DE RECUPERACIÓN VISUAL

Si nos atenemos a la definición presentada anteriormente, nos daremos cuenta de que las técnicas CBIR serán aquellas que permitan la extracción automática de información sobre las características gráficas de las imágenes, al tiempo que posibilitan la recuperación a partir de tales atributos. No obstante, una cosa es el origen del término *CBIR* aplicado a la denominación de unos sistemas de recuperación, y otra es el origen de la aplicación real de las técnicas que hoy conocemos como basadas en la representación visual de las imágenes. En principio, no parece haber duda de que el trabajo del doctor Toshikazu Kato en 1992, «Database architecture for content-based image retrieval», alude a la recuperación por contenido visual, puesto que el autor intenta recuperar imágenes de forma automática a partir de dos bases de datos utilizando los atributos de forma y color, pero ¿fue este el primer estudio en que se manifiesta la experimentación con técnicas de representación visual o, más bien, puede tomarse como el primer trabajo que refleja la expresión propiamente dicha?

Vamos a decantarnos por la segunda opción: es el primer trabajo que emplea la expresión *content-based image retrieval.*[11] Esta consideración es puesta de manifiesto por Eakins y Graham (1999), como ya señalamos en el apartado 1.1, y nosotros también la refrendamos, puesto que no hemos hallado ningún trabajo anterior en que se refleje dicho término.

No obstante, en realidad, el artículo de 1992 «Database architecture...», no es más que una versión de un artículo realizado por el mismo autor en colaboración con otros compañeros en 1991. Nos estamos refiriendo a «Cognitive view mechanism for multimedia database system» (Kato y otros, 1991).[12] En él, los autores se planteaban una nueva interfaz de interacción visual con sistemas de bases de datos de imágenes basada en el usuario. Partían de la idea de que es necesario diseñar interfaces humanas para producir una comunicación flexible entre el hombre y la máquina de una forma amigable para el usuario. Su preocupación era pues llegar a establecer una comunicación flexible entre hombre y máquina, idea central de la disciplina conocida como Interacción Persona-Ordenador/*Human-Computer Interaction* (IPO/HCI).[13] Para establecer esa relación amigable con el usuario, los autores consideran necesario que el sistema conste de la interrogación a partir de claves visuales —puesto que es una forma intuitiva para permitir, por ejemplo, que el usuario pueda recuperar algún símbolo gráfico que tiene en mente—, que incorpore técnicas de indicación de la relevancia[14] en los casos de recuperación por similitud visual, pero que la recuperación semántica de la información multimedia pueda hacerse a partir de datos textuales, ya que esta es la forma habitual a la que está acostumbrado el usuario:

> In case of content based retrieval, we expect the system to retrieve some image data by describing their contents as text data... (Kato y otros, 1991, p. 179).

En cualquier caso, se trata de un trabajo que presenta dos métodos de interacción visual: QVE *(query by visual example),* o interrogación por ejemplo visual, y

[11] También en 1992 tenemos: K. Hirata, y T. Kato (1992): «Query by visual example: Content based image retrieval», *Advances in Database Technology* EDBT '92 (LNCS, vol. 580, pp. 56-71). Se trata de una ponencia impartida en relación con el trabajo realizado por los autores el año anterior. Por tanto, podemos decir que en 1992 los autores se dedican a presentar distintas versiones de los trabajos que habían realizado en 1991, donde se dedicaron a la aplicación de técnicas CBIR, aunque sin mencionar explícitamente dicho término. Será en 1992 cuando bauticen los métodos aplicados con la expresión que venimos nombrando.

[12] Este trabajo que vamos a comentar comparte las mismas características que el reseñado en la bibliografía final como Kato, Kurita y Shimogaki (1991).

[13] V. Anexo «Glosario de términos», *HCI/IPO*.

[14] Ibídem, nota ant., *Indicación de la relevancia.*

QBD *(query by subjective descriptions)*, o interrogación mediante descripciones subjetivas. El primer tipo incluye una función de recuperación que permite al usuario realizar un boceto de su imagen deseada, así como la búsqueda por semejanza a partir de un ejemplo visual dado; el segundo tipo de recuperación se basa en la búsqueda por sentido, mediante descripciones subjetivas. En ambos métodos, el sistema considera las imágenes en términos numéricos aludiendo con ello a sus rasgos primitivos. Los autores desarrollan los algoritmos de dichas formas de representación y recuperación, al tiempo que explican cómo se han implementado en los sistemas experimentales de bases de datos TRADEMARK y ART MUSEUM.

La base de datos TRADEMARK es una colección de símbolos gráficos donde el usuario puede buscar realizando un boceto. El sistema tiene un índice pictórico para describir cada símbolo a partir de *rasgos primitivos*, expresión que ellos mismos utilizan y definen como «los rasgos propios de las primeras fases de nuestro sistema de visión humano». En concreto, los rasgos que su sistema emplea tienen que ver con la distribución espacial de la escala de grises, frecuencia espacial, medida de correlación local y medida de contraste local. Dichos rasgos se representan en forma de vectores que constituyen ese índice pictórico. La semejanza entre la pregunta-imagen y la imagen-respuesta se basa en la forma (utilizando para ello un algoritmo de recuperación por esbozo).

Lo que los autores están aquí aportando como novedoso es la posibilidad de interrogar a partir de un ejemplo visual dado por el sistema, o incluso realizado por el propio usuario, mediante el cotejo entre las representaciones vectoriales de la imagen ejemplo y las imágenes almacenadas en el sistema. También es original la selección de atributos que realizan, a partir de un «experimento psicológico» previo,[15] así como el algoritmo de análisis y recuperación correspondiente. A esta propuesta de interacción la denominan *query by visual example* (QVE).[16]

En este sentido, su intención es alcanzar una interacción visual «inteligente», frente a otras formas de interacción conocidas hasta entonces que someten a crítica; es el caso del método QPE (*query by pictorial example*), puesto que, a pesar de permitir seleccionar atributos gráficos para la recuperación, el lenguaje de interrogación que subyace en este estilo de interacción es relacional, es decir, un método tradicional para manejar información alfanumérica que se orienta más al lenguaje del sistema que al propio del usuario.

[15] La explicación de dicho experimento la muestran en un artículo anterior: T. KATO y otros (1989): «A cognitive approach to visual interaction», *Proc. of Multimedia Information Systems* MIS *'91*, pp. 271-278.

[16] Véase el anexo «Glosario de términos», *Query by visual example.*

En cuanto a la galería de arte electrónica ART MUSEUM, es una colección de cuadros de paisajes a todo color. Aquí, la propuesta de interacción consiste en superar la barrera de la subjetividad impuesta por las palabras. Para ello, proponen una galería cuyos principales destinatarios serán los especialistas en arte, colectivo cuyos puntos de vista para mirar un cuadro están, según los autores, ampliamente estudiados. El sistema ofrece la posibilidad de recuperar por descripciones subjetivas (QBD) —también llamada *recuperación por sentido*— utilizando algunas palabras (adjetivos) del gusto personal del usuario. Las descripciones subjetivas de cada usuario se correlacionan con el color de los cuadros, puesto que estos han sido analizados por el sistema mediante vectores que representan los valores de intensidad RGB.[17] Dicho de otro modo, el sistema estudia la correlación entre el conjunto de palabras introducidas por el usuario y los rasgos de color de las imágenes almacenadas en la base de datos.

Puesto que el colectivo de usuarios comparte unas características similares al mirar los cuadros, la coincidencia a la hora de juzgar la relevancia de la recuperación puede llegar a ser mayor que entre usuarios «no expertos» en la materia. Sin embargo, el sistema se dota de un índice personal por el cual se permite la retroalimentación por relevancia de los resultados obtenidos y, de esta manera, se intentan ajustar más los resultados al grado de similitud propuesto por el usuario. Esto es posible gracias a un algoritmo de aprendizaje que permitiría sustituir en cada momento el vector de rasgos gráficos por el espacio de rasgos subjetivos propuesto por el usuario. Matemáticamente, la explicación reside en una función de transformación lineal. De hecho, también sería posible inferir las palabras clave para describir las impresiones ante una imagen a partir de unos colores determinados (proceso inverso).

Pero estos autores no son los primeros en proponer algoritmos que permitan la extracción automática de rasgos primitivos de las imágenes. La propuesta del doctor Toshikazu Kato y sus compañeros de la Agencia de Ciencia Industrial y Tecnología japonesa en este trabajo es la de procesar la información visual (imagen y texto) de acuerdo con la percepción del usuario. Pretenden alcanzar un mayor grado de amigabilidad en la interacción, en comparación con otros métodos planteados hasta entonces como puedan ser el modelo QPE *(query by pictorial example)* o el sistema basado en iconos *(icon-based system)*, a los que aludiremos en el siguiente apartado. Es muy interesante subrayar que las razones que alegan de forma explícita los autores para desarrollar su propuesta residen en el intento

[17] Véase el anexo «Glosario de términos», *Espacios de color*.

de diseñar sistemas cada vez más amigables, que tengan en cuenta la percepción del usuario, así como en los problemas de tiempo y subjetividad que implica la indización textual de las imágenes.

En consecuencia, la conclusión que podemos extraer es que los autores de «Cognitive view mechanism...» en 1991 explican los procesos de interacción visual que han desarrollado en dos colecciones de imágenes: una basada en símbolos gráficos (TRADEMARK) y que permite la recuperación por semejanza de forma mediante un dibujo previo (interacción QVE); y otra constituida por un fondo de cuadros (ART MUSEUM) que se basa en la interacción QBD (descripciones subjetivas) para recuperar imágenes cuyo colorido muestre las impresiones descritas con palabras. Tras ambos tipos de propuestas se encuentra la extracción automática de información sobre la forma y el color de las imágenes, así como la representación, también automática, de tales atributos en vectores gráficos. Igualmente se propone la recuperación de las imágenes mediante consultas visuales. Aunque no se aluda directamente a la expresión *CBIR* para calificar este proceso, lo cierto es que estamos ante ejemplos de sistemas CBIR.

Los autores citan otros métodos de recuperación conocidos, como el modelo QPE, que viene a datarse en torno al año 1979, y que ya utilizaban algoritmos para representar las características intrínsecas de las imágenes, permitiendo también la recuperación por semejanza visual. Es evidente pues, que la originalidad de estas técnicas de extracción de información es anterior a 1991. Quiero, no obstante, dejar patente que esta afirmación puede hacerse siempre y cuando nos atengamos a la definición que hemos citado de sistemas CBIR, definición propuesta por el profesor Robledano y, según la cual, el método de extracción y representación de las características intrínsecas de las imágenes se realiza mediante «estructuras de datos numéricas», expresión esta con la que podemos referirnos tanto a índices visuales que recogen vectores de características gráficas, como a tablas relacionales u otros mecanismos de representación numérica, así como a toda clase de algoritmo que extraiga tales atributos.

El artículo de Kato de 1992, «Database architecture for content-based image retrieval», es una versión del que acabamos de comentar. La novedad que presenta es que, si en el artículo anterior los autores tan solo llegan a mencionar las operaciones del sistema para reflejar los procesos de percepción visual humana como *content based operations* (Kato y otros, 1991, p. 180), ahora Kato bautiza en el título el método de extracción y recuperación por rasgos primitivos con la expresión *content-based image retrieval*. Sin embargo, no define en modo alguno la expresión.

Podemos, pues, considerar el año 1992 como el momento de la aparición formal del término *CBIR*,[18] pero para referirnos al nacimiento de las técnicas CBIR que estos sistemas parecen emplear hemos de retroceder algunos años atrás, máxime cuando estos mismos autores aluden a métodos conocidos de interacción basados en la extracción y representación automática de rasgos primitivos de las imágenes.

1.3.2. LA RECUPERACIÓN DE IMÁGENES POR CONTENIDO VISUAL ANTES DEL TÉRMINO *CBIR*

Las críticas que motivan los trabajos de Kato y sus colegas se referían a la interacción propuesta por otros modelos basados también en la aplicación de técnicas que hoy podríamos llamar CBIR. Los autores explican claramente en qué ha de consistir un sistema amigable desde su punto de vista. Básicamente se refieren a la posibilidad de recuperar imágenes tanto conceptual como visualmente, es decir, empleando información textual y atributos visuales de las imágenes, de forma aislada o en conjunción. Pero también citan otro elemento de interés: la indicación de la relevancia (especialmente en los casos de recuperación por similitud visual). En el artículo de 1992, «Query by visual example: content-based image retrieval»,[19] los autores incluyen la posibilidad de navegar por la base de datos a fin de tomar contacto visual con las imágenes almacenadas en el sistema. En todo caso, la forma de representación que explican es la representación automática de las imágenes empleando para ello algoritmos de extracción de rasgos.

La propuesta de los autores se orienta, por tanto, hacia la consecución de una serie de objetivos de interacción que otros métodos basados en la representación y recuperación visual de las imágenes no habían logrado hasta ese momento. ¿Cómo eran esos modelos anteriores que había que intentar superar en cuestiones de interacción?

Pues bien, en cuanto al modelo QPE, explicado en 1979 por N. S. Chang y K. S. Fu, de la Escuela de Ingeniería Eléctrica de la Universidad de Purdue (EE. UU.), se trataba de un lenguaje de interrogación relacional. Se propone debido a la necesidad subrayada por los autores de establecer un mayor cuidado en el diseño de las bases de datos de imágenes a fin de poder gestionar eficazmente la gran

[18] Aplicado a sistemas de recuperación de imágenes, pues hemos de tener presente que estas siglas se pueden referir también a otros conceptos, así por ejemplo CBIR referido a: *Creativity Based Information Resources*/Recursos de Información Basados en la Creatividad.

[19] V. nota 11.

cantidad de información que suponen imágenes como las relativas a tomografías, imágenes vía satélite de recursos terrestres, mapas geográficos y fotografías médicas. Había que diseñar nuevas técnicas para la recuperación efectiva de la información gráfica a partir de bases de datos de imágenes. Los autores explican el desarrollo de un sistema relacional de gestión de bases de datos para imágenes llamado REDI, que se había implementado en su lugar de trabajo. REDI se componía de un sistema de gestión de bases de datos integrado con un sistema de procesamiento y de reconocimiento de imágenes. El módulo de procesamiento y reconocimiento permitía extraer estructuras y rasgos de las imágenes de forma algorítmica; esa información, junto a los registros inherentes a las imágenes, se almacenaba en la base de datos relacional, mientras que la representación de las imágenes en 2-D permanecía en el módulo de procesamiento. El sistema utilizaba un paquete de procesamiento distinto en función del tipo de imágenes de que se tratara. Cada paquete se componía de un grupo de funciones de procesamiento elementales utilizadas habitualmente en campos como el reconocimiento de patrones y procesamiento de imágenes, tales como son medidas de textura, filtrado, detección de bordes, división, selección y extracción (de rasgos) primitiva, y funciones de clasificación y análisis sintáctico. Las representaciones se podían convertir en relaciones de dominio en forma de coordenadas *x* e *y*, para, de esta forma, almacenarse en una tabla relacional.

De acuerdo con la definición dada de sistemas CBIR por Robledano Arillo y expuesta al comienzo de este capítulo, el sistema REDI descrito aquí extraía y representaba automáticamente rasgos primitivos de las imágenes, aunque dicha información se almacenara en tablas relacionales, a diferencia de los actuales sistemas algorítmicos CBIR que, como veremos, emplean índices visuales para albergar las representaciones vectoriales. De acuerdo con la definición expuesta, podríamos considerarlo un sistema CBIR. El principal inconveniente era que el sistema REDI utilizaba un lenguaje de interrogación denominado QPE,[20] que permitía recuperar imágenes similares a una dada, pero de forma que el usuario debía introducir las variables que caracterizaban su consulta en las tablas dispuestas para ello, es decir, que se trataba de una forma de interrogación tabular y, en consecuencia, muy poco amigable para el usuario —de no ser este experto en el procesamiento de imágenes o estar muy familiarizado con dicho lenguaje.

[20] Que, a su vez, se basaba en el lenguaje QBE *(Query by example)* desarrollado por M. M. Zloof (1975): «Query by example», *Proc.* AFIPS, NCC, vol. 44, pp. 431-438.

Con respecto al sistema basado en iconos al que también se refieren Kato y sus colegas, se trata de un sistema conocido de forma abreviada como IIDS. La década de los años ochenta origina abundante literatura sobre sistemas de gestión de bases de datos de imágenes. En 1988 se publicó un número especial en *IEEE Transactions on Software Engineering*. Se trata del volumen 14, n.º 5, que dedicaba 80 páginas (608-688) a las bases de datos de imágenes. Las palabras clave de los artículos comprendidos en dichas páginas estaban relacionadas con estructuras de datos, procesamiento automatizado de imágenes, compresión de las imágenes, sistemas de gestión de bases de datos, sistemas de bases de datos inteligentes, lenguajes de interrogación e interfaces de usuario. Todos estos sintagmas nos transmiten con bastante claridad las inquietudes propias de aquellos momentos en lo relativo a las bases de datos de imágenes. Y los tres últimos temas indicados son quizá los más directamente relacionados con los trabajos de Kato: la búsqueda de sistemas cognitivos o inteligentes y el desarrollo de interfaces de usuario amigables aplicando lenguajes de interrogación intuitivos.

El sistema basado en iconos se explica en el número citado, concretamente en el artículo de Chang y otros (1988) titulado: «An Intelligent Image Database System». El sistema IIDS fue desarrollado en la Universidad de Pittsburgh (Pennsylvania, EE. UU.) y consiste en un prototipo basado en una estructura de datos que soporta, según los autores, razonamiento espacial, una indización eficiente, recuperación flexible de información sobre las imágenes, visualización de las mismas, navegación y operaciones de recuperación tradicionales (recuperación conceptual). En definitiva, su propuesta es conseguir un sistema de base de datos de imágenes más inteligente, más flexible y más rápido que los modelos existentes hasta ese momento.

La estructura de datos que emplea el sistema se basa en cadenas de 2-D fruto de proyecciones ortogonales[21] que permiten la indización icónica de las imágenes. Se trata, por tanto, de una estructura orientada a objetos, aunque también puede operar sobre líneas y regiones de objetos. Las imágenes sufren una serie de transformaciones antes de ser contenidas en el índice icónico con el que se operará para las funciones tanto de recuperación y navegación. En primer lugar, la imagen se segmenta mediante proyecciones ortogonales de un objeto en relación con otros presentes en la imagen. Esta técnica aplica un razonamiento procedural desarrollado en *Turbo Prolog* que permitirá obtener la representación simbólica de la

[21] Proyección efectuada según perpendiculares al eje o al plano de proyección.

imagen en forma de cadenas de 2-D. El índice icónico alberga dichas cadenas y, de esta forma, permite responder a preguntas espaciales.

Las preguntas fundamentales que resuelve el sistema son del tipo: «Imágenes con un lago al este de una montaña»/«imágenes con un árbol junto a una casa...». La razón por la que los autores convierten este en el atributo principal de recuperación visual del sistema es que consideran que cuando recuperamos un conjunto de imágenes, uno de los métodos más poderosos para discriminar entre ellas es la percepción de las relaciones espaciales que existen entre los objetos de la imagen deseada.

Respecto al modo de expresar esta clase de búsqueda por parte del usuario, la interfaz incluye la opción *Query by example* (búsqueda por ejemplo) mediante la cual se nombran en un lateral una serie de iconos que el usuario puede seleccionar y visualizar en pantalla. A continuación, puede colocar los iconos deseados en la posición que estime y ejecutar la búsqueda. El sistema opera con posiciones relativas de los objetos, lo que significa que los resultados obtenidos no reflejarán exactamente las posiciones definidas por el usuario.

La crítica que Kato y sus colegas lanzaban a este modelo se refería, en este caso, a la imposibilidad de que el sistema aprenda medidas de similitud propuestas por el usuario. Por otro lado, también opinan que, aunque el sistema ofrece una interfaz gráfica para mostrar los iconos, carece de las facilidades necesarias para que la interacción se realice de forma amigable.

Hemos observado las características que presentaban tanto el modelo QPE como el sistema basado en iconos, ambos criticados por Kato y compañía en cuanto que presentaban, a su juicio, dificultades para una interacción clara con el usuario.

No son estos los únicos modelos de representación y recuperación visual de imágenes que se habían desarrollado antes de que Kato popularizara el término *CBIR* a partir de las bases de datos TRADEMARK y ART MUSEUM. Por ejemplo, el modelo de representación vectorial para el sistema de información geográfica *Vega*[22] o la representación mediante descomposición en celdas de formas variadas (rectángulos, triángulos, etcétera, según la disposición de la imagen) para realizar búsquedas espaciales (estructuras de datos en *quadtrees*[23] o *R-trees*).[24] Igualmente, tam-

[22] E. Jungerty otros (1985): «Vega: a geographical information system», *Proc. Scandinavian Res. Conf. Geographical Information Systems*, Linkoping, Suecia, 13-14 de junio.

[23] H. Samet (1984): «The quadtree and related hierarchical data structures», ACM *Computing Surveys*, 16 (2), June, pp. 187-260.

[24] A. Guttman (1984): «R-trees: A dynamic index structure for spatial searching», *Proc.* ACM SIGMOD, junio, pp. 47-57.

bién existían otros métodos basados en los descritos: es el caso del lenguaje de interrogación PICQUERY,[25] siguiendo el estilo de QBE y QPE, entre otros.

La recuperación de las imágenes ha sido un área de investigación muy activa desde los años setenta. Concretamente, ha sido la comunidad investigadora dedicada a la visión automatizada la que ha enfocado su estudio hacia la recuperación visual de la imagen, frente a la recuperación textual propia del ámbito de la gestión de bases de datos (Rui, Huang y Chang, 1997). Es por ello que no ha de asombrarnos la existencia de sistemas de recuperación que antes de la década de los noventa ya habían desarrollado la capacidad de representar automáticamente las imágenes por sus atributos visuales.

Si hemos de reconstruir la definición de sistemas CBIR propuesta por el profesor Robledano, sería en todo caso para intentar establecer un límite temporal entre los sistemas basados en técnicas de extracción de rasgos anteriores a la aparición del término *CBIR* y los sistemas posteriores a esa fecha, que venimos considerando como 1992. Tal como exponen Rui, Huang y Chang (1997), y como se puede comprobar a lo largo de toda la bibliografía consultada para este trabajo, los fundamentos técnicos que caracterizan a los sistemas CBIR consisten en la extracción de rasgos visuales, la indización multi-dimensional[26] y el diseño de un sistema de recuperación. En este sentido, los sistemas de recuperación visual desarrollados con anterioridad a 1992, algunos de los cuales se han comentado aquí, encajarían perfectamente en estas consideraciones, puesto que en modo alguno hemos encontrado una definición que matice si un sistema, para constituirse en CBIR, ha de emplear una técnica concreta de extracción de rasgos, o unos métodos de indización multi-dimensional y no otros, o un diseño de recuperación particular. Ahora bien, si con el empleo de la denominación *CBIR* queremos establecer una demarcación temporal que quizá evidencia una mayor popularización de esta clase de sistemas, en ese caso incluiremos en la definición la referencia a la fecha de 1992[27] como momento en que propiamente nace el término *CBIR* aplicado a este tipo de sistemas.

[25] T. Joseph y A. F. Cárdenas (1988): «PICQUERY: A high level query language for pictorial database management», IEEE *Transactions on Software Engineering,* 14 (5), pp. 630-638.

[26] Frente a las estructuras monodimensionales, capaces únicamente de dilucidar si un determinado valor clave se encuentra o no en la base de datos, o de recuperar un conjunto de valores acotados por un límite, sin poder realizar búsquedas asociativas que permitan obtener candidatos similares, acercándose más de esta forma a la resolución de problemas del mundo real, donde los datos pueden ser imprecisos, incompletos o estar de alguna manera mal definidos. Este último tipo de problemas sí pueden ser resueltos, sin embargo, por estructuras de datos multi-dimensionales.

[27] Puesto que, recordamos, esta fecha ha sido aceptada comúnmente por las investigaciones al respecto, sin encontrar de momento otra diferente.

Como conclusión a este apartado, y de acuerdo con los autores Aigrain, Zhang y Petkovic (1996), podemos decir que la recuperación de imágenes fijas por similitud visual es una idea relativamente vieja. Aparece más seriamente presentada en sistemas de bases de datos de información geográfica en los años ochenta, en concreto en el sistema comentado *Query by Pictorial Example* (Chang y Fu, 1979). Fue solo a comienzos de los noventa cuando los investigadores empezaron a considerar la recuperación por semejanza en grandes conjuntos de imágenes heterogéneas sin ningún modelo específico de sus contenidos semánticos. Los sistemas prototipo de Kato y otros (1991), seguidos por la disponibilidad del sistema comercial *Query by Image Content*[28] (QBIC), contribuyeron a popularizar esta idea. La razón más decididamente influyente en los primeros intentos de búsqueda de similitud visual aplicando técnicas automáticas de extracción de rasgos se hallaría en permitir el acceso a grandes bases de datos reduciendo para ello los costes invertidos, fundamentalmente en tiempo, propios de la tradicional adscripción manual de texto a las imágenes.

1.3.3. SISTEMAS CBIR: HACIA UNA MAYOR AMIGABILIDAD EN LA RECUPERACIÓN

Además de los trabajos de Kato, en 1992 tenemos otro acontecimiento importante en el terreno de la recuperación de imágenes. Se trata de un seminario de la NSF (National Science Foundation, EE. UU.) sobre Sistemas de Gestión de Información Visual.[29] Este evento se celebró motivado por el contexto de proliferación de imágenes digitales iniciado en dicha década y las dificultades que atravesaba el método de anotación manual de las imágenes para estar a la altura de las circunstancias. Se pretendía buscar soluciones en el almacenamiento y recuperación eficaz de las imágenes.

En este seminario se aceptó que una forma más eficiente e intuitiva de representar e indizar la información visual habría de basarse en las propiedades que son inherentes a las propias imágenes. De este modo, muchos investigadores pertenecientes a otras áreas distintas a la visión automatizada, tales como la gestión de bases de datos, la interacción persona-ordenador, la recuperación de información, etcétera, se vieron atraídos por las técnicas de recuperación basadas en el conte-

[28] M. Flickner y otros (1995): «Query by Image and Video Content», *IEEE Computer*, septiembre, pp. 23-32. Este sistema fue desarrollado por el Centro de Investigación Almaden de IBM (San José-California, EE. UU.).

[29] En inglés: *NSF Workshop on Visual Information Management Systems*, Redwood (California), 24-25 febrero de 1992.

nido. Desde entonces, la investigación a este respecto se ha desarrollado rápidamente. No en vano, los trabajos del equipo de Kato se tomaron como punto de arranque en el avance de este interés. Hemos de recordar que la propuesta principal de estos autores se centraba en operar sobre un espacio de rasgos apropiado y adecuado a la percepción visual del usuario. En otras palabras, no solo se trataba de emplear técnicas de extracción de rasgos para disminuir costes y aumentar la eficiencia del sistema, sino que se habría de determinar qué rasgos eran los más apropiados para extraer, al tiempo que se inducía al diseño de un esquema de interacción «inteligente», donde el modelo de representación de las imágenes que utiliza el sistema pueda evaluar el modelo mental del usuario y adaptarse a él.

En otras intervenciones, el propio profesor Toshikazu Kato ha matizado sus investigaciones en relación con la interacción centrada en el usuario. Así, por ejemplo, en 1997[30] hablaba de la necesidad de comprender los comportamientos del ser humano tales como la percepción, la memoria, la comunicación, o la creación de objetos multimedia, entre otros, para el desarrollo de la sociedad de la información multimedia. De esta forma, invitaba a un estudio más exhaustivo y profundo de la interacción inteligente entre las personas y las máquinas. En este sentido, señalaba la necesidad de crear tecnologías que modelaran los procesos de percepción humanos, tanto fisiológicos como subjetivos, habilidades humanas de comportamiento como nuestra capacidad creativa, e incluso que permitieran comprender la intención del usuario en esa interacción con el sistema.

La propuesta lanzada desde el Laboratorio de Electrotecnia de la Agencia de Ciencia Industrial y Tecnología japonesa[31] consistía en desarrollar sistemas de recuperación que integraran un modelo basado en la imagen y un modelo cognitivo del usuario. El primero describe los rasgos físicos de la imagen, siguiendo el modelo fisiológico de las fases iniciales en el mecanismo de visión humano, diseñando parámetros de rasgos gráficos para el reconocimiento y clasificación de patrones. En cuanto al modelo cognitivo del usuario, este ha de reflejar el proceso de percepción visual de cada usuario o grupo de usuarios, ofreciendo criterios subjetivos que permitan una interrogación flexible y la interpretación de patrones desde el

[30] T Kato (1997): «Human-Media Technology: New Perspectives on Human-Media Interaction» [documento HTML], <http://www.cs.ucl.ac.uk/mice/seminars.html>. [Consulta: 11/01/05.]

[31] Este laboratorio es uno de los mayores institutos nacionales de Japón, con más de quinientos investigadores. Sus campos de estudio más destacados son la tecnología de la información, la energía, la electrónica, los estándares y las medidas. La División de Sistemas Inteligentes, a la que se adscribe Kato, contiene secciones sobre visión por ordenador, comportamiento de máquina inteligente, sistemas autónomos, sistemas de interfaces interactivos e inteligencia en las comunicaciones.

punto de vista del usuario. Se puede construir dicho modelo por aprendizaje estadístico utilizando un análisis multivariable sobre la información multimedia.

A partir de esta premisa, han desarrollado varios algoritmos que permiten alcanzar las ideas expuestas. Los algoritmos fundamentales son los que ya hemos descrito al analizar los artículos de 1991 y 1992 a partir de los cuales se originó el término *CBIR*. Se trataba de los algoritmos para la forma de interrogación QVE *(query by visual example)* —concretamente, dentro de este paradigma, el modelo de recuperación mediante dibujo *(query by sketch)*— y QBD *(query by subjective descriptions)* que, básicamente, permiten al usuario buscar a partir de sus impresiones visuales o textuales sobre las imágenes contenidas en el sistema.

El prototipo de interacción ideal propuesto por Kato y compañeros queda compuesto por elementos tales como la indicación de la relevancia, para que el usuario pueda depurar los resultados de acuerdo con sus criterios subjetivos, o el *browsing*[32] como forma de iniciar el usuario su contacto con las imágenes de la base de datos. Son precisamente estos, dos componentes que se han intentado implantar en muchos de los sistemas de recuperación CBIR existentes, tanto comerciales como académicos.

Podríamos aventurarnos a considerar, de acuerdo con el transcurso de los acontecimientos tal como los hemos contado, que el nacimiento del término *CBIR* señala el inicio de una generación de sistemas de extracción de rasgos primitivos de las imágenes caracterizados por su intento de ser cada vez más «amigables» y «usables».

Tampoco es de extrañar esta preocupación por el diseño centrado en el usuario, debido a varias razones. Desde el punto de vista de los anteriores sistemas de extracción de rasgos —anteriores al término *CBIR*—, ya que hemos visto que resultaban poco intuitivos y, en consecuencia, difíciles de utilizar por un usuario medio. Y, desde un punto de vista más genérico, si tenemos en cuenta el interés que desde comienzos de los años ochenta se muestra hacia la disciplina conocida como *IPO*, precisamente al considerar los problemas del diseño de todo tipo de sistemas automatizados en la percepción final del usuario acerca de los mismos.

Sobre la importancia que la Interacción Persona-Ordenador ha ido cobrando hasta nuestros días, consideramos brillante el recorrido trazado por M.ª del Carmen Marcos (2004*b*). Es muy interesante su monografía por distintos motivos,

[32] El concepto de «browsing» (ojeo) ha sido reconocido en el campo de la recuperación de información como parte fundamental del comportamiento humano de búsqueda de información (Wilson, 2000; Ellis, 1989; Marchionini, 1995). No obstante, y a pesar de las bondades de este método, ningún estudio empírico ha medido el límite máximo de imágenes que un usuario está dispuesto a ojear para encontrar una imagen adecuada (Venters, Hartley y Hewitt, 2004: 333).

entre ellos porque aproxima el tema de los problemas de diseño a los sistemas de recuperación de información, aportando con ello un punto de vista documental a un ámbito como es la IPO, que ha de tener en cuenta la participación de muy diversas disciplinas. En su trabajo, la autora nos da una definición de esta disciplina (IPO) que nos resulta necesario recordar aquí:

> La IPO se ocupa de estudiar la creación de productos informáticos que ayuden en la realización de tareas a sus usuarios atendiendo a la facilidad de uso, al tiempo de ejecución, a evitar los posibles errores y, en consecuencia, a su satisfacción. Para lograr su objetivo debe abarcar, por un lado, los aspectos humanos, por otro los tecnológicos y por último la comunicación entre ambos. Con esto queremos destacar el carácter interdisciplinar de la IPO... (Marcos, 2004*b*: 24).

Los momentos más decisivos de la IPO empezarán a tener lugar a partir de finales de la década de los setenta, un momento en que los avances tecnológicos permitirán poner en práctica muchas ideas desarrolladas años antes relacionadas con los ordenadores y su ergonomía. Será precisamente la posibilidad de implementar las nuevas ideas orientadas hacia la facilidad del manejo del ordenador lo que determinará la popularización de este invento, que había estado relegado hasta entonces al uso de sus propios diseñadores, es decir, los expertos en programación. Y esto mismo traerá consigo en los años noventa el «boom» de los ordenadores como elemento imprescindible en nuestros días. Bajo este contexto que, como ya hemos dicho, M.ª del Carmen Marcos tan bien expone, creemos que se ha de entender el interés que Kato manifestaba concretamente en el desarrollo de sistemas «inteligentes» de recuperación de imágenes.

Para finalizar este apartado, es interesante considerar la idea que recoge M.ª del Carmen Marcos de que el estudio de la recuperación de información parece tratarse desde dos perspectivas principales: la algorítmica y la cognitiva. Mientras que la primera ha sido la línea de investigación más tradicional y se ha centrado en las posibilidades del sistema o en los objetos que se van a representar, la segunda, expuesta por el profesor Peter Ingwersen (1992), se ha convertido en la tendencia más actual, que considera los procesos perceptivos del usuario como determinantes de su esquema mental y, en consecuencia, entiende que es evidente tener dichos procesos en cuenta para proporcionar sistemas realmente satisfactorios.

En el ámbito de la recuperación de imágenes, los sistemas CBIR nacen como tales bajo la idea no solo de superar los problemas de la indización manual de las imágenes, sino también de acercarse cada vez más al usuario facilitándole la interacción mediante distintos factores, como la indicación de la relevancia, el uso de metáforas, etcétera. Por tanto, la búsqueda de una mayor «amigabilidad» en los sistemas de recuperación de imágenes es una idea que ha de estar hoy tan presente como los intentos de mejorar la eficacia interna de los propios sistemas. Y esto es válido no solo en este sentido, sino en lo que a la recuperación de información en términos generales se refiere, aunque tal vez, si cabe, en el terreno de las imágenes se hace más palpable esta idea pues, como dice Vendrig (1997), los usuarios tienen poco conocimiento sobre las características de las imágenes en general y sobre el contenido de una base de datos de imágenes en particular. Es por ello que precisan de la correcta asistencia de un sistema de recuperación de imágenes para especificar su necesidad de información.

1.3.4. FORTALEZAS Y DEBILIDADES EN LA INVESTIGACIÓN

Es momento ahora de intentar delinear las características que han presentado los distintos estudios sobre CBIR, tomando como fecha de partida la de 1992, momento de la aparición formal del término. Si consideramos los trabajos en forma de revisión de la literatura existente a este respecto, veremos que coinciden en subrayar la idea de que los sistemas CBIR se han convertido en un área de investigación y desarrollo muy activa. Esta idea puede comprobarse al realizar búsquedas relacionadas, en cuyo caso encontraremos que, efectivamente, el número de artículos publicados es más que notorio. De todas formas, el análisis de dichas búsquedas puede resultarnos de interés para sustentar y matizar esta apreciación.

Por ejemplo, intentemos estudiar la evolución temporal de la productividad sobre esta materia a través de una base de datos como INSPEC. Se trata de una de las bases de datos científicas más respetadas por la calidad de su indización, así como por el volumen de artículos que alberga. Su cobertura abarca temas de inteligencia artificial, telecomunicaciones, física, electrónica, ingeniería eléctrica, tecnología de control, tecnología de la información e informática. Contiene más de siete millones de registros, con un crecimiento en torno a cuatrocientos mil registros nuevos cada año; vacía alrededor de cuatro mil doscientas revistas, dos mil conferencias, libros, informes y tesis de más de ochenta países (eso sí, el 60 % de las obras son anglosajonas). Esta base de datos es producida por el IEE.[33]

[33] *The Institution of Electrical Engineers,* prestigiosa sociedad fundada en el año 1871 que reúne a ingenieros eléctricos de toda Europa.

El término *content-based image retrieval* es aceptado por la base de datos INSPEC, no como descriptor pero sí como palabra clave. Hemos realizado una consulta en este sentido y se ha obtenido un total de 1745 registros.[34] No se ha encontrado ningún registro que responda a esta consulta anterior al año 1992, lo que viene a reforzar la idea de que fue a partir de los trabajos de Kato cuando empezó a popularizarse el término.

En la tabla 1 podemos ver la productividad desglosada en los siguientes datos: año, número de trabajos registrados en INSPEC con el término *content-based image retrieval* como palabra clave, porcentaje de trabajos del año con respecto al total y porcentaje acumulado. Podemos apreciar un crecimiento continuo en la producción de trabajos relativos a la recuperación de imágenes por contenido visual que alcanza su cota máxima en el año 2004.

En los dos últimos años la producción parece haber descendido, aunque hemos de tener en cuenta que el año 2006 no se refleja en su integridad.

Tabla 1. Productividad del tema *content-based image retrieval* reflejado en la base de datos INSPEC para los años 1992-2006 (septiembre)

AÑO	N.º TRABAJOS	%	% ACUMULADO
1992	5	0,29	0,29
1993	1	0,06	0,34
1994	2	0,11	0,46
1995	11	0,63	1,09
1996	41	2,35	3,44
1997	65	3,72	7,16
1998	96	5,50	12,66
1999	140	8,02	20,69
2000	170	9,74	30,43
2001	177	10,14	40,57
2002	233	13,35	53,93
2003	232	13,30	67,22
2004	278	15,93	83
2005	217	12,44	96
2006	77	4,41	100
TOTAL	1745	100	100

[34] Fecha de la consulta: 16 de septiembre del 2006.

Representemos de forma gráfica las cifras que muestra la tabla1 (v. gráfico 1):

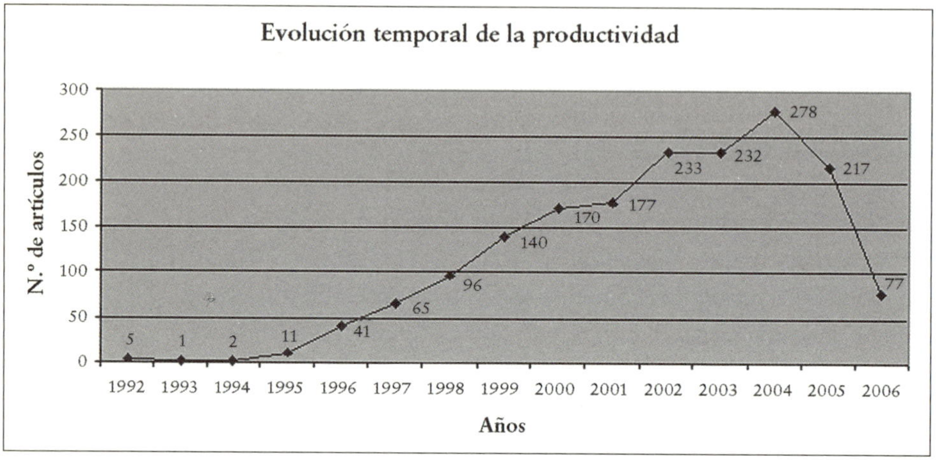

Gráfico 1. Evolución temporal de la productividad del tema *content-based image retrieval* en INSPEC

En función de estos datos, podemos afirmar que las cuestiones relativas a sistemas CBIR se han convertido en poco tiempo en un atractivo para los investigadores. Es igualmente oportuno, a fin de deducir posibles estados de ánimo en lo que a la investigación se refiere, analizar los aspectos que mayor y menor consideración han recibido. Precisamente, intentando extraer las temáticas más determinantes de los registros localizados a partir de la frecuencia de aparición de sus descriptores, se observa que el problema para aislar los temas en INSPEC reside en el hecho de que esta base de datos realiza una indización extraordinariamente exhaustiva, resultando difícil encontrar registros que no compartan categorías al tiempo que añaden algún nuevo término. Ateniéndonos sencillamente a la frecuencia de aparición, hallaríamos que los diez temas más repetidos son, por este orden:

1. Recuperación basada en contenido[35] **(1458)**[36]
Descriptor. Introducido en 1999.
TG. Procesamiento de preguntas
TR. Procesamiento de imágenes

[35] En inglés *content-based retrieval.*

[36] El paréntesis junto a los términos señala su frecuencia de aparición en los registros recuperados.

Recuperación de imágenes
Bases de datos visuales
Bases de datos de video

2. Recuperación de imágenes (1180)
Descriptor. Introducido en 1999.
TG. Procesamiento de preguntas
TR. Recuperación basada en contenido
Procesamiento de imágenes
Bases de datos visuales

3. Bases de datos visuales (786)
Descriptor. Introducido en 1993.
TG. Sistemas de gestión de bases de datos
TE. PACS[37]
Bases de datos de vídeo
TR. Recuperación basada en contenido
Proceso de imágenes de documentos
Sistemas de información geográfica
Recuperación de imágenes
Informática multimedia
Bases de datos multimedia
Estructuras de datos espaciales
Razonamiento espacial

4. Métodos de extracción de rasgos (502)
Descriptor. Introducido en 1993.
TG. Reconocimiento de patrones
TR. Detección de bordes
Reconocimiento de imágenes
Análisis de componentes independientes
Análisis de componentes principales
Clasificación de señales
Reconocimiento de voz

[37] Abreviatura de *picture archiving and communication systems*.

5. Análisis del color de imágenes (339)
Descriptor. Introducido en 1995.
TG. Color
Procesamiento de imágenes
TR. Colorimetría[38]
Gráficos de color

6. Indicación de la relevancia (304)
Descriptor. Introducido en 1995.
TG. Recuperación de información

7. Análisis de texturas de imágenes (248)
Descriptor. Introducido en 1993.
TG. Procesamiento de imágenes
TR. Escenas naturales
Imágenes realistas
Imágenes técnicas automatizadas

8. Clasificación de imágenes (227)
Descriptor. Introducido en 1995.
TG. Reconocimiento de imágenes
Clasificación de patrones
Clasificación de señales

9. Segmentación de imágenes (222)
Descriptor. Introducido en 1993.
TG. Procesamiento de imágenes
TR. Agrupamiento de patrones

10. Asociación de imágenes[39] (201)
Descriptor. Introducido en 1995.
TG. Reconocimiento de imágenes
Asociación de patrones

[38] Ciencia que permite definir y catalogar los colores. (Química) Método de análisis cuantitativo basado en la medida de los colores.

[39] En inglés *image matching*. *Match* significa correspondencia, coincidencia, acto de hallar lo buscado.

TR. Análisis de imágenes en movimiento
Secuencias de imágenes

Hemos creído de interés presentar estos temas tal como los hallamos recogidos por el tesauro de INSPEC por varias razones. Entre ellas, porque es una buena forma de familiarizarnos con las relaciones y diferencias entre los términos aquí extraídos. También, porque nos permite comentar las dificultades que implica intentar hallar las temáticas predominantes a partir de la indización de una base de datos, por bien que esta haya sido construida.

En primer lugar, la información sobre el momento en que la base de datos introduce un término como descriptor es aquí una cuestión relevante para ser conscientes del error que supone prescindir de este dato. Algunos términos fueron utilizados con anterioridad en lugar de más de un descriptor que hoy sí recoge el tesauro, haciendo esto difícil la tarea de localizar las mismas materias que vemos hoy reflejadas, puesto que no se trata de que hayan cambiado de nombre, sino que el tesauro ha ido ampliando las que ya contemplaba al tiempo que ha añadido otras nuevas.

En cualquier caso, y como puede verse, es este un problema que afecta a los diez descriptores extraídos como más repetidos, ya que ninguno comenzó a utilizarse en el año 1992, el primer año del conjunto de resultados que aquí analizamos. Esto supone que, muy probablemente, su frecuencia como términos de indización del conjunto de resultados debiera ser aún mayor. Esto alteraría el orden de aparición que hemos dado, al tiempo que otros descriptores que aquí no han sido listados podrían entonces hallarse entre los diez más repetidos.

Sencillamente, tengamos presente estas limitaciones. Por otro lado, y teniendo en cuenta que todos los resultados recuperados comparten, eso sí, la característica común de tratar la cuestión de la recuperación de imágenes basada en el contenido, vamos a prescindir, como descriptores que puedan significar subtemas de la investigación en CBIR, de los dos primeros que hemos recogido como más frecuentes: recuperación basada en el contenido y recuperación de imágenes, por entender que ambos están comprendidos en el término *recuperación de imágenes basada en el contenido* que afecta a los 1745 registros objeto de este análisis. En lugar de ellos, añadiríamos a la cola de la lista dos nuevos temas, a saber:

Representación de las imágenes (197)
Descriptor. Introducido en 1995.

TG. Procesamiento de imágenes
Representación de señales
TR. Estructuras de datos espaciales

Indización de bases de datos (163)
Descriptor. Introducido en 1999
TG. Sistemas de gestión de bases de datos
Indización
TR. Lenguajes de bases de datos

Hechas las salvedades oportunas, procedamos a comentar las características de cada uno de los bloques temáticos que pasan a conformar los más frecuentes en el conjunto de nuestra búsqueda. Este comentario se realiza a partir de la lectura de los «abstracts» que ofrece la base de datos. Nuestra intención es comprobar la naturaleza de los trabajos que INSPEC recoge como más comunes en lo que a la investigación CBIR se refiere y, una vez hecho esto, cotejar este grupo de aspectos más tratados con los que consideran los expertos. Evidentemente, esperamos detectar un gran paralelismo.

1.3.4.1. Comentario a los bloques temáticos reflejados en INSPEC

Bases de datos visuales (v. gráfico 2)

Cerca de la mitad de los resultados recuperados contienen este término en su secuencia de descriptores. Los resultados que no contienen este descriptor se refieren a aspectos teóricos, como pueden ser la explicación técnica de métodos de descomposición de las imágenes, el análisis de la percepción humana o incluso del movimiento —motivado el estudio de este último por distintos campos de aplicación, entre ellos la recuperación de imágenes no fijas por contenido visual, pero también la video-conferencia o los sistemas de seguridad y vigilancia, por ejemplo—. Significa esto que aquellos resultados que no comprenden entre sus descriptores el de *bases de datos visuales* es porque se refieren a cuestiones más genéricas que, aunque afectan colateralmente a los sistemas y técnicas CBIR, no se refieren de forma exclusiva a la explotación de estas bases de datos.

Por el contrario, los resultados que contemplan este término como descriptor aluden directamente al interés de la aplicación de técnicas CBIR sobre bases de datos, visuales o multimedia, para permitir un uso eficiente y efectivo de la información contenida en ellas. En este sentido destacan, por ejemplo, trabajos teóricos como el de Gudivada y Raghavan (1995).

Encontramos también un numeroso grupo que representa aproximadamente en torno al 40 % de este ámbito temático, centrado en la presentación de resultados experimentales sobre determinadas bases de datos visuales. Los experimentos realizados pueden referirse a pruebas de rendimiento tras la implementación de nuevas técnicas, tales como las de indización del color, de extracción de información sobre la forma, de paradigmas de recuperación, etcétera. Igualmente, hemos de destacar aquellos que diseñan prototipos teóricos implantables sobre bases de datos.

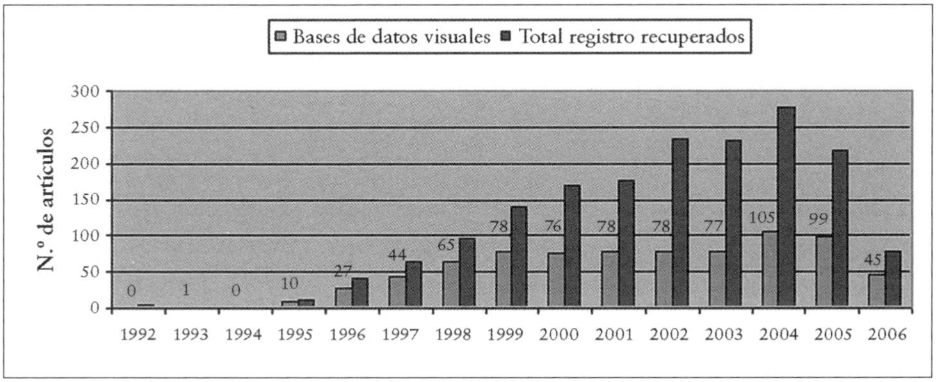

Gráfico 2. Frecuencia del tema *bases de datos visuales* en el conjunto recuperado en INSPEC

No podemos considerar enteramente precisa la indización que INSPEC realiza en relación con este descriptor, puesto que muchos registros que han sido indizados con él creemos que no deberían haberlo sido, porque responderían más al patrón de trabajos genéricos al que hemos hecho alusión.

Métodos de extracción de rasgos (v. gráfico 3)

Un 28,7 % del conjunto de resultados recuperados comparte este tema, sin embargo, se observa una clara ambigüedad ante el hecho de que algunos resultados que no incluyen este término se refieren a la extracción de un tipo de rasgo concreto, mientras que otros que sí lo incluyen también hacen referencia a técnicas de extracción de un solo tipo de rasgo. En este sentido, no estaríamos de acuerdo con la indización realizada por INSPEC, ya que puede inducir a error. Por otro lado, no todos los expertos en el ámbito de la visión automatizada estarían de acuerdo en indizar *métodos de extracción de rasgos* como término específico de *reconocimiento de patrones*.[40]

En cualquier caso, es este un ámbito de investigación robusto que incluye diversos aspectos, todos ellos de carácter técnico y orientados al cálculo de la forma de extracción de los rasgos seleccionados en cada momento.

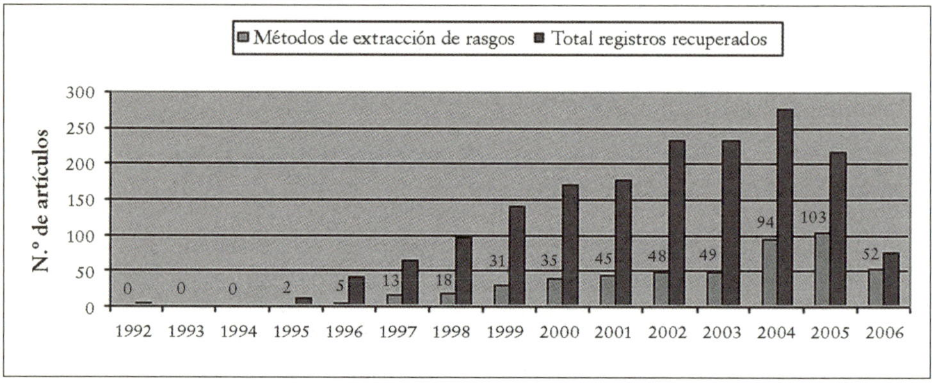

Gráfico 3. Frecuencia del tema *métodos de extracción de rasgos* en el conjunto recuperado en INSPEC

Encontramos trabajos dedicados a la extracción de rasgos visuales considerados generales (Rui, Huang y Chang, 1997), por entender que son buenos candidatos para imitar el sistema de visión humano (colores, texturas y formas)[41] y, en consecuencia, pueden utilizarse en la mayoría de las aplicaciones. Particularmente es considerable la cantidad de trabajos teóricos que explican la detección de rasgos simples mediante la técnica conocida en inglés como *wavelet transform* (transfor-

[40] Según Cazorla Quevedo y otros (1999: 69) el procesamiento de imágenes es un proceso que incluye la captación, preprocesamiento, segmentación, descripción, reconocimiento e interpretación de las imágenes. La fase de descripción consiste en la extracción de las características que han de ser relevantes para la posterior interpretación de la imagen, entre las que se encuentran el color y la textura (o. cit., p. 113). Como vemos, para estos autores la extracción de rasgos se referiría a la fase de descripción, y no a la fase posterior, de reconocimiento de patrones (en la que el elemento fundamental son las propiedades de forma).

Otros autores distinguen incluso entre procesamiento de imágenes y reconocimiento de patrones como dos actividades distintas, incluyendo la extracción de rasgos como tarea del procesamiento de imágenes, así por ejemplo en la monografía de G. Pajares y J.de la Cruz, (2001): *Visión por computador: Imágenes digitales y aplicaciones,* Alfaomega-Rama, 792 pp. Igualmente en este sentido, los argumentos de Rafael Molina Soriano, profesor de Ingeniería Informática del departamento de Ciencias de la Computación de la Universidad de Granada (<http://www-etsi2.ugr.es/depar/ccia/mia/>).

[41] Aunque algunos autores, como Johansson (2000), distinguen entre rasgos de bajo nivel (color, textura), rasgos de alto nivel de dominio general (entre los que incluye la forma) y rasgos de alto nivel de dominio específico (aquellos que se determinan en función del tipo de imagen a analizar).

mada *wavelet*), que, desde que fuera inicialmente propuesta por Chang en 1993,[42] parece haber cobrado una gran relevancia por encima de otros métodos. En términos simples, podríamos decir que se trata de una ecuación que permite descomponer una imagen en distintas escalas, obteniendo una interpretación que no varía en función de la escala de la imagen. La principal ventaja de esta técnica es que reduce la dimensión de la imagen para que el proceso de clasificación de las características de la misma sea más ligero computacionalmente. La aplicación más popular de esta función es, precisamente, la de la compresión de las imágenes.

También es importante la cantidad de trabajos que aluden a técnicas de extracción de rasgos de dominio específico, es decir, rasgos que permiten detectar una clase particular de imágenes u objetos. En especial, habríamos de citar una notable presencia de trabajos relativos a métodos de reconocimiento y procesamiento de imágenes médicas de muy diversa índole: tomografías cerebrales, mamografías, imágenes pulmonares, dermatológicas, etcétera.

Análisis del color de imágenes (v. gráfico 4)

El 40 % de los registros indizados con este descriptor también tiene como descriptor el de *métodos de extracción de rasgos*.[43]

Hay varias maneras de representar el contenido de una imagen: calcular globalmente los rasgos sobre la imagen entera, considerar los rasgos locales, calcular los rasgos para cada objeto de la imagen separadamente, o incluso a partir de la segmentación de la imagen en regiones que compartan propiedades homogéneas en algún sentido —por ejemplo, regiones de color— (Johansson, 2000: 7).

En cuanto al conjunto de resultados recuperados que responden al análisis del rasgo de color, observamos una tendencia cada vez mayor a la división por regiones de color y a la representación de este rasgo mediante «momentos de color» y «conjuntos de color», técnicas que informan de aspectos posicionales del color en la imagen, frente a la forma más habitual de representación, los histogramas de color[44] que, aunque resultan más fáciles de automatizar, presentan la desventaja de capturar la distribución global del color en la imagen, con lo que la intersección

[42] T. Chang y otros (1993): «Texture analysis and classification with tree structure wavelet transform», IEEE *Trans. On Imaging Processing*, vol. 2 (4), pp. 429-441. No obstante, las raíces de esta función datan de 1873 (<http://cursos.itam.mx/lomeli/edp/wave.pdf>. [Consulta: 07/02/05]).

[43] Según lo visto en nota 40, Cazorla Quevedo y otros (1999) consideraban que, efectivamente, tanto el análisis de color como de textura son «métodos de extracción de rasgos» propios de la fase de descripción del procesamiento de imágenes.

[44] V. Anexo «Glosario de términos», *Histograma*.

de histogramas como medida de distancia entre representaciones de color provoca que el sistema considere similares imágenes que no lo serán bajo el criterio perceptivo del usuario. La mayoría de los trabajos han ido en esa línea intentando introducir coeficientes de similitud que corrigieran los errores; pero, como decimos, en la actualidad se observa un incremento de los estudios que se decantan por el empleo de rasgos basados en regiones. Igualmente, también se observa un interés por la automatización de estas propiedades en el espacio de color HSV.[45]

Indicación de la relevancia (v. gráfico 5)

El incremento que ha experimentado este aspecto en la recuperación CBIR es patente. Su atractivo radica en que la indicación de la relevancia ha pasado a convertirse en elemento esencial para solventar las diferencias entre los criterios de semejanza impuestos por el sistema CBIR y la subjetividad imperante en la percepción humana de la similitud entre imágenes. Constituye, pues, un factor encaminado hacia una mejor representación de las necesidades informativas del usuario.

La característica general del conjunto de registros que abordan el tema de la indicación de la relevancia es su dedicación a la explicación y evaluación del funcionamiento de algoritmos de retroalimentación existentes, en algunos casos, o de nueva creación, fundamentalmente.

Las técnicas desarrolladas para utilizar de forma precisa la información aportada en el momento de retroalimentación han evolucionado hasta la consideración de los ejemplos seleccionados por el usuario tanto positiva como negativamente. La mayoría de los trabajos insertos en esa línea integradora son recientes (desde 2002).

Podríamos subrayar igualmente la ausencia de trabajos que enfoquen el tema desde una perspectiva puramente teórica, destacando en este sentido tan solo un trabajo.[46]

Análisis de texturas de imágenes (v. gráfico 6)

Los trabajos relativos al rasgo de la textura son menores en número que los relativos al color, y más numerosos que los centrados en la extracción de la forma. Al igual que cuando hablábamos del color, aquí también hay que decir que un alto porcentaje (52 %) de los registros indizados con este descriptor, comparten el descriptor *métodos de extracción de rasgos*.[47]

[45] V. Anexo «Glosario de términos», *Espacios de color*.

[46] X. S. Zhou y T. S. Huang (2003): «Relevance feedback in image retrieval: A comprehensive review», *Multimedia Systems 8 (6)*, pp. 536-544.

[47] Nos remitimos al comentario realizado antes sobre esta cuestión, v. nota 43.

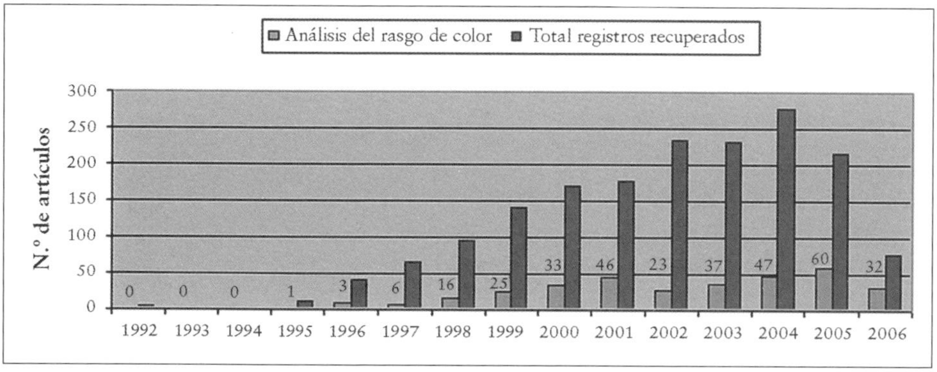

Gráfico 4. Frecuencia del tema *análisis del color de imágenes* en el conjunto recuperado en INSPEC

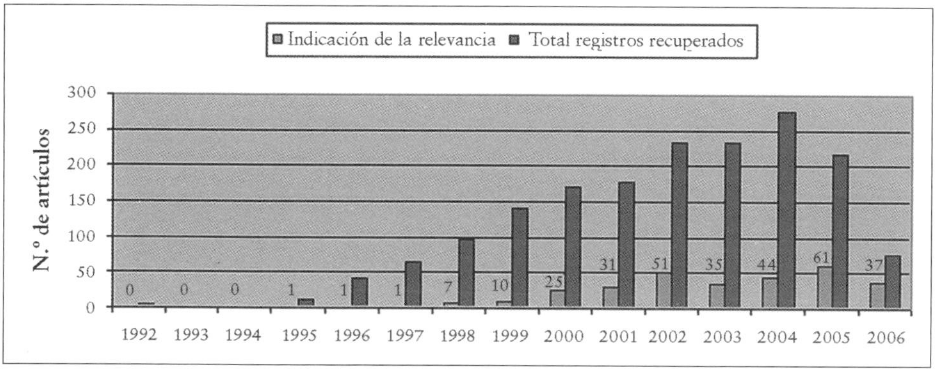

Gráfico 5. Frecuencia del tema *indicación de la relevancia* en el conjunto recuperado en INSPEC

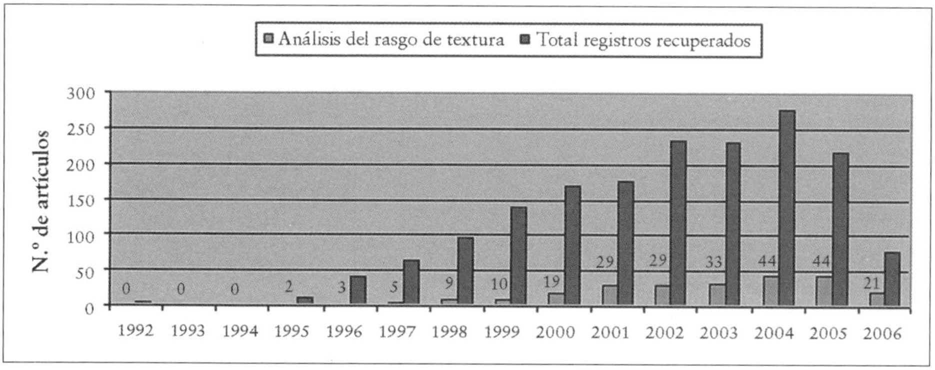

Gráfico 6. Frecuencia del tema *análisis de texturas de imágenes* en el conjunto recuperado en INSPEC

La textura es la apariencia que presenta una superficie. Su identificación se realiza a partir de la detección de motivos gráficos similares repetitivos: líneas, curvas, formas, colores, etcétera. Es por ello que el análisis de la textura resulta un factor importante para clasificar, segmentar y reconocer las características más significativas de una imagen. La textura de las imágenes actualmente juega un papel muy importante en una gran variedad de tareas, entre las que podemos mencionar especialmente las imágenes médicas, a menudo utilizadas para el diagnóstico de alguna enfermedad, o los sistemas de información geográfica, tal como se refleja en el conjunto de resultados.

Percibimos que muchas de las técnicas comentadas para la extracción de la textura se basan en estudios psicológicos sobre la percepción visual de este rasgo, puesto que los criterios de identificación de texturas modelados por el ordenador deberían asemejarse lo más posible a los criterios usados por los humanos. El principal trabajo en este sentido que ha servido de base a otros posteriores es de 1978.[48] No obstante, y a pesar de este fundamento, se tiende a considerar que las técnicas CBIR no terminan de corresponderse suficientemente bien con la percepción humana. Un trabajo representativo de esta afirmación es el de Payne y Stonbam (2001).[49]

Desde la década de los setenta han sido muchas las técnicas empleadas en el análisis de texturas. La más establecida descansa en la comparación de valores de lo que se conoce como *estadísticas de segundo orden,* calculadas a partir de la pregunta-imagen introducida por el usuario y las imágenes almacenadas. Calculan el brillo relativo de pares de píxeles seleccionados de cada imagen. A partir de ello es posible determinar medidas de textura de la imagen tan importantes desde el punto de vista perceptivo como el grado de contraste,[50] aspereza[51] y direccionalidad.[52] Las técnicas que están acaparando la atención de los últimos años son las basadas en el análisis multi-resolución, como los Filtros de Gabor o la transformada *wavelet* —antes comentada—, que manejan el filtrado espacial de las imágenes de bajas y altas frecuencias.

[48] H. Tamura, S. Mori y T. Yamawaki (1978): «Texture features corresponding to visual perception», *IEEE Transactions on Systems, Man and Cybernetics,* 8(6), pp. 460-473.

[49] J. S. Payne y T. J. Stonbam (2001): «Can texture and image content retrieval methods match human perception?», *Proceedings of 2001 International Symposium on Intelligent Multimedia, Video and Speech Processing.* ISIMP-2001, pp. 154-157.

[50] Relación entre el brillo de las diferentes partes de una imagen.

[51] Medida para identificar áreas con patrones gráficos repetitivos semejantes. Los píxeles con un alto valor de tonalidad forman un pico o cresta y los de bajo tono forman un valle. Se establece así una analogía con la rugosidad táctil.

[52] Ordenación de los patrones de las figuras de la imagen: horizontal, vertical, oblicuo, desordenado, etcétera.

Clasificación de imágenes (v. gráfico 7)

Esta tarea está directamente implicada con la llamada visión de alto nivel, consistente en la interpretación de escenas y reconocimiento de objetos a partir de su previa clasificación. La clasificación de imágenes es pues una aplicación del procesamiento digital de las imágenes, y sirve de base a su vez para el reconocimiento de objetos en las mismas.

Una imagen puede dividirse en diferentes clases, de tal manera que los píxeles que tengan propiedades espectrales similares queden agrupados en la misma clase. La separación de estas clases normalmente se realiza mediante métodos estadísticos o geométricos (redes bayesianas, técnicas piramidales y multiescala, fractales, métodos paramétricos...)

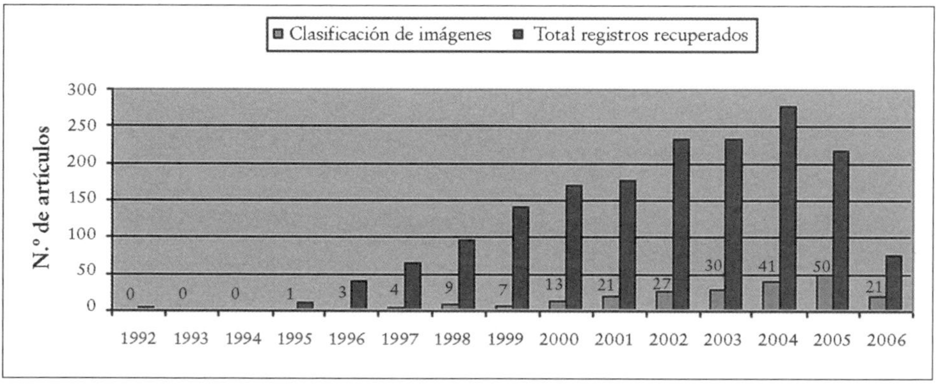

Gráfico 7. Frecuencia del tema *clasificación de imágenes* en el conjunto recuperado en INSPEC

Una técnica de clasificación avanzada es la que usa redes neuronales artificiales que, se supone, imitan a las reales en el desarrollo de tareas de aprendizaje. Una neurona artificial es un objeto lógico (software) que recibe diversas entradas, hace una suma ponderada de las mismas y produce una salida a partir de la aplicación de una función umbral a la media ponderada. Si se conectan las salidas de unas neuronas como entradas de otras, se obtiene una red neuronal.[53] El empleo de esta técnica puede verse reflejado en un 11 % de los resultados reunidos bajo esta temática.

[53] Para un conocimiento exhaustivo sobre el tema remitimos a B. Martín del Brío y A. Sanz Molina (1997): *Redes neuronales y sistemas borrosos*, Madrid: Ra-Ma, 387 pp.

Destacan igualmente las técnicas de clasificación basadas en el análisis de la textura, que vienen a constituir en torno a un cuarto del total de trabajos en esta materia. Son de especial interés en la detección de clases de imágenes de alta resolución, puesto que al tener un mayor nivel de detalle, estas ofrecen un aspecto muy texturado: vegetación, imágenes celestes, tomadas por satélite, etcétera.

La posibilidad de sugerir palabras clave basándose en otras de imágenes similares (razonamiento basado en casos) o en clases predefinidas (mediante clasificadores, por ejemplo, vectores de cuantificación de densidad para distinguir entre tipos de imágenes) es una forma útil de capturar la semántica de las imágenes. La elección de un método de clasificación puede influir decididamente en los resultados, y precisamente esta obvia preocupación por la comprobación está presente en más de la mitad de los trabajos recuperados bajo este criterio. Estos estudios realizan pruebas experimentales sobre un conjunto de imágenes con una naturaleza determinada.

Segmentación de imágenes (v. gráfico 8)

La importancia de la segmentación de las imágenes radica en que, a partir de este nivel, se extraerán los objetos de una imagen para su posterior reconocimiento. Estamos así ante una fase del procesamiento de imágenes que permite detectar discontinuidades, líneas, contornos y formas primitivas geométricas (curvas —sobre todo mediante la *transformada de Hough*—,[54] rectas, segmentos...) No es fácil aislar este tema del de extracción de color y textura, puesto que las fases de segmentación y descripción (o extracción de características) están fuertemente ligadas como paso intermedio hacia la llamada *visión de alto nivel*,[55] de tal forma que a menudo los trabajos tratan simultáneamente de técnicas referidas a una y otra fase.

El objetivo de la segmentación es agrupar áreas de imagen que tengan características similares dentro de entidades distintas.

La segmentación se divide en dos principios básicos: discontinuidad y similitud. Los procedimientos principales basados en la primera categoría suelen usar la detección de bordes, y para los de la segunda categoría se usan los umbrales y el crecimiento de regiones.

[54] Técnica utilizada para aislar curvas de una determinada forma en una imagen.

[55] Que está relacionada con la extracción de propiedades de forma y relaciones espaciales, así como con el reconocimiento y clasificación de objetos (Cazorla Quevedo y otros, 1999: 133).

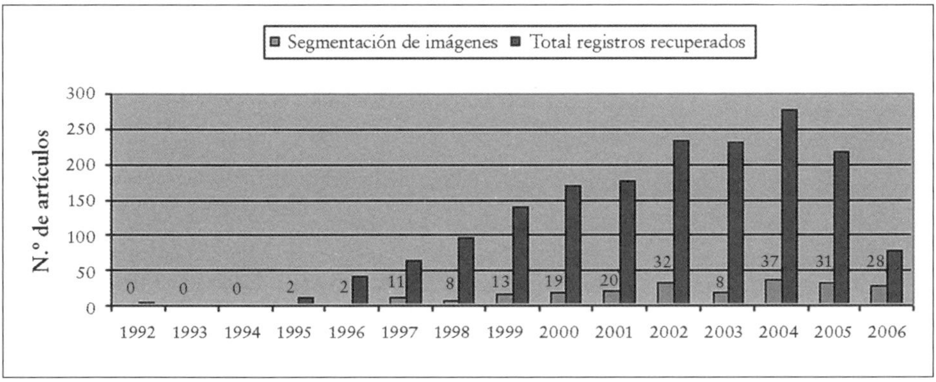

Gráfico 8. Frecuencia del tema *segmentación de imágenes* en el conjunto recuperado en INSPEC

La detección de bordes considera el cambio de intensidad que se produce en los píxeles del contorno o bordes de un objeto.

Esta técnica se basa en el uso de operadores locales de derivación, y en los resultados obtenidos en INSPEC encontramos un mínimo de dieciséis trabajos centrados en este método —a pesar de que la base de datos no indiza siempre la *detección de bordes* junto al descriptor *segmentación de imágenes*—. Cuando las regiones no son lo suficientemente homogéneas como para que la transición entre dos regiones pueda ser determinada únicamente en base a las discontinuidades de sus niveles de gris, entonces se recurre a técnicas de umbralización o segmentación orientadas a regiones.

La técnica de fijación de umbrales es una técnica de conversión en la que cada píxel es convertido a un valor binario, blanco o negro. Esto se realiza mediante un histograma de frecuencias de la imagen y estableciendo la intensidad (nivel de gris). Los umbrales globales tienen aplicaciones en situaciones donde existe una clara definición de objetos y entorno y cuando la iluminación es relativamente uniforme.

La luz posterior y las técnicas de iluminación a menudo dan como resultado imágenes que pueden ser segmentadas mediante umbrales locales. Resulta más sencillo seleccionar un buen umbral si los picos del histograma son altos, estrechos, simétricos y están separados por profundos valles, porque esto mostraría dónde se encuentra la imagen y dónde la concentración del fondo. El uso de técnicas de umbralización lo observamos en el conjunto de registros recuperados aplicado, por ejemplo, a la detección de rostros y seres humanos. Uno de los trabajos que más claramente explica el funcionamiento de este tipo de técnicas es el de Banerjee y Kundu (2003).[56]

El crecimiento de región es un conjunto de técnicas de segmentación en la que los píxeles se agrupan en regiones llamadas *elementos de cuadrícula* basadas en similitudes de atributos. Las regiones definidas se podrán examinar en cuanto a si son independientes o se pueden fusionar a otras regiones por medio de un análisis de la diferencia de sus propiedades medias (como intensidad, textura o color) y su conectividad espacial.[57] Los algoritmos de crecimiento de región son especialmente útiles, por ejemplo, en el manejo de bases de datos de imágenes médicas, donde es muy importante representar todas las regiones que puedan percibirse y sus relaciones topológicas para establecer comparaciones, estudios estadísticos, etcétera. Un texto esclarecedor sobre estas técnicas es el de Mingkun Li y otros (2003).[58]

Asociación de imágenes (v. gráfico 9)

Este descriptor hace referencia a la fase de asociación de imágenes o correspondencia de rasgos, momento en que un sistema CBIR compara la pregunta-imagen con el conjunto de imágenes que lo integran a fin de hallar aquella/s que respondan a los criterios de semejanza impuestos por el usuario.

La mayoría de las técnicas de asociación se basan en algoritmos que miden la distancia entre las representaciones de las imágenes (funciones métricas de distancia). Existe una clara tendencia a la automatización de estas distancias a partir de la representación de las imágenes como conjuntos de regiones, y no como histogramas de rasgos globales que, no obstante, ha sido la línea dominante en la mayor parte de los sistemas CBIR existentes, como ya hemos comentado. Un trabajo reciente hacia la nueva orientación es el de Wang, Rui y Guang (2004),[59] donde precisamente se ponen de manifiesto los inconvenientes que supone la asociación en función de rasgos globales, así como las ventajas de la segmentación en regiones junto con una función de recuperación que emplee métodos de estimación probabilísticos.

[56] M. Banerjee y M. K. Kundu (2003): «Content based image retrieval with fuzzy geometrical features», *Proceedings of the 12th IEEE International Conference on Fuzzy Systems*, vol. 2, pp. 932-937.

[57] La conectividad espacial constituye uno de los tipos de relaciones topológicas más importantes, junto con la adyacencia, contigüidad, pertenencia e inclusión. Gracias a la topología, ciertas relaciones espaciales se conservan aunque ocurra un cambio de escala, una rotación de las figuras o un suavizado de contornos.

[58] Mingkun Li y otros (2003): «Region growing using online learning», *International Conference on Imaging Science, Systems and Technology*, CISST'03, vol.1, pp. 73-76.

[59] T. Wang, Y. Rui y J. Guang Sun (2004): «Constraint based region matching for image retrieval», *International Journal of Computer Vision*, 56 (1-2), pp. 37-45.

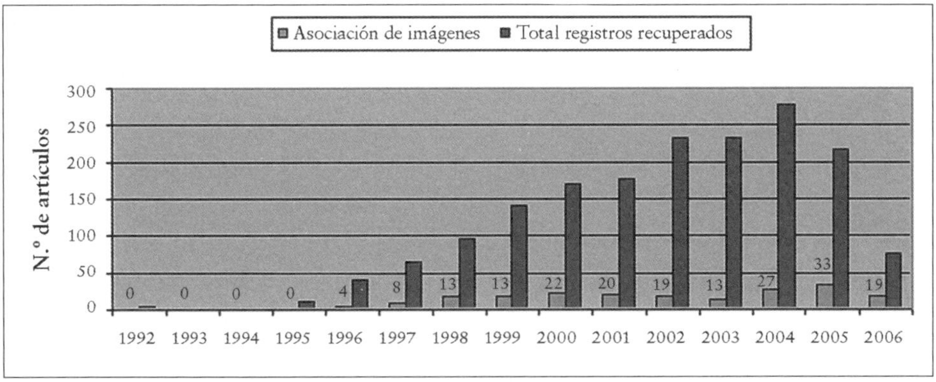

Gráfico 9. Frecuencia del tema *asociación de imágenes* en el conjunto recuperado en INSPEC

Representación de las imágenes

Realmente, este descriptor alude al tipo de rasgos seleccionados para representar las imágenes y, en consecuencia, el comentario más significativo a este respecto ya ha quedado reflejado al comprobar que el rasgo de color, junto con el de textura en menor medida, son los escogidos principalmente por la mayoría de los trabajos para representar la información visual contenida en las imágenes.

Indización de bases de datos

Al igual que en el caso anterior, el empleo de este descriptor no es realmente significativo porque no alude a una tipología clara de trabajos; de hecho, la inmensa mayoría de los trabajos indizados bajo este término se presenta en combinación con alguna de las categorías temáticas más relevantes que aquí hemos tratado. Es por ello que no consideramos de interés reflejar su gráfico de frecuencias.

No obstante, podemos extraer la conclusión de que las técnicas fundamentales de indización a partir de los rasgos visuales extraídos por el sistema responden a la estructura de los datos en índices de vectores que funcionan como descriptores en la fase de recuperación, pero también observamos una cierta tendencia al uso de los denominados mapas auto-organizativos[60] basados en estructuras neuronales. Se trata de mapas topológicos de rasgos que recurren a algoritmos para aproximar los vectores de rasgos similares, de forma que el mapa resultante contiene una repre-

[60] En inglés conocidos con la abreviatura SOM.

sentación de aquellas imágenes que son similares localizadas unas cerca de las otras. Con este tipo de estructura se pretende mejorar la precisión y los tiempos de respuesta. Un ejemplo de aplicación basada en el uso de estos mapas es *PicSOM*.[61]

Por otro lado, dejemos constancia de que el siguiente bloque temático en frecuencia de aparición sería el del procesamiento de imágenes médicas, aunque ya con una presencia notablemente menor que las diez categorías hasta aquí comentadas. Consideramos de interés hacer esta mención, puesto que en repetidas ocasiones hemos sugerido la aplicación que los sistemas CBIR están viendo en el terreno de la medicina.

En líneas generales, podemos decir que ha habido un claro predominio de los trabajos prácticos por encima de los de naturaleza exclusivamente teórica. Así mismo, la mayoría desarrolla técnicas concretas para mejorar la eficacia interna de sistemas existentes o propuestos a tal efecto. En este sentido, se observa un creciente interés por aumentar la precisión en la recuperación acercándose a la perspectiva del usuario mediante el empleo de recursos propios de la inteligencia artificial, entre los que pueden captar nuestra atención, los llamados *algoritmos genéticos*.[62] En INSPEC encontramos diecisiete trabajos centrados en este método. Por ofrecer una explicación breve y sencilla, diremos que estos algoritmos son técnicas de programación que intentan imitar la evolución biológica como estrategia para resolver problemas. Ante un problema específico, la entrada del algoritmo es un conjunto de posibles soluciones a dicho problema —generadas aleatoriamente y codificadas de alguna manera— y una métrica denominada *función de aptitud* que permite evaluar cuantitativamente cada solución candidata. Las soluciones candidatas que sean más prometedoras se reproducen digitalmente y se conservan (las reproducciones introducen cambios aleatorios durante el proceso de copia); esta descendencia digital prosigue con la siguiente generación. Aunque nos pueda parecer asombroso, resulta que estos algoritmos han demostrado ser una estrategia muy poderosa y exitosa que, en el caso de los sistemas CBIR, permite disminuir el número de interacciones con el usuario en la fase de retroalimentación por relevancia, incluso facilitar la búsqueda cuando el usuario no tiene una idea clara de la imagen que quiere y simplemente indica el tipo de impresión que la imagen le ha de causar.

[61] <http://www.cis.hut.fi/picsom/ftp.sunet.se>.

[62] Para la adquisición de un conocimiento más detallado de estos algoritmos, remitimos al lector a la obra de D. E. Goldberg (1989): *Genetic Algorithms in Search, Optimization, and Machine Learning,* Addison Wesley Publishing Company Inc., 432 pp.

En definitiva, lo que hemos podido comprobar analizando los resultados en INSPEC es que la principal fortaleza de la investigación en la actualidad se encuentra en el desarrollo tecnológico de carácter experimental que se ha conseguido alcanzar sobre sistemas CBIR; siendo esto debido a la naturaleza igualmente técnica de los dos campos más influyentes sobre los que descansan los métodos de análisis y recuperación empleados para tal fin: la visión artificial y las técnicas de procesamiento de la imagen. Observamos, asimismo, una tendencia que intenta aproximar la eficacia del sistema a la emoción e intuición humanas, mejorando para ello el propio funcionamiento interno del sistema. En consecuencia, detectamos como punto débil en la investigación estudios que impliquen directamente al usuario.

Además, el hecho de que la mayoría de los sistemas propuestos se apliquen a campos y situaciones concretas, muy a menudo sin llegar a superar el nivel de prototipos, podría considerarse también una debilidad respecto al grado de madurez que realmente han alcanzado estos sistemas.

Este último aspecto que hemos podido comprobar a través de INSPEC, también es considerado por Robledano Arillo (1999: 310), para quien, a pesar de que la mayoría de los sistemas de recuperación visuales automáticos son implantables en herramientas informáticas convencionales, no hay mucha oferta de sistemas con un propósito de aplicación general,[63] y esto es así porque normalmente se determina primero el contexto de aplicación, y en función de este se eligen unos algoritmos de reconocimiento y unas funciones concretas.

Veamos ahora el comportamiento en INSPEC de dos aspectos que nos van a interesar mucho. El primero considera al usuario como eje central del diseño del sistema: las interfaces de usuario; y el segundo se refiere a la aplicación de estos sistemas en bibliotecas digitales.

Interfaces de usuario

Respecto a las interfaces de usuario, INSPEC registra 74 trabajos relativos a esta materia. En consecuencia, no podemos decir que se haya prestado una gran atención a este asunto, puesto que este número tan solo representa un 4,2 % del total de artículos recuperados.

[63] Aquí, el profesor Robledano alude a todo tipo de *SARI* (Sistema Automatizado de Recuperación de Imágenes), pero tal vez sea en el caso de los sistemas CBIR donde se manifieste más claramente esta afirmación.

La mayoría de estos trabajos se limita a incidir en la conveniencia del paradigma de interrogación QVE; en las técnicas de indicación de la relevancia como elemento que favorece la interacción con el usuario y mejora la opinión de este hacia el sistema; en el desarrollo de métodos de navegación que resulten cada vez más sencillos, construyendo árboles de búsqueda por similitud visual dependiendo de las características de las imágenes; o en mejorar los tiempos de respuesta como requisito de usabilidad en la interacción con el usuario.

También destacan, por constituir un intento de superación de las aproximaciones existentes, los trabajos de Assfalg, Del Bimbo y Pala (2000*c*; 2002) argumentando a favor de interfaces basadas en realidad virtual, que, a su juicio, ofrecen una representación más realista del entorno natural del usuario. Este tipo de paradigma permitiría al usuario navegar, editar el espacio virtual y tomar fotografías que sirvieran de ejemplos visuales en el proceso de interrogación al sistema. En principio, la interacción basada en realidad virtual simboliza una nueva generación de interfaces de consulta, pero hoy día su aplicación efectiva no está aún clara. Por ejemplo, en el caso de la recuperación CBIR, se entiende que limitaría el espacio de búsqueda a un mundo virtual predefinido, resultando difícil determinar cómo sería posible que abarcase diversas clases de imágenes.

Por otro lado, muy pocos trabajos teorizan de forma global sobre los componentes que han de integrar una interfaz para sistemas CBIR. Ni siquiera un trabajo enunciado de tal forma que así lo parece se corresponde realmente con una investigación de este tipo. Nos referimos al trabajo de Venters, Eakins y Hartley (1997) titulado «The user interface and content-based image retrieval systems». En él, se intenta llegar a establecer una interfaz adecuada para un sistema CBIR concreto, denominado ARTISAN, que recupera imágenes de marcas comerciales a partir de su forma.[64] Este trabajo sirve, no obstante, de ejemplo para caracterizar, en opinión de los autores, lo que habría de ser un estudio que se proponga atender al diseño de la interfaz de consulta de un sistema CBIR. La cuestión se aborda determinando primero qué tipo de sistema se va a desarrollar y a qué tipo de colectivo de usuario se va a destinar. A continuación, se procede a realizar entrevistas con estos colectivos para conocer qué elementos consideran relevantes. A partir de la información aportada, se establecen hipotéticas interfaces que integren los elementos resaltados por los usuarios potenciales. Las interfaces resultantes habrán de ser

[64] De igual modo, el trabajo de Bird, Elliot y Griffiths (1996), «User interfaces for content-based image retrieval», a pesar de su título aparentemente referido en un sentido genérico a cualquier sistema CBIR, estudia el diseño concreto de una interfaz para sistemas CBIR aplicados a la industria textil.

evaluadas en términos de usabilidad, utilidad, control, eficacia y satisfacción del usuario. Convendría que dichas evaluaciones se realizaran tanto sobre usuarios expertos como no expertos y que emplearan distintas técnicas tales como cuestionarios, observación y entrevistas. Los resultados obtenidos en este tipo de estudios de aplicación particular han de contribuir a desarrollar principios de aplicación general. El proceso descrito en este trabajo es más que interesante; sin embargo, el número de estudios que han arrojado datos a partir de evaluaciones de interfaces CBIR es bastante escaso. Precisamente por ello, y acudiendo para contrastar esta conclusión a Venters, Hartley y Hewitt (2004: 346), podemos decir que no existe aún suficiente evidencia empírica que apoye el uso de un tipo de metáfora o paradigma concreto por encima de los demás, o que permita determinar con exactitud qué tipo de interfaz de usuario se requiere para apoyar la interacción persona-ordenador en un entorno CBIR.

Claramente, los estudios detectados se centran en la adaptación de las interfaces al comportamiento racional de los usuarios, dejando de lado su comportamiento emocional, que, sin embargo, también puede jugar un papel importante en la interacción. En este otro sentido, debemos considerar los estudios centrados en aspectos de inteligencia artificial, como los comentados anteriormente sobre algoritmos genéticos, que pueden llegar a inferir estados anímicos del usuario a partir del propio conocimiento desarrollado por el sistema.

Bibliotecas digitales

En relación a la aplicación de sistemas CBIR en bibliotecas digitales, tiene este tema menor presencia que el de la interfaz de usuario. En concreto, se trata de 35 trabajos que suponen un 2 % del total de registros recuperados. Es importante subrayar la ausencia general de una definición sin matices del concepto *biblioteca digital*. Se concibe como una colección de documentos digitales indizados disponibles en línea. Este concepto demasiado genérico va a provocar una cierta confusión, ya que se circunscriben bajo este descriptor trabajos que no desarrollan ninguna apreciación teórica o práctica sobre verdaderas bibliotecas digitales, sino que tan solo auspician la idea del potencial que ofrece la recuperación de imágenes por su contenido visual para hacer más flexibles las búsquedas a través de cualquier colección digital de imágenes. Se prescinde, en consecuencia, de otros elementos definitorios del concepto *biblioteca digital* como puedan ser su carácter institucional y organizativo, o los objetivos que han de perseguir.

La idea más significativa puesta de manifiesto en estos trabajos es el atractivo que suscita la posibilidad de integrar la recuperación basada en el contenido en bibliotecas distribuidas de imágenes o de documentos heterogéneos, así como su combinación con otros mecanismos habituales de interrogación.

Entre los trabajos registrados en INSPEC que nos puedan interesar se encuentra el de Bird, Elliot y Hayward (1999), enmarcado en el proyecto europeo ELISE *(Electronic Library Image Service for Europe)* en el que participaron Reino Unido, Irlanda, Bélgica y Holanda, con el fin de desarrollar y evaluar aplicaciones telemáticas para interconectar servicios bibliotecarios. Bajo este contexto, pudieron llevar a cabo una evaluación sobre un total de veinticinco sujetos acerca de la usabilidad que ofrecía un sistema CBIR, basado en la tecnología del sistema QBIC de IBM, cuya interfaz fue readaptada específicamente para el caso. Los resultados de este estudio fueron positivos, pero también sugieren la necesidad de investigar más acerca del diseño y evaluación de interfaces de búsqueda de imágenes.

Más reciente es el trabajo de Margaret E. Graham (2004), en el que la autora británica se cuestiona las capacidades de la recuperación por contenido para mejorar el acceso a las colecciones digitales de imágenes. Atendiendo sobre todo a las investigaciones llevadas a cabo por el IIDR, llega a la conclusión de que, a pesar de la diversidad de usos y usuarios, la implementación en colecciones digitales de técnicas de recuperación por atributos visuales podría ser útil, siempre en combinación con las técnicas de recuperación textual.

1.3.4.2. Cotejo del comentario con trabajos sobre el estado de la cuestión

Las informaciones rescatadas en la base de datos INSPEC nos han servido para presentar las diferentes líneas de investigación que sobre la tecnología CBIR se han desarrollado con mayor y menor dinamismo, así como para pincelar las tendencias hacia donde se orientan los actuales estudios.

INSPEC, a pesar del volumen de información que alberga, no registra todos los trabajos existentes sobre sistemas CBIR. Así puede comprobarse si contrastamos sus resultados con los de otras bases de datos (por ejemplo, *ACM: The guide to computing literature;* o la del *Institute of Electrical and Electronics Engineers*).[65] Igualmente, porque algunas referencias que hallamos citadas en fuentes consultadas tampoco aparecen en INSPEC. Sin embargo, nos ha permitido realizar una ra-

[65] Ambas ofrecen un número de resultados notablemente menor que INSPEC.

diografía que sirve muy bien de soporte a las afirmaciones de los expertos sobre el estado de la cuestión.[66]

Ya Eakins y Graham (1999) señalaban como temas que cuentan con menos apoyo en el terreno de la investigación sobre CBIR, los de diseño de interfaz, evaluación de la eficacia de estos sistemas y estudios de usuarios. También Robledano Arillo (2002) demandaba más investigación sobre necesidades de usuarios en lo que a las imágenes se refiere, a fin de poder adecuar los sistemas de recuperación a dichas necesidades.

Efectivamente, tanto las necesidades de información como el comportamiento de búsqueda de los usuarios finales son aspectos de los que se sabe muy poco, al menos en comparación con el campo de la recuperación de información textual. Sobre esta materia, Eakins y Graham (1999) identifican y presentan varios estudios al respecto que se centran en colecciones de imágenes y poblaciones de usuarios específicos.

Concluyen que, aunque los resultados ofrecen una valiosa visión, son demasiado limitados en su intento de extrapolarse a un marco teórico global. No obstante, hemos de destacar todos los estudios realizados en esa línea por el IIDR, para el que ambos autores han trabajado.

En líneas generales y de forma sintética, tal como manifiestan Venters, Hartley y Hewitt (2004: 323), podemos concretar que las investigaciones relativas al estudio de la recuperación de imágenes por contenido se han dirigido en su inmensa mayoría al desarrollo y avance de algoritmos de recuperación, esfuerzos que, posiblemente, han dado éxitos muy limitados.

Sin embargo, se han ignorado en gran medida otros aspectos fundamentales para que esta tecnología pueda dar lugar a herramientas viables de recuperación, aspectos como los arriba mencionados de detección de necesidades y modelos humanos de comportamiento de búsqueda, o la especificación de las interfaces de usuario que, a pesar de haberse considerado reiteradamente como una de las principales áreas de investigación para hacer global y útil la tecnología CBIR, en realidad ha dado aún muy pocos frutos.

Quizá una de las llamadas de atención a este respecto más significativas la hacen Eakins, Briggs y Burford (2004: 629) al recordarnos que sin un conoci-

[66] Además, hemos podido comprobar cómo nuestras conclusiones se ven corroboradas por estudios recientes de orientación similar tales como el de Li Datta, y Wang (2005), basado en el análisis temático de publicaciones sobre sistemas CBIR comprendidas entre los años 1995-2004 procedentes de las bibliotecas digitales de ACM, IEEE y Springer.

miento real de las necesidades cognitivas y contextuales del usuario final, muchos de los sistemas actuales se arriesgan a fracasar, y por ello han de cobrar importancia los principios de diseño centrados en el usuario.

Para Sagarmay Deb (2004), el punto débil en el intento de desarrollar un modelo universal de sistema CBIR se halla en que sigue sin resolverse la recuperación de significados semánticos o significados de alto nivel. Esta dificultad reside en la importante laguna que aún existe entre la percepción humana y la percepción de un ordenador.

Sin embargo para Jain, en 1993, el fracaso en el éxito de estos sistemas podía deberse a dos hechos que se daban en el conjunto de los estudios existentes entonces: o se trataban aspectos básicamente teóricos, o aspectos relativos a campos de aplicación demasiado concretos.

En este sentido, Rui, Huang y Chang (1999) opinan que solo cuando haya una integración homogénea de las distintas actividades de investigación podrá lograrse el objetivo de una recuperación CBIR efectiva.

Partiendo de toda la bibliografía consultada y del recorrido realizado a través de INSPEC, se puede afirmar que la tendencia hacia dicha integración es cada vez mayor, y prueba de ello es la dificultad para aislar los temas que tratan simultáneamente los diferentes estudios sobre CBIR. Se intenta impulsar una mejora de las representaciones de las imágenes, los modelos de datos y los algoritmos de procesamiento, al tiempo que ha aumentado la preocupación por el diseño de interfaces de interrogación inteligentes y la arquitectura de sistemas independientes del dominio. Se observa que crece la interdependencia entre distintos aspectos, y tal vez ello conlleve una disminución en el número de trabajos que se publiquen, pero un mayor cuidado y atención a la diversidad de cuestiones a considerar para superar los retos demandados.

1.4. Investigación sobre sistemas CBIR fuera de España

1.4.1. PUBLICACIONES

Atendiendo en primer lugar a las publicaciones más destacadas, en INSPEC sobresale muy por encima de las demás la serie *Proceedings of the* SPIE *The International Society for Optical Engineering*. SPIE es una sociedad sin ánimo de lucro fundada en 1955 y con sede en Estados Unidos que se ha convertido en una fuerza internacional, constituida por miembros individuales e institucionales de todo el mundo, de gran alcance para el desarrollo del conocimiento en las áreas de óptica, imágenes y fotónica. Bajo esta serie se publican los trabajos realizados en los muy diversos eventos patrocinados por la sociedad.

Otras publicaciones de interés son *Pattern Recognition Letters* (de la IAPR, *The International Association for Pattern Recognition*, sede en EE. UU.); *Pattern Recognition* (*The Journal of the Pattern Recognition Society*, sede en EE. UU.); *Proc. IEEE International Conference on Multimedia Computing and Systems* (de la IEEE *Computer Society*, sede en EE. UU.); *Computer Vision and Image Understanding* (Elsevier, sede en EE. UU.); *Multimedia Tools and Applications* (Kluwer, sede en EE. UU.); *Journal of Software* (John Wiley & Sons Inc., sedes en EE. UU. e Italia); *Journal of Visual Communication and Image Representation* (Elsevier, sede en EE. UU.); *Journal of Computer Aided Design and Computer Graphics* (Science Press, sede en China); *Journal of Visual Languages and Computing* (Elsevier, sede en Reino Unido).

Comunicación visual, representación de la imagen, lenguajes visuales, reconocimiento de patrones, herramientas multimedia, son algunos de los temas que tratan estas publicaciones. Ninguna de ellas está especialmente dirigida a bibliotecarios o documentalistas, aunque muchas incluyen entre sus temas el de las bibliotecas digitales, bajo esa concepción genérica que antes hemos comentado.

1.4.2. PROFESIONALES Y TRABAJOS DESTACADOS

En cuanto a los autores recogidos en INSPEC, aunque sus procedencias son bien diferentes —Japón, China, Italia, Holanda, Reino Unido, India, etcétera—, la mayoría ejerce su profesión en departamentos universitarios de Estados Unidos. Por citar a algunos de los más productivos, mencionaremos los siete siguientes:

— Thomas S. Huang, profesor del Departamento de Ingeniería Eléctrica e Informática y del Laboratorio de Ciencia Coordinada (CSL) de la Universidad de Illinois (EE. UU.) y miembro del Instituto Beckman de Formación y Procesamiento de Imágenes. Uno de sus trabajos más destacados es el relativo a la interfaz CBIR denominada *ImageGrouper*[67] (Nakazato, Manola y Huang,

[67] Se puede descargar libremente desde <http://www.ifp.uiuc.edu/grouper/#demo>.

2002), que permite al usuario utilizar combinaciones de imágenes para interrogar al sistema.

— Hong Jiang Zhang, es director general del Centro de Investigación de Tecnología Avanzada de Microsoft en Asia (Pekín). Los últimos trabajos de este autor en lo que a sistemas CBIR se refiere se han orientado a intentar perfeccionar los métodos de indicación de la relevancia y las técnicas de aprendizaje semántico automático.

— Horst Eidenberger, trabaja en el Instituto de Tecnología del Software y Sistemas Interactivos, Universidad de Tecnología de Viena (Austria). Ha colaborado estrechamente con Christian Breiteneder, perteneciente también a la citada institución. El trabajo más actual de estos autores ha sido el proyecto *VizIR*, un sistema de recuperación visual que se desarrolla bajo un marco abierto, integrando el estándar de descriptores visuales MPEG-7, que soporta preguntas distribuidas y cuida los aspectos de la interfaz orientados al diseño de un modelo de propósito general.

— Jorma Laaksonen, trabaja para el Laboratorio de Informática de la Universidad de Tecnología de Helsinki (Finlandia). Su trabajo más destacado en el ámbito de los sistemas CBIR, realizado en colaboración con otros autores, ha sido el sistema *PICSOM*[68] de navegación basado en mapas auto-organizativos.

— Thierry Pun, profesor y miembro del Grupo de Visión Artificial de la Universidad de Ginebra (Suiza). Ha participado en trabajos muy destacados de este grupo de investigación, entre los que debemos resaltar la creación del protocolo de comunicación para sistemas CBIR denominado MRML, del que hablaremos más tarde, así como distintas propuestas para realizar controles de funcionamiento sobre sistemas CBIR.

— Aidong Zhang, profesora del Departamento de Informática e Ingeniería de la *State University of New York* (SUNY) en Buffalo. La autora lidera el grupo de investigación de su departamento, «The CSE *(Computer Science and Engineering)* Database and Multimedia Group». Uno de los trabajos de investigación que más nos interesa de este grupo es el proyecto de biblioteca digital de la NSF *(National Science Foundation)*.[69] Se trata de un proyecto que incluye a tres equipos de investigación: SUNY, el Centro Nacional de Sistemas de Información Científica (NACSIS) de Japón y la Universidad de Nantes en

[68] Demostración en <http://www.cis.hut.fi/picsom/>.

[69] <http://www.cse.buffalo.edu/DBGROUP/digital-library/index.htm>.

Francia (IRESTE). El objetivo de este proyecto consiste en desarrollar nuevas formas eficaces de acceso a varias bases de datos de imágenes geográficas a través de Internet para, posteriormente, establecer sistemas de recuperación distribuidos.

— Jürgen Assfalg, investigador asociado del Laboratorio de Procesamiento de Información Visual *(VIP Lab)* del Departamento de Sistemas e Informática de la Universidad de Florencia. Entre los trabajos más destacados de su laboratorio se encuentra una aplicación CBIR basada en realidad virtual.[70]

Respecto a los trabajos que abordan desde una perspectiva general cuestiones sobre la tecnología CBIR, como sus características, limitaciones y estudio de usuarios, destacamos los siguientes, ordenados cronológicamente:

— Enser[71] (1995): revisa métodos para proporcionar acceso temático a la información pictórica y desarrolla un cuadro de cuatro categorías para clasificar las distintas aproximaciones.[72] Señala las fortalezas y debilidades de los métodos convencionales basados en entradas lingüísticas, tanto para la indización como para la búsqueda, y los sistemas experimentales que utilizan entradas visuales en ambos casos. Concluye que, aunque existen serias limitaciones en las técnicas basadas en texto para el acceso temático a las imágenes, aún se necesitan avances de investigación significativos para adecuar a esta tarea los métodos basados en análisis y recuperación visual. También advierte, como ya lo hizo Cawkell (1993), que se necesita más diálogo entre los investigadores sobre el análisis de imágenes y la recuperación de información.

— Gudivada y Raghavan (1995): ofrecen una visión crítica de la tecnología CBIR con la que pretenden ser conscientes de las líneas de investigación que se han de seguir para conseguir perfeccionar los sistemas. A nuestro juicio, destaca el llamamiento que hacen al desarrollo de medidas adecuadas para caracterizar factores de usabilidad que evalúen estos sistemas.

[70] Información en <http://viplab.dsi.unifi.it/QBP/>. [Consulta: 21/09/05.] De acuerdo con las propuestas de Assfalg, Del Bimbo y Pala (2000*c*; 2002), el usuario «camina» por el mundo virtual hasta que encuentra una escena que le motiva. Entonces puede modificarla añadiendo, moviendo o borrando objetos, así como cambiando sus colores y texturas.

[71] Profesor de la Escuela de Gestión de la Información en la Universidad de Brighton.

[72] V. nota 9: modelos de análisis y recuperación LL, LV, VL y VV.

— Aigrain, Zhang y Petkovic (1996): discuten los principios más importantes de las relaciones de semejanza entre imágenes para la recuperación en bases de datos, destacando la dificultad de expresar esto en términos de rasgos generados automáticamente. Revisan una selección de técnicas tanto para la recuperación de imágenes estáticas como para la gestión de video. Concluyen que el campo se está extendiendo rápidamente, pero que muchos de los retos de investigación principales aún permanecen sin resolver, incluyendo la dificultad de expresar información semántica en términos de rasgos primitivos de la imagen y la necesidad de mejorar significativamente las interfaces de usuario.
— Eakins (1996): comienza preguntándose por la necesidad de que los sistemas dispongan de una opción de recuperación por atributos visuales. Para resolver esta cuestión recurre a los estudios de usuarios existentes hasta entonces, como los de Enser (1993) y Keister (1994). Enser analizó cerca de tres mil peticiones escritas al archivo alemán *Hulton* procedentes de mil formularios. Los resultados indicaron que las preguntas sobre materiales visuales mostraban un nivel mayor de especificidad que las peticiones de materiales textuales, y que la mayoría de las peticiones eran para casos concretos de una categoría general (por ejemplo, *London Bridge* antes que el término genérico *Bridges*); por su parte, Keister analizó los registros de preguntas en la *National Library of Medicine* y demostró que la mayoría de las preguntas estaban estructuradas utilizando tanto conceptos abstractos como elementos específicos de la imagen. Concluyó que las necesidades emocionales y estéticas del usuario son altamente subjetivas y no se ven resueltas en la indización. Para abordar su cuestión inicial, Eakins también tiene en cuenta que determinados usuarios, como son los bibliotecarios especializados en arte, ven reducido considerablemente el tiempo que emplean en catalogar una imagen y en procesar las búsquedas al utilizar sistemas CBIR como el *QBIC*. De todo ello viene a dar por supuesta la posible conveniencia de incorporar las opciones de recuperación visual a los sistemas. A continuación, y tras revisar otras clasificaciones como la de Enser (1995) o Panofsky (1970),[73] propone tres niveles en que puede dividirse la recuperación de las imágenes[74] (rasgos primitivos, atributos derivados —identificación de objetos— y atributos abstractos), y argumenta hasta qué punto los avances tecnológicos pueden lle-

[73] E. Panofsky (1970): *Meaning in the visual arts*, Harmondsworth: Penguin.
[74] Ya mencionamos esta clasificación en el apartado 1.1 del presente capítulo.

gar a satisfacer las necesidades de los usuarios en cada nivel. Su conclusión es que las técnicas automáticas CBIR pueden superar los requerimientos de los usuarios en el primer nivel y serán capaces de aportar en un futuro importantes contribuciones en el segundo nivel, pero en cuanto al tercero aún están muy lejos de producir una repercusión de interés.

— Gupta y Jain (1997): plantean una revisión abreviada del estado de la cuestión, con especial detenimiento en las clases de indicación de la relevancia que presentan algunos sistemas. Al igual que en otros trabajos, se deja patente el escaso esfuerzo existente por establecer unos criterios de evaluación, pruebas de rendimiento y comparación entre sistemas.

— Rui, Huang y Chang (1997): también hacen una revisión sobre la situación en la recuperación de imágenes y, en especial, sobre las características de la recuperación CBIR. En este sentido, consideran que deberían realizarse estudios prácticos para explorar las vías en que han de interrelacionarse las distintas opciones de interacción de que puede disponer un sistema, al tiempo que abogan por la integración de disciplinas en el estudio de la recuperación de imágenes, una mayor relación sistema-usuario y la unión de la búsqueda conceptual y visual.

— Müller y otros (1999): describen varios métodos para reducir el tiempo de respuesta de un sistema CBIR, por recorte de las búsquedas o evaluación paralela de una pregunta. Los experimentos se realizan sobre el sistema *Viper*, un sistema que utiliza la tecnología basada en ficheros invertidos. De este trabajo destaca la consideración del tiempo de respuesta como un factor importante para la usabilidad de un sistema interactivo, señalando además que los tiempos de respuesta inferiores a un segundo a menudo se especifican como un requisito de usabilidad.

— Goodrum (2000): ofrece una visión general del estado actual en la recuperación de información visual con una explicación muy clara de los inconvenientes que suscita el paradigma de análisis y recuperación textual, así como una revisión de estudios que han intentado indagar sobre el tipo de atributos de contenido que el usuario busca en una imagen. El autor apuesta por desarrollar ontologías que soporten la posibilidad de recuperar visualmente las imágenes, aunque duda del momento en que los atributos textuales han de estar presentes (indización, búsqueda, reformulación, o en todas las fases). Por último, se demanda más investigación que analice la eficacia de cualquier sistema de recuperación de imágenes.

— Smeulders y otros (2000): presentan una revisión de doscientas referencias sobre CBIR. Muestran las condiciones de trabajo de la recuperación de imágenes basada en el contenido: modelos de uso, tipos de imágenes, papel de la semántica, así como los pasos automáticos que llevan a cabo estos sistemas. Destaca especialmente el planteamiento desde el que se realizan las explicaciones, teniendo en cuenta que las diferentes facetas de la tecnología CBIR serán también distintas en función del campo de aplicación del que se trate, dominios específicos o genéricos. Igualmente son de interés las opiniones finales de los autores con respecto a varios temas: entre otras cuestiones tratan del problema de la evaluación, de la importancia que está teniendo el desarrollo de algoritmos de aprendizaje para solucionar la laguna semántica[75] de los sistemas y del énfasis que está cobrando la interacción como núcleo central de la recuperación.

— Venters y Cooper (2000*b*): realizan una revisión de los aspectos centrales del CBIR. Con respecto a los paradigmas de interrogación que han sido propuestos para estos sistemas, nos interesa destacar una conclusión a la que llegan los autores, y es que la validez de dichos métodos no ha sido comprobada sobre poblaciones reales de usuarios. Esta misma idea se mantiene en un trabajo más reciente en el que participa uno de esos autores (Venters, Hartley y Hewitt, 2004). Dicho artículo ofrece un excelente estado de la cuestión en lo que a estudios sobre interfaces de usuario CBIR se refiere, detectando precisamente la escasez de los mismos. Sobre los estudios de usuarios de imágenes se señala que estos no se han realizado en situaciones donde los usuarios se expusieran a sistemas CBIR y, en todo caso, han estado condicionados por los sistemas disponibles.

— Markkula y otros (2001): crean un contexto de evaluación sobre diez trabajadores de un periódico finlandés para comparar los criterios de similitud humanos y los empleados por los algoritmos de recuperación CBIR. El método empleado para conformar dicho contexto evaluativo consiste en pedir a cada periodista que lea un artículo, construya una idea mental de la fotografía que lo podría ilustrar, haga una pregunta textual y ojee los resultados obtenidos en busca de fotos útiles. Si no se encuentran, se sugiere la reformulación de nuevas ideas; si se encuentran, se analiza la semejanza de las fotos selecciona-

[75] La expresión *laguna semántica* se refiere a la disociación entre los rasgos de bajo nivel y las expectativas semánticas de alto nivel del usuario (Santini (2001): *Exploring image databases content-based retrieval*, San Diego: Academic Press).

das a fin de establecer los criterios de similitud. En principio, y de acuerdo con una clasificación de atributos visuales compuesta a partir de las ideas de Eakins (1996), Panofsky (1970)[76] y Shatford (1986),[77] la mayor puntuación fue para los atributos de tercer nivel, que se corresponderían con conceptos abstractos en general; a continuación, vendrían los atributos de segundo nivel (referidos a objetos, lugares, acciones y sucesos); y, por último, los atributos de primer nivel (rasgos primitivos, posición, momento del día, apariencia de los objetos, etcétera). Sin embargo, si tenemos en cuenta los rasgos que definen cada nivel, observamos que en la mayoría de los casos los usuarios se fijaron primero en el tipo de objeto —segundo nivel—, a continuación en su apariencia (ángulo tomado, distancias...) —nivel uno—, y en tercer lugar en conceptos abstractos —nivel tres—. Los rasgos primitivos, como color, luz y composición también obtuvieron una puntuación elevada.

— Urcid Pliego (2003): expone su concepto de recuperación CBIR, al tiempo que apoya sus ventajas frente a la recuperación textual, descartando la utilidad de los metadatos cuando el usuario no busca una imagen específica. En su trabajo desarrolla una herramienta CBIR vía web para la biblioteca digital de la Universidad de las Américas, en Puebla (México). Esta herramienta viene a integrarse al proyecto U-DL-A *(University Digital Libraries for All),* un programa de bibliotecas digitales que se inició en la Universidad de las Américas en 1998.[78] Su propuesta de aplicación práctica a una biblioteca digital queda justificada recurriendo a Wiederhold (1995), para quien uno de los servicios que las bibliotecas digitales deben prestar es la búsqueda de imágenes —más concretamente, Wiederhold (1995: 94) es muy positivo con respecto a las posibilidades que la recuperación por contenido visual ofrecerá en un futuro a las bibliotecas digitales aportando a la información sobre las imágenes un valor añadido sustancial. Los usuarios del sistema desarrollado por Urcid pueden hacer búsquedas por contenido sobre una colección de imágenes de tesis digitales y visualizar los documentos fuente de aquellas imágenes obtenidas. Las opciones de búsqueda se basan en el paradigma QVE[79] y recuperación mediante palabras

[76] V. nota 73.

[77] S. Shatford (1986): «Analyzing the subject of a picture: a theoretical approach», *Cataloguing and Classification Quarterly,* 6, pp. 39-62.

[78] La descripción de resultados de este programa puede verse en <http://ict.udlap.mx/pubs>.

[79] V. Anexo «Glosario de términos», *Query by visual example*. Lo explicaremos con más detalle en el Capítulo 2.

clave. El usuario puede realizar una recuperación por contenido basándose en la semejanza de las regiones seleccionadas. A partir de una imagen recuperada, el usuario puede obtener el documento fuente, además el sistema incluye la opción de retroalimentación. Urcid realiza pruebas de usabilidad sobre la herramienta desarrollada con cinco usuarios reales y empleando también evaluaciones heurísticas de acuerdo con los principios de Nielsen (1993).

En el ámbito de trabajos descriptivos de sistemas CBIR destacamos los siguientes:

— Johansson (2000): presenta una ficha descriptiva comentada sobre veintitrés sistemas CBIR, centrándose especialmente en el proceso de extracción de los rasgos de recuperación que emplea cada sistema. También interesa su introducción, donde cita cuáles son los aspectos que deben considerarse en el diseño de un sistema CBIR: tipo de rasgos visuales, forma de codificar dichos rasgos, estructuras de indización, posibilidades de búsqueda y elementos de interacción. Así mismo, resume las técnicas de procesamiento CBIR más utilizadas, los aspectos de lenguaje visual más comunes y los métodos usuales de evaluación del funcionamiento de estos sistemas.

— Veltkamp y Tanase (2002): recogen una descripción sistematizada acerca de la funcionalidad de cincuenta y ocho sistemas CBIR. Para cada sistema atienden a los aspectos de interrogación, indicación de la relevancia, atributos de recuperación, tipo de asociación de rasgos, estructura de indización y forma de presentación de los resultados. Detectan que la mayoría de los sistemas utiliza rasgos de color y textura, siendo menor el número que emplea rasgos de forma. Es curioso el planteamiento de una de las conclusiones de este artículo, pues señala que, cuando una base de datos se refiere a un campo específico (por ejemplo, aviones de combate), tiene más sentido buscar imágenes distintas que similares, siendo por tanto necesario desarrollar sistemas CBIR que operen a un nivel semántico mayor (reconocimiento de objetos y escenas). Los autores constatan, al igual que en otros trabajos ya reseñados, la dificultad de evaluar el grado de éxito que tienen los sistemas CBIR en términos de eficacia y flexibilidad.

Los trabajos que hemos citado en este apartado son bastante recurrentes en la bibliografía consultada, posiblemente con excepción del de Urcid Pliego (2003). Son muchos otros los que constituyen el cuerpo de investigación sobre sistemas CBIR, como ya hemos tenido ocasión de constatar, pero hemos querido traer aquí a colación aquellos cuyas contribuciones más nos han influido y al mismo tiempo creemos que representan claramente cuál es el estado actual de la investigación en el tema: avances técnicos a nivel de desarrollo de algoritmos muy dispares, pero necesidad de diseñar métodos eficaces de evaluación, dificultad de estos sistemas para expresar información semántica y problemas de interacción con el usuario, fundamentalmente.

1.4.3. INSTITUCIONES Y GRUPOS DE INVESTIGACIÓN

Desde el punto de vista de los grupos de investigación y organizaciones implicadas en la investigación CBIR es ineludible acudir a «The Benchathlon Network».[80] Este grupo surgió para establecer una plataforma de evaluación del funcionamiento de sistemas CBIR. Para conocer su historia es fundamental un breve artículo de Stéphane Marchand-Maillet (2001), autor perteneciente al Grupo de Visión Artificial de la Universidad de Ginebra (Suiza), —antes citado al referirnos al profesor Thierry Pun—, y director de «The Benchathlon Network».

La organización Benchathlon surgió inicialmente como nombre de un certamen sugerido en la Conferencia sobre Imágenes en Internet del año 2000 *(Internet Imaging Conference)*. Este certamen se propuso para evaluar el mérito de varios algoritmos de recuperación de imágenes. Para llevar a cabo el concurso se requería uniformidad en el tratamiento de los sistemas y por ello se estableció un grupo de imágenes como conjunto de prueba sobre el que evaluar dichos sistemas. El nombre del certamen se debe a la importancia que adquirió el concepto *benchmark* desde el momento en que surgió la idea. Este término alude a la realización de pruebas de rendimiento o controles de funcionamiento, en este caso sobre algoritmos de recuperación.

Theo Gevers (Universidad de Amsterdam, Holanda) y Alberto Del Bimbo (Universidad de Florencia, Italia) ofrecieron un esquema de cómo debía realizarse el concurso.[81] Los primeros resultados no fueron enteramente satisfactorios, pero sí fue el comienzo de un esfuerzo que se ha mantenido años después. En la actualidad, la organización convoca a la participación desde su sitio web manifestando cuatro objetivos prioritarios:

[80] <http://www.benchathlon.net/>.

[81] El documento está disponible en formato PDF en <http://www.benchathlon.net/lib/documents/contest_1.pdf>. [Consulta: 21/03/05.]

— Establecer un marco común para la evaluación de los sistemas CBIR.
— Fomentar la investigación general sobre estos sistemas, y en particular sobre el tema de la evaluación.
— Ayudar a los investigadores y compañías a desarrollar un contexto de evaluación objetivo.
— Ofrecer a los investigadores y compañías las herramientas y la información necesarias.

Además, desde su sitio web podemos acceder a información interesante, como es una extensa bibliografía recomendada sobre recuperación visual de imágenes clasificada en función del tipo de material.

Uno de los miembros de *Benchathlon* que más beneficiosamente ha contribuido al intento de alcanzar los objetivos marcados por la organización ha sido el Grupo Viper[82] (*Visual Information Processing for Enhanced Retrieval*), mayoritariamente compuesto por profesores y alumnos de la Universidad de Ginebra (Suiza), del que forman parte los ya mencionados Thierry Pun y Stéphane Marchand-Maillet. Su aportación más brillante ha sido el desarrollo de un protocolo de comunicaciones para sistemas CBIR llamado MRML *(Multimedia Retrieval Markup Language)*, que se basa en XML y tiene una arquitectura distribuida cliente-servidor. Con este protocolo se pretende aportar un elemento que facilite el establecimiento de un contexto apropiado para evaluar el funcionamiento de sistemas CBIR, pues se trata de una forma de comunicación sencilla de implementar, que estandariza el acceso e interacción cliente/servidor a cualquier sistema CBIR disponible en Internet y que tolera extensiones a otros tipos de paradigmas de interrogación distintos al popular QVE. En el espacio web dedicado a este protocolo[83] se detallan aspectos sobre los servidores y clientes que soportan MRML empleados hasta la fecha.

Otros organismos y proyectos de interés no norteamericanos, pues estos serán comentados posteriormente, son o han sido los siguientes:

— El Centro de Visualización de Manchester[84] *(Manchester Visualisation Center)*, del que forma parte Colin Venters, destacado autor que también es miembro del *Benchatlon Network*.

[82] <http://viper.unige.ch/>.
[83] <http://www.mrml.net>.
[84] <http://www.sve.man.ac.uk/mvc/>.

— El Instituto para la Investigación de la Imagen *(Institute for Image Data Research/IIDR)*,[85] Escuela de Informática de la Universidad de Northumbria (Newcastle). Este instituto que, desgraciadamente, desapareció en 2005, reunió a investigadores procedentes de varias disciplinas tales como informática, gestión de la información y las bibliotecas, psicología e historia del arte. Abordó distintas problemáticas, siendo su principal interés el estudio de las necesidades de los usuarios con respecto a la información visual y cómo satisfacer estas necesidades mejorando las técnicas para el almacenamiento, recuperación e interpretación de imágenes digitales. A pesar de haber dependido de una escuela informática, la perspectiva que adoptó en sus trabajos fue la documental, tanto porque siempre primó el interés por el usuario y el estudio de sus necesidades para poner la tecnología a su servicio, como por el empleo de métodos propios de nuestra disciplina (entrevistas, encuestas, pruebas orales de recuperación…) Todos los proyectos que este instituto ha llevado a cabo relacionados con los sistemas CBIR nos son de gran interés. Citamos a continuación los más sobresalientes:

— El sistema MERMAID (*Multimedia Electronic Resources Management AID*/ Ayuda a la gestión de recursos electrónicos multimedia). Se trata de un sistema muy sencillo que el IIDR desarrolló para buscar imágenes basándose en palabras clave y recuperación visual mediante ponderación de los rasgos de color, textura o forma. El motor de búsqueda que el sistema emplea para realizar las búsquedas CBIR se llama MARIAN *(Matching and Retrieval of Images At Northumbria)*, y también fue creado por el IIDR. El instituto ofrecía una demostración desde su sitio web utilizando imágenes procedentes de dos colecciones: *Tyne and Wear Museums*[86] y el proyecto *Tyneside Life and Times*.[87]

— Visualización de bases de datos de imágenes *(Image Database Visualisation)*. El IIDR desarrolló también técnicas de visualización en dos y tres dimensiones para poder ver simultáneamente todas las imágenes que alberga una base de datos. Las imágenes se asocian unas a otras creando distintas medidas de similitud. La distancia física entre ellas representa esa semejanza —en sentido inversamente proporcional.

[85] V. nota 10.

[86] Se trata de un museo regional que comprende diversos museos y galerías de arte en torno al río Tyne, situado al noreste del Reino Unido, <http://www.twmuseums.org.uk>.

[87] <http://www.newcastle.gov.uk/tlt>.

— SHREW *(A Shape Retrieval system for Watermark images)*. Fue un proyecto llevado a cabo en el periodo 2000-2002 entre el IIDR y la Unidad de Conservación de la Escuela de Humanidades de la Universidad de Northumbria. Se intentaban desarrollar técnicas de recuperación de formas a aplicar específicamente sobre marcas de agua de imágenes históricas capturadas y reproducidas mediante diferentes métodos, para establecer con ellas un archivo que sirviera de apoyo a los historiadores en el proceso de datación de los documentos, entre otros propósitos. El software creado tuvo como base otro ideado anteriormente también por el IIDR, el sistema ARTISAN (Eakins y Graham, 1998), pensado para la recuperación de logotipos de marcas comerciales. Las imágenes fueron digitalizadas y catalogadas de acuerdo con el estándar de la IPH (International Association of Paper Historians).

— Proyecto de viabilidad y demostración de recuperación de imágenes basada en el contenido 1998-2001. Fue un proyecto de colaboración entre el IIDR y el Centro de Visualización de Manchester, financiado por el Comité de Sistemas de Información (*JISC*) del Consejo de Financiación de Educación Superior del Reino Unido. Tres eran los objetivos a cubrir:

- Hacer una revisión del estado de la recuperación de imágenes basada en el contenido. Este objetivo se materializa en el informe de Eakins y Graham (1999), en el que presentan un cuadro descriptivo de la tecnología CBIR al tiempo que revisan la literatura existente más relevante en esta materia. Nos informan de las primeras aplicaciones que han tenido este tipo de sistemas: detección de crímenes (con huellas digitales y reconocimiento de caras), búsqueda Web, propiedad intelectual (registro de marcas comerciales), periodismo y publicidad (gestión de vídeo). También reseñan cuáles son las barreras técnicas y humanas para progresar en la adopción de estas técnicas. Respecto a las barreras de orden técnico se refieren principalmente a la dificultad de estos sistemas para operar en un nivel alto de abstracción; y en cuanto a las humanas, se anima a indagar el grado de información de los usuarios sobre las capacidades que ofrecen estos sistemas y a conocer su opinión sobre la utilidad real que representan dichas capacidades. A pesar de las limitaciones que señalan los autores, el informe resulta favorable al desarrollo de los métodos de recuperación visual y se alienta a su explotación en aquellos campos que sea apropiado. Igualmente se propone fomentar la colaboración entre EE. UU. —principal fuente de actividad investigadora en este terreno— y Europa, a través de proyectos como *The Digital Libraries Iniciative*[88] de la NSF, del que participa el Comité de Sistemas de Información Británico (JISC).

- Un segundo objetivo del proyecto era el de comprobar la aplicabilidad de los métodos y el software de los sistemas CBIR en una pequeña serie de entornos prácticos de aplicación, implicando a grupos de usuarios representativos para generar un cuerpo relevante de experiencia y conocimiento. Uno de los informes en que se materializa este objetivo es el de Venters y Cooper (2000*a*), donde se detecta la existencia de setenta y dos sistemas CBIR tanto comerciales como académicos y se realiza un resumen de la funcionalidad de las aplicaciones comerciales *Excalibur Visual RetrievalWare SDK, ImageFinder, IMatch, QBIC* y *Virage*. El informe refleja también los resultados de experimentos de recuperación sobre *ImageFinder, IMatch* y *QBIC*, así como las tablas de puntuación obtenida por *IMatch* e *ImageFinder* tras realizar sobre ellos una evaluación heurística. Los autores detectan problemas de eficacia y advierten de la necesidad de desarrollar marcos de evaluación adecuados y controles de funcionamiento sobre este tipo de sistemas.
- El tercer y último objetivo del proyecto consistía en tomar conciencia de esta tecnología por parte del usuario mediante sistemas de demostración basados en la web, la difusión de informes, seminarios y grupos de trabajo.

Siguiendo con la línea de investigación del IIDR sobre sistemas CBIR, encontramos varios estudios de usuarios como el trabajo de Margaret Graham (1999). Es un estudio realizado sobre bibliotecas de arte en el Reino Unido en relación con sus métodos de descripción e indización de imágenes. Constituyó un paso previo al informe conjunto, citado anteriormente, de Eakins y Graham (1999). El trabajo presenta un cuestionario estructurado en bloques temáticos generales, de los cuales destaca el relativo a la recuperación basada en el contenido de las imágenes. Las respuestas a este bloque ponen de manifiesto que en el año 1999 la tecnología CBIR era un concepto nuevo y poco comprendido por el personal profesional de las bibliotecas de arte.

[88] Véase nota 69.

Particularmente relevante es el informe VISOR *(Visual Information Seeking Oriented Research)*, elaborado por Ashford, Conniss y Graham (2000*a*), en el que se recogen los resultados hallados en los diferentes proyectos de investigación llevados a cabo por el IIDR acerca del comportamiento de búsqueda de imágenes de usuarios en organizaciones o campos concretos (museos, bibliotecas pictóricas, arquitectura, radio, bibliotecas universitarias de diapositivas, departamentos médicos de radiología, periódicos y cuerpo de policía). Las conclusiones generales a las que llega este estudio son las siguientes: 1) Los factores personales determinan enormemente la necesidad de un tipo de información específica, las fuentes de información escogidas, las estrategias de búsqueda adoptadas y la terminología empleada en las búsquedas; 2) Hay un cambio predominante hacia la digitalización ante el cual el usuario se muestra muy entusiasta o, por el contrario, muy reservado; 3) La búsqueda está muy influida por la importancia relativa del contenido de la imagen o su impacto visual; 4) El comportamiento de búsqueda a menudo es cíclico —el tiempo es factor límite—, los usuarios modifican las búsquedas utilizando los resultados iniciales; 5) El uso de intermediarios para realizar las búsquedas está muy extendido, aunque los roles van cambiando a medida que aumenta el número de recursos electrónicos. Las autoras demandan más investigación sobre las motivaciones que llevan a las personas a buscar imágenes digitales y el uso que hacemos de ellas.

El proyecto VISOR ha continuado con el VISOR II,[89] consistente en desarrollar un marco de evaluación orientado al usuario para establecer sistemas de recuperación de imágenes electrónicas. Se trata de evaluar aspectos como la funcionalidad, la interfaz o el acceso de los sistemas de recuperación de imágenes desde la óptica del propio usuario. El entorno concreto de evaluación escogido por los autores ha sido el de los historiadores del arte. Para ello, han analizado cerca de ciento cincuenta cuestionarios y han mantenido entrevistas con unos veintiséis investigadores y académicos de la materia. Los resultados obtenidos tratan de extraer conclusiones acerca de cómo ha afectado a estos trabajadores el acceso a las imágenes digitales (más variedad, más rapidez en la disponibilidad de los materiales, posibilidad de trabajar desde casa, importancia de la Web como fuente rápida de información y primer paso en el proceso de investigación, recurso valioso para

[89] Sobre los resultados de este informe que trasladamos aquí da cuenta Margaret Graham (2003): *Visual information: The work of the IIDR* [documento PPT], disponible en <http://www.arlis.org.uk/conf/arlis2003/presentations/margaretgraham/Visualinfo.ppt>. Se trata de la presentación ofrecida por la autora para la 'ARLIS *(Art Libraries Society)* 2003 Conference' (*University of Sussex*, Brighton, 3-6 julio).

los estudiantes, facilidad en el manejo y transmisión de las imágenes de unos soportes a otros, etcétera); así como también detectar las barreras que dichos trabajadores encuentran (más de la mitad de los usuarios consultados admite su desconocimiento de las fuentes a las que acudir para hallar las imágenes que desea; otras dificultades importantes son el desconocimiento de cómo se ha de buscar y la falta de experiencia en el manejo de la tecnología).

También del IIDR destaca el proyecto de evaluación de la recuperación de imágenes basada en el contenido en un entorno operativo, durante los años 2000-2002. Fue un proyecto dirigido por los profesores Margaret E. Graham, John P. Eakins y Annette Ward,[90] y financiado por el Consejo Británico de Museos, Archivos y Bibliotecas. Se trata de tres estudios de caso sobre la utilidad y eficacia del CBIR como herramienta de búsqueda en el contexto organizativo de las siguientes instituciones británicas: *The Corporation of London Guildhall Library and Art Gallery; The British Library; The British Broadcasting Corporation.* Lo que se hizo fue implementar y evaluar la funcionalidad CBIR sobre los sistemas de búsqueda que ofrecían estas instituciones.

El IIDR colaboró además con el Servicio Británico de Información de las Artes Visuales para desarrollar el proyecto PICTIVA,[91] cuyo fin ha sido el de promocionar el contenido de las imágenes para la enseñanza de las artes visuales. El proyecto se basa en estudios de usuarios realizados mediante cuestionarios, grupos de interés y entrevistas a estudiantes, profesores y personal de apoyo para conocer sus necesidades de enseñanza y aprendizaje y, en función de esas necesidades detectadas, especificar el tipo de herramientas y materiales que deben desarrollarse.

En sus últimos momentos de existencia, el IIDR se hallaba participando en el proyecto NITRO *(North-east IT ReachOut)*, financiado en parte por el Fondo Europeo de Desarrollo Regional. El proyecto, integrado por otras tres universidades británicas, tenía como propósito ayudar al desarrollo de las compañías digitales de la región noreste del Reino Unido. El IIDR ofrecía a las compañías ayuda en la gestión de los documentos visuales para aumentar su competitividad, haciendo un mejor uso de la información visual. En esa línea de actuación, el Instituto incluía, entre otros puntos de soporte, demostraciones sobre las capacidades de nuevas tecnologías como la recuperación CBIR.

[90] A. A. Ward, M. E. Graham y K. J. Riley (2003): «Evaluation of Content-based Image Retrieval in Operational Settings: The Corporation of London Guildhall Library and Art Gallery; The British Library; The British Broadcasting Corporation», Resource (Library and Information Commission Research Report 143).

[91] <http://vads.ahds.ac.uk/learning/pictiva/index.html>.

Como hemos dicho al comienzo, el IIDR realizó una importante labor de análisis basada en el intento de comprender las motivaciones y el comportamiento de búsqueda de imágenes de los usuarios.

Sus métodos y conclusiones son un ejemplo de cómo abordar el tema del diseño de sistemas de recuperación de imágenes. Es por ello que sus actividades son una referencia constante en nuestro trabajo.

Siguiendo con otros proyectos, grupos e instituciones relacionadas con el estudio sobre la tecnología CBIR tenemos también:

— El proyecto ELISE *(Electronic Library Image Service for Europe),* parcialmente financiado por la Comisión Europea bajo el contexto de su Cuarto Programa Marco de Bibliotecas.
Dentro de este proyecto nos interesa un trabajo concreto realizado por Bird, Elliot y Hayward (1999) —al que hicimos alusión al comentar los trabajos sobre bibliotecas digitales reflejados en INSPEC—, donde se analiza la usabilidad de una interfaz CBIR basándose en un test sobre veinticinco usuarios. El sistema empleado era una adaptación del *QBIC* y el conjunto de búsqueda estaba formado por unas dos mil quinientas imágenes procedentes del *Victoria & Albert Museum* de Londres y el *Hunt Museum* en Limerick. Para los autores, se considera de gran importancia investigar las expectativas de los usuarios cuando utilizan los sistemas CBIR y cómo reaccionan frente a la interfaz. Se reclama el desarrollo de un conjunto de principios de diseño que han de desplegarse en la mayoría de situaciones. En este sentido, su trabajo se vincula al de Venters y otros (2001) —también citado con anterioridad—, cuyo objetivo era determinar el diseño más adecuado para la interfaz a implementar en el sistema ARTISAN, de recuperación de logotipos comerciales. Para ello, mantuvieron veintitrés entrevistas con individuos de tres grupos diferentes de usuarios, a fin de explorar cuáles eran sus requisitos con el sistema. En función de los datos recogidos se diseñaron dos tipos de interfaces y, a continuación, se mantuvieron veintiocho sesiones de evaluación de la usabilidad. Los resultados sugieren que se requiere un cambio completo de paradigma en la percepción del usuario si se quieren adoptar los sistemas CBIR como herramientas de recuperación viables.[92]

[92] Analizaremos con más detalle las conclusiones de estos trabajos en el capítulo 4, conclusiones que, no obstante, están fuertemente condicionadas por los contextos de evaluación escogidos en cada caso.

— INRIA (*Institut National de Recherche en Informatique et en Automatique*).[93] Centro de investigación francés creado en 1967 y dedicado a la sociedad de la información. Se halla distribuido en diversas localidades francesas y participan en él muchas escuelas, academias e instituciones nacionales. Formando parte de este centro se encuentra la Unidad de Investigación de *Rocquencourt,* con quien ha colaborado para realizar el proyecto IMEDIA,[94] cuyo objetivo es el desarrollo de técnicas de indización basadas en el contenido y métodos de recuperación y búsqueda interactivos sobre grandes colecciones de imágenes. Uno de los prototipos CBIR fruto del proyecto es IKONA.[95]

— Information Retrieval Specialist Group[96] (IRSG), grupo especializado de la *Bristish Computer Society* (BCS). La BCS es miembro del Consejo de Sociedades Informáticas Profesionales Europeas (CEPIS). El IRSG tiene como objetivo promocionar el uso de los métodos de recuperación de información en la industria y aumentar su disponibilidad pública. Celebra una conferencia anual a nivel europeo, ECIR *(European Conference on Information Retrieval),* en la que se han presentado trabajos relativos al CBIR.

— GIVE[97] (*Center for Geometry, Imaging and Virtual Environments*, Universidad de Utrecht-Holanda). Este centro está especializado en el diseño de algoritmos geométricos y estructuras de datos para el tratamiento de información espacial, la extracción de rasgos, segmentación, asociación de imágenes y organización de las mismas en estructuras de índices para alcanzar una recuperación efectiva, con especial atención a las imágenes médicas; así como en el desarrollo de entornos virtuales. En el terreno de la recuperación de imágenes basada en el contenido, el centro ha desarrollado un entorno de recuperación por semejanza, denominado SMURF[98] *(Similarity-based Multimedia Retrieval Framework),* en el que se ha experimentado con varios algoritmos para la recuperación por color y forma sobre distintas colecciones (sellos, jeroglíficos egipcios, logotipos comerciales, entre otras).

[93] <http://www.inria.fr/inria/index.en.html>.

[94] En el proyecto IMEDIA participan también otros organismos internacionales. Más información en <http://www.inria.fr/recherche/equipes/imedia.en.html>.

[95] Una versión de demostración en línea en <http://www-rocq.inria.fr/cgi-bin/imedia/ikona>.

[96] <http://irsg.bcs.org/>.

[97] <http://give-lab.cs.uu.nl/>.

[98] Demostraciones en <http://give-lab.cs.uu.nl/Smurf/>.

— The Vision and Media Lab[99] (*Simon Fraser University*, Burnaby-Canada). Entre las actividades investigadoras de este laboratorio está la recuperación por contenido en bibliotecas de imágenes. En este sentido, uno de los prototipos CBIR que ha desarrollado es C-BIRD *(Content-Based Image Retrieval from Digital libraries).*

— Otras instituciones, al margen del ámbito norteamericano, que participan de alguna forma en la investigación CBIR son las siguientes: el Laboratorio de Bases de Datos de la Escuela Politécnica Federal de Lausana (Suiza); el Laboratorio de Informática e Inteligencia Artificial de la Universidad de Palermo (Italia); el Centro para la Visión, Lenguaje y Procesamiento de Señales de la Universidad de Surrey (Reino Unido); el Grupo de Investigación de Bases de Datos de la *Monash University* (Australia); el Grupo de Recuperación de Información de Glasgow (Universidad de Glasgow, Reino Unido); el Laboratorio de Visión Automatizada de la Universidad de Linköping (Suecia); el Grupo de Visión Automatizada de la Universidad de Oulu (Finlandia); el Grupo IAM *(Intelligence, Agents and Multimedia)* de la Universidad de Southampton (Reino Unido); el Centro sobre Máquinas Inteligentes de la McGill University en Montreal (Canadá); Departamentos de Informática en la Universidad de Bremen (Alemania), Universidad de Amsterdam (Holanda), Universidad de Leiden (Holanda), etcétera.

— Finalmente, también queremos hacer mención del grupo de trabajo *Image and Video Understanding*[100] del Consorcio Europeo de Investigación Informática y Matemática (ERCIM), que reúne a diversos organismos —ninguno de ellos español, a pesar de que en otros grupos de investigación del Consorcio sí existe presencia española. El grupo tiene entre sus actividades el estudio de la recuperación CBIR, y a tales actividades dedica encuentros para exponer iniciativas.

En lengua española existen, fuera de nuestro ámbito nacional, algunas tesis mexicanas destacables, relacionadas con aspectos de la recuperación de imágenes por contenido. Forman parte de la iniciativa U-DL-A *(University Digital Libraries for All),* ya mencionada al hablar del trabajo de Urcid Pliego (2003). U-DL-A ha producido resultados importantes en materia de colecciones con contenidos propios y servicios digitales, así como interfaces y ambientes de usuario innovadores.

[99] <http://www.cs.sfu.ca/research/groups/VML/>.

[100] <http://www.cwi.nl/ERCIM/WG/Image_Understanding/wg_iu_portal.html>.

Varios de estos desarrollos se encuentran disponibles públicamente, incluyendo herramientas que pueden usarse en la construcción de otras bibliotecas digitales. Una información detallada del proyecto la encontramos en J. Alfredo Sánchez (2004).

Siguiendo con la referencia al contexto latinoamericano, también queremos hacer mención del Centro de Computación Paralela y Distribuida de Caracas (Venezuela), entre cuyos trabajos relacionados se encuentra el sistema HUYA (Rivas-Suárez y Hernández, 2004), que destaca por haberse desarrollado bajo el protocolo MRML, al tiempo que propone una ampliación de las funcionalidades de dicho protocolo.

A nivel norteamericano, son diversos los departamentos universitarios implicados de alguna manera en el desarrollo de la tecnología CBIR, a veces colaborando en proyectos internacionales y otras, con agencias y compañías también norteamericanas. Destaquemos los siguientes:

— *The Vision and Modeling Group*[101] del *MIT Media Laboratory* (Massachusetts). El grupo, que se formó en 1987, integra entre otros a Alex Pentland y Roz Picard, dos autores preocupados por el diseño centrado en el usuario. Precisamente hacia esa línea se orientan sus trabajos relativos a la aplicación de una «sociedad de modelos» que permita la anotación de imágenes en bibliotecas digitales. La teoría de la «sociedad de modelos» (R. W. Picard: 1996*a*) se refiere a la posibilidad de que el sistema infiera los modelos de análisis de la imagen cuya aplicación es más conveniente en cada momento, al tiempo que aprende de la interacción con el usuario en función de los ejemplos escogidos o descartados por este como relevantes o no relevantes.[102] Estos métodos han sido puestos en práctica por el grupo a través de dos sistemas CBIR de elaboración propia, primeramente *Photobook*, y después *FourEyes*.

— La Escuela de Informática (SCS) de la *Carnegie Mellon University* (Pittsburgh, Pennsylvania) mantiene un sitio web sobre visión automatizada *(The Computer Vision Home Page)*[103] que informa de conferencias, sistemas y grupos

[101] <http://vismod.media.mit.edu/vismod/>.

[102] El sistema realiza las anotaciones pertinentes sobre cada imagen a partir de información gráfica sobre las texturas que tiene almacenadas —contiene distintos modelos de textura y está capacitado para escoger aquel que mejor explica las regiones seleccionadas por el usuario para realizar la anotación—. El usuario, al seleccionar una región, le diría al ordenador: «etiqueta esta región como '...'» y el sistema se iría a todas las regiones similares y las etiquetaría de esa forma.

[103] <http://www-cgi.cs.cmu.edu/afs/cs/project/cil/www/vision.html>.

de investigación relacionados con ese tema tan amplio y donde podemos encontrar alguna información concretamente sobre tecnología CBIR.

— *The multi-mode Image Retrieval Research Group,*[104] de la Escuela de Información de la Universidad de Michigan. Este equipo ha desarrollado un motor de búsqueda sobre las Ciencias de la Tierra y el Espacio llamado ESSB *(The Earth and Space Browser).*[105] Se trata de una interesante herramienta pensada para estudiantes de enseñanza media y superior. El sistema ofrece en todo momento tres posibilidades de consulta: ojeo de imágenes basado en categorías temáticas, consulta textual mediante palabras clave y la consulta visual utilizando los criterios de color, textura o forma. Una descripción del sistema se encuentra en Frost y otros (1997) y en Robledano Arillo (2002),[106] quien comenta este sistema como ejemplo representativo de SARI[107] mixto, por integrar la recuperación visual con la función de recuperación lingüística.

El atractivo de esta herramienta se encuentra precisamente en las diferentes técnicas de recuperación que combina, permitiendo con ello escoger aquella que resulte más apropiada según las necesidades informativas del usuario. Nos interesa destacarlo porque se trata de un motor de búsqueda pensado para un usuario genérico y desde una perspectiva que intenta centrarse en el usuario. Es el resultado del trabajo de investigadores dedicados tanto al campo informático como al de la información.

Desde su pantalla inicial (figura 1) podemos acceder a las distintas opciones de búsqueda y obtener información relevante sobre las características del sistema.

— *UC Berkeley Computer Vision,*[108] *University of California* (Berkeley). Este grupo destaca por haber creado un sistema CBIR del que hablaremos más tarde, *Blobworld*, accesible a través de la Web. Su proyecto de desarrollar una herramienta que aúne recuperación visual y lingüística se orienta a su aplicación en bibliotecas digitales. No en vano este sistema forma parte a su vez de un proyecto mucho mayor, el proyecto de Biblioteca Digital (*Digital Library Project*/DLP) de Berkeley, que integra a otros centros universitarios de California, otras instituciones, compañías y agencias norteamericanas,[109] y

[104] <http://www.si.umich.edu/Space/team.html>.

[105] Se puede consultar en <http://www.si.umich.edu/Space/>.

[106] O. cit., pp. 189-191; también en ROBLEDANO (1999, p. 305).

[107] Sistema automatizado de recuperación de imágenes.

[108] <http://www.cs.berkeley.edu/projects/vision/vision_group.html>.

[109] Un listado detallado de los participantes en el DLP de Berkeley en <http://elib.cs.berkeley.edu/info/participants.html>.

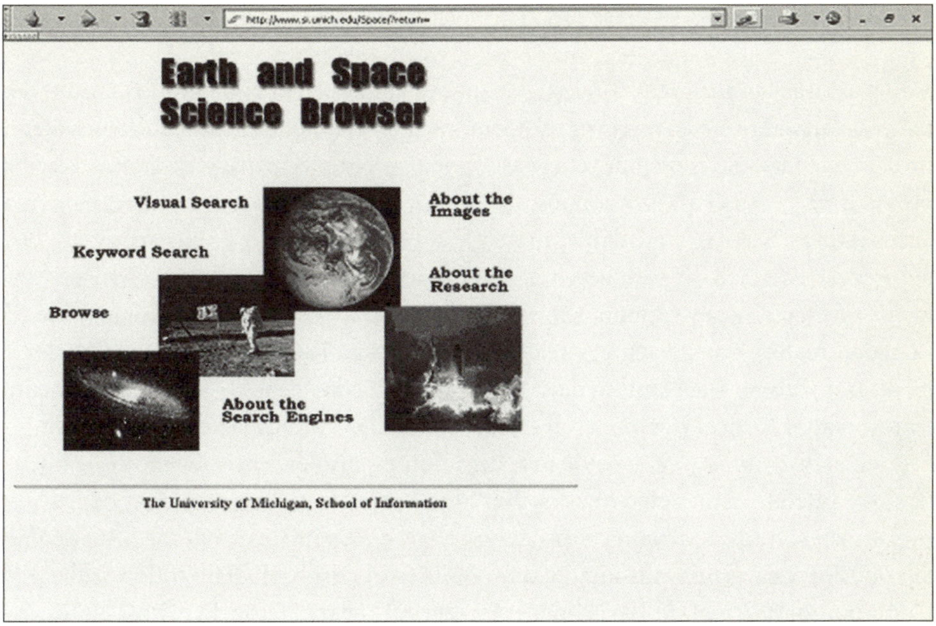

Figura 1. Pantalla inicial del motor de búsqueda ESSB

que es igualmente eslabón de una iniciativa aún más ambiciosa, *The Digital Libraries Iniciative,*[110] cuyo principal patrocinador es la *National Science Foundation* (Virginia, EE. UU.). El objetivo de estos proyectos es establecer redes distribuidas de información que permitan el acceso a materiales muy diversos contemplando distintas posibilidades de búsqueda.

— Otros organismos norteamericanos también han desarrollado algún tipo de herramienta CBIR. Entre ellos podemos citar el *Computer Research and Applications Group,* del Laboratorio Nacional *Los Alamos* (Nuevo México); *Image and Advanced Television Lab,* de la Universidad de Columbia (Nueva York); *NEC Research Institute; IBM Almaden Research Center* (San José, California), que desarrolló el popular sistema comercial *QBIC; IFP Group (Image Formation and Processing Group), University of Illinois, Urbana-Champaign*; así como los departamentos de informática de diversas universidades (Massachusetts, Washington, Pennsylvania, Boston, Illinois, Stanford...)

[110] V. nota 69.

1.5. Investigación sobre sistemas CBIR en España

Son escasas las alusiones a investigaciones españoles en la bibliografía consultada; tampoco abundan en los registros recuperados en INSPEC, aunque sí encontramos algún trabajo que interesa comentar. Es el caso, por ejemplo, del artículo de García Pérez y otros (2003),[111] en el que se propone una herramienta llamada MEDULIO que, bajo una arquitectura modular y escalable, pretende soportar el diseño de sistemas CBIR. Los autores de este trabajo pertenecen al Grupo de Visión Artificial (GVA) del Departamento de Electrónica y Computación de la Universidad de Santiago de Compostela.[112] El grupo realiza investigaciones relativas al procesamiento de imágenes digitales y médicas, así como en el ámbito de la recuperación de imágenes —fundamentalmente en torno a las formas y colores y al empleo de mapas auto-organizativos.

A nivel de grupos y centros de investigación españoles, encontramos que aquellos que puedan estar relacionados con algún aspecto de la tecnología de los sistemas CBIR son los dedicados al procesamiento de las imágenes desde la óptica de la robótica y la visión automatizada, como es el caso del Centro de Visión por Computador[113] (CVC) de Barcelona o la AERFAI[114] (Asociación Española de Reconocimiento de Formas y Análisis de Imágenes).

En alusión a la colaboración mantenida entre instituciones españolas y extranjeras en proyectos implicados con la investigación CBIR, nos complace encontrar a la Universitat Politècnica de Catalunya (concretamente a su Grupo de Procesamiento de Imágenes y Video)[115] formando parte del consorcio *SCHEMA Network of Excellence* financiado por la Unión Europea. La propuesta principal de este proyecto es incentivar un intercambio sistemático de información estableciendo enlaces entre sus participantes. Sus áreas de investigación se ligan al plano de la recuperación de la información: desarrollo de estructuras de interrogación intuitivas, nuevos métodos de acceso a la información multimedia e interfaces de usuario, fundamentalmente. El proyecto ha dado entre otros frutos el sistema de referencia *SchemaRS*,[116] que permite al usuario navegar visualmente a partir de

[111] D. García Pérez y otros (2003): «Medulio: Development environment to create content-based image retrieval systems», *SPPRA International Conference on Signal Processing, Pattern-Recognition and Applications (Roda-Grecia, 30 junio-2 julio)*, pp. 66-70.

[112] <http://www-gva.dec.usc.es/principal.htm>.

[113] <http://www.cvc.uab.es/>.

[114] <http://decsai.ugr.es/aerfai/index2.phtml>.

[115] <http://gps-tsc.upc.es/imatge/>.

[116] Se puede consultar en <http://media.iti.gr/SchemaRS/systems/rs/index.html>.

categorías preestablecidas y encontrar imágenes similares a una dada en función de la forma de las regiones seleccionadas como criterio de búsqueda.

Respecto a tesis españolas relacionadas que podemos destacar, citamos las tres siguientes, de carácter técnico y procedentes todas ellas de departamentos informáticos o de ingeniería: Serra Álvarez (1997)[117] aborda el problema de la segmentación figura/fondo en el contexto de la recuperación por contenido visual, definiendo para ello redes cartesianas adaptadas, que son espacios de curvas que permiten localizar las regiones de los objetos con mayor significado perceptible, soportando así un cierto tipo de recuperación semántica. Alegra Gutiérrez (1999)[118] propone un sistema de recuperación que toma como representación de las imágenes el número de objetos y medidas cuantitativas de las posiciones relativas entre objetos. Por último, Garrido Ostermann (2002)[119] se centra en un sistema de recuperación de imágenes que soporta preguntas de bajo nivel basadas en descriptores visuales y relaciones espaciales.

Desde el punto de vista académico, constatamos que la recuperación por contenido visual de las imágenes se enseña en programas de ingeniería y tecnología de sistemas, fotónica e informática, principalmente. Por tanto, las actividades de investigación españolas en este tema proceden de los departamentos universitarios correspondientes (Universidad Politécnica de Madrid, Universidad Politécnica de Valencia, Centro Politécnico Superior de la Universidad de Zaragoza, etcétera).

Proveniente de uno de esos departamentos, concretamente del Departamento de Informática de Sistemas y Computadores de la Universidad Politécnica de Valencia, es el trabajo de Agustí i Melchor y Valiente (2001), un breve artículo de naturaleza descriptiva donde se presenta el funcionamiento de la recuperación de imágenes por contenido, las técnicas de descripción existentes (rasgos primitivos —color, textura—, reconocimiento de patrones y reconocimiento de objetos), así como el interés de su aplicación para la explotación de bases de datos. También menciona los rasgos que analizan sistemas como *Netra, PickToSee,* CANDID, *Chabot, Webseek,* QBIC y *PhotoBook,* considerando el funcionamiento de todos ellos como inapropiado para su implementación en bases de datos heterogéneas, puesto que ninguno

[117] J. R. Serra Álvarez (1997): *Recuperación visual con redes no cartesianas adaptadas*, Universidad Autónoma de Barcelona (tesis doctoral).

[118] E. Alegra Gutiérrez (1999): *Sistema de recuperación de imágenes basado en el contenido utilizando caracterización mediante posiciones relativas y número de objetos*, Universidad de León (tesis doctoral).

[119] L. Garrido Ostermann (2002): *Hierarchical region based processing of images and video sequences: application to filtering, segmentation and information retrieval* [documento PDF], Universitat Politècnica de Catalunya (tesis doctoral), disponible en <http://www.tdr.cesca.es/index_tdx_cs.html>.

permite realizar consultas orientadas a objetos. Finalmente, también se plantea cómo habría que tratar el vídeo y audio para su recuperación por contenido.

Podemos citar también ejemplos de trabajos que son producto de la colaboración entre universidades, como es el caso del de Moratilla, Olmeda y Fernández (2002),[120] o el de Aranda, Galindo y Urrutia (2002),[121] ambos presentados en el IV Congreso Nacional de Turismo y Tecnologías de la Información y las Comunicaciones (TuriTec 2002,[122] Málaga, 23-25 octubre).

En cuanto al trabajo de Moratilla, Olmeda y Fernández, es una propuesta para crear un sistema de recuperación por contenido visual de imágenes —inicialmente de paisajes con conjuntos monumentales—, a partir de ejemplos proporcionados por el usuario utilizando mapas auto-organizativos como técnica de clasificación y búsqueda de la información, y métodos de lógica difusa[123] que permitan realizar consultas flexibles (retroalimentación). Su exposición es muy clarificadora, tanto de las características que han de asumir las bases de datos multimedia como, en especial, de las ventajas que ofrecen los mapas auto-organizativos. Los autores exponen los problemas a los que se enfrentan en la fase inicial del proyecto, consistentes básicamente en el tiempo de procesamiento empleado por el sistema. Un problema posterior será la integración del sistema en entornos web.

Por su parte, el trabajo de Aranda, Galindo y Urrutia, parte del interés potencial que tendría para cualquier usuario y cualquier museo disponer de las colecciones museísticas a través de Internet. Este interés redunda a favor del concepto de *turista digital* que los autores manejan. Y en beneficio aún mayor de esa clase de turismo, lo que se propone es establecer una base de datos difusa y distribuida (MUSEUM) que permita efectuar consultas imprecisas[124] accediendo a los fondos de diversos museos. En la recuperación de imágenes de objetos, la base de datos contemplará las opciones de búsqueda por contenido intrínseco (ponderación de los rasgos de color y forma, búsqueda mediante ejemplo o dibujo construido por el usuario). Nos interesa subrayar las ventajas que los autores manifiestan con respecto a este tipo de bús-

[120] Departamento de Ciencias de la Computación de la Universidad de Alcalá y Departamento de Informática de la Universidad Rey Juan Carlos I.

[121] Departamento de Lenguajes y Ciencias de la Computación de la Universidad de Málaga y Departamento de Computación e Informática de la Universidad Católica del Maule (Chile).

[122] <http://www.turismo.uma.es/turitec/>.

[123] La lógica difusa es una estrategia matemática de análisis de datos que admite información ambigua, es decir, permite tratar con consultas imprecisas —aproximaciones intermedias entre resultados positivos y negativos— evaluando los resultados que son utilizados por el usuario y capturando sus distintas preferencias.

[124] V. nota anterior.

quedas aplicadas a imágenes museísticas: recuperar una obra a partir de los elementos que recordemos de ella, obtener imágenes similares a una dada (por ejemplo, para detectar versiones de un mismo cuadro) o comparar obras.

Un ejemplo más de la colaboración entre centros universitarios es el desarrollo de la herramienta HRIMAC (Martí y otros, 2003), concebida en el marco de un proyecto entre el Instituto de Informática y Aplicaciones de la Universidad de Girona, el Hospital Universitario de Girona Doctor Josep Trueta y el Departamento de Informática de la Universidad Ramón Llull. Se trata de un sistema que ha de permitir acceder a una determinada tipología de imágenes de mamografías digitales almacenadas en diversas bases de datos médicas de acceso público (en un futuro también permitirá acceder a la información de la mayoría de los hospitales) a partir de criterios de afinidad morfológica con respecto a la mamografía que se somete a estudio. De esta manera, se pretende que la herramienta sirva de ayuda a los radiólogos para realizar diagnósticos con más garantías de éxito detectando la enfermedad en sus fases más iniciales. Como antecedentes a esta herramienta, los autores citan los sistemas extranjeros ASSERT (que analiza imágenes tomográficas de alta resolución del pulmón, próximamente también lo hará de otros tipos de imágenes médicas de la rodilla y el hígado) y WebMIRS (que recupera imágenes de rayos X).

Los trabajos que acabamos de comentar son propuestas de aplicación de sistemas CBIR. Y, precisamente, como ejemplo de los sistemas de esta naturaleza actualmente utilizados en nuestro país no podemos olvidar el sistema SAID (Sistema Automático de Identificación Dactilar), que desde 1986 asiste tanto al Cuerpo Nacional de Policía como a la Guardia Civil y, desde el mes de marzo del 2005, también a la Ertzaintza, los Mossos d'Esquadra y la Policía Foral de Navarra.

SAID-21 —la última versión instalada desde 1999— es un programa informático capaz de leer e interpretar un dactilograma y comparar sus puntos característicos con los de los dactilogramas existentes en sus bases de datos —gracias al software de análisis algorítmico que permite procesar las imágenes—, archivándolos en caso de una comparación con resultado negativo. Actualmente contiene más de un millón de reseñas decadactilares.

Hay que decir, no obstante, que el sistema no es español. Ha sido desarrollado por una empresa norteamericana llamada AST *(Advanced Software Technologies)* que se dedica, entre otras áreas, a la biometría, considerado el método más apropiado para la identificación de individuos al tener en cuenta elementos morfológicos propios y únicos de cada persona. Su software SAID es utilizado por diversos departamentos policiales a nivel mundial.

Y, si bien hasta ahora hemos visto en nuestro país una única perspectiva de estudio de los sistemas CBIR centrada en los aspectos más técnicos, también tenemos la suerte de poder contar con un autor español de referencia desde el plano documental. Se trata del profesor Jesús Robledano Arillo, del Departamento de Biblioteconomía y Documentación de la Universidad Carlos III de Madrid, al que hemos citado en varias ocasiones. Este autor ha considerado los sistemas CBIR en varios trabajos. El más relevante aquí es su tesis doctoral (Robledano, 1999) y, más concretamente, el capítulo 5 de la misma,[125] donde intenta establecer el panorama relativo a la tecnología aplicable a la recuperación de imágenes. Robledano parte de la clasificación de sistemas de recuperación automática de imágenes fijada por Enser (1995) en cuatro tipos ya vistos —LL, VL, LV y VV—,[126] a la que añade los sistemas mixtos (combinan la representación y recuperación textual con la visual). Analiza las ventajas y debilidades de cada tipo, comentando ejemplos concretos propios de cada categoría, concluyendo finalmente que los sistemas mixtos, a pesar de sus posibles limitaciones, son los más adecuados por su capacidad de representar y recuperar por contenido en distinto grado de abstracción. Su trabajo, de carácter descriptivo, nos acerca a la definición, funcionamiento y tipología de sistemas automatizados para la recuperación de imágenes desde la óptica del profesional de la documentación. Nos quedamos asimismo, con el llamamiento que hace el autor al final del capítulo hacia la necesidad de investigar más en el terreno de la evaluación sistemática de los sistemas de recuperación de imágenes desde una perspectiva de usuario.

Robledano y Moreiro (2002) han puesto de manifiesto en otros contextos estas mismas ideas relativas a los problemas que encuentra la recuperación de imágenes y los sistemas disponibles para intentar solventarlos. Así fue, por ejemplo, en las Primeras Jornadas de Imagen, Cultura y Tecnología celebradas en septiembre del 2002 en la Universidad Carlos III de Madrid. Con respecto a los modelos de recuperación visual, se señaló que aún no son utilizados a escala significativa fuera de dominios muy específicos debido a la evidente falta de madurez de estas técnicas.

[125] El texto de su tesis publicado en Robledano (2002). En dicha publicación, el capítulo 5 que comentamos aparece como capítulo 3, titulado: «La recuperación de la imagen fija. Perspectiva funcional de los sistemas automatizados de recuperación de imágenes», pp. 147-200. El objetivo final del trabajo de Robledano es la propuesta de un modelo conceptual basado en un lenguaje orientado a objetos para representar el contenido de las fotografías de prensa.

[126] V. nota 9.

1.6. Conclusiones acerca de la posición de la documentación en el estudio de estos sistemas

Al comienzo del capítulo de la tesis de Robledano Arillo que hemos mencionado (1999), el autor señala que es imprescindible, para los objetivos de su estudio, el conocimiento del estado de la cuestión respecto a la tecnología aplicable a la recuperación de imágenes. De esta forma pretende justificar el hecho de que vaya a tratar de cuestiones tecnológicas, como dirigiéndose a quienes le fueran a responder que no es menester de la documentación tales asuntos. Va incluso más lejos en su justificación, pues considera que es necesario que exista una integración entre dos perspectivas que han estado aisladas suponiendo así un problema asociado al estudio de la recuperación de imágenes. Se refiere, como también lo hicieran en su momento Enser y Cawkell, a «las técnicas de recuperación conceptual, tradicionalmente situada dentro de la órbita de la teoría y práctica de las ciencias de la documentación; y el campo de la recuperación automática de imágenes, abordada desde el ámbito de las tecnologías de tratamiento de la imagen digital» (Robledano, 1999: 268). Esta misma idea Enser (1995: 161) la expresaba diciendo que, ante la ubicuidad de la imagen digital, cabe esperar que los productos informativos que explotan el medio visual provengan de un círculo de profesionales cada vez más amplio que el tradicionalmente asociado con la profesión de la información; y, en consecuencia, los expertos procedentes de estos diversos campos han de intentar comprenderse mutuamente. Con anterioridad, Cawkell (1993) ya notó esta falta de comunicación entre la comunidad investigadora relacionada con la recuperación de la imagen, identificando dos grupos diferenciados en cuanto a su interés por la gestión de la imagen: uno relacionado con el reconocimiento y procesamiento de la imagen y otro, con la recuperación y clasificación.

Méndez Rodríguez (2002) plantea el asunto constatando que la recuperación de la información es inmanente a la disciplina documental, pero también es tarea común compartida por otras actividades/disciplinas, de ahí que los profesionales y las aportaciones implicadas en este desarrollo no vengan únicamente de una sola dirección. Y, no solo eso, sino que la recuperación de la información ha de apoyarse necesariamente en los avances propuestos desde otras áreas para mejorar la eficiencia de los sistemas automatizados.

En definitiva, aunque el fin último del proceso documental sea la difusión de la información, al estudiar un sistema de recuperación de información no podemos olvidar que este se constituye de elementos tecnológicos, organizativos y humanos. Con respecto a los elementos tecnológicos, no se ha de pretender que el documentalista se convierta en matemático o informático. El desarrollo tecnológico ha provocado la convergencia de una serie de profesionales en el estudio de una misma entidad, que en este caso son los sistemas automatizados de recuperación de imágenes. Ante esta situación, hemos de asumir el papel que a cada profesional le corresponde, conociendo no obstante las aportaciones que el resto de disciplinas puede suponer a la recuperación efectiva de la información y, en nuestro caso, de las imágenes digitales.

De tal forma, en este capítulo no nos hemos ceñido exclusivamente a determinar las aportaciones que desde el terreno documental se han ofrecido para el desarrollo de los sistemas CBIR. De hecho, hemos comprobado que la inmensa mayoría de las aportaciones, desde el origen mismo de estos sistemas, proviene del ámbito de la visión automatizada y el procesamiento de imágenes. No podemos obviar tales contribuciones, y debemos tener un conocimiento mínimo de las técnicas que habitualmente se emplean para representar los atributos gráficos, pues, conociendo las posibilidades que ofrece la técnica, el documentalista se encuentra en disposición de hacer propuestas, al menos teóricas, acerca de modelos de representación de las imágenes, y de definir aspectos funcionales de los sistemas que se adecuen a las necesidades de los usuarios.

Las conclusiones que, desde la perspectiva documental, podemos extraer del presente capítulo nos llevan precisamente a subrayar el escaso interés que parece haber despertado el modelo de recuperación visual de las imágenes en nuestra profesión, pues son mínimas las aportaciones al respecto. Sin embargo, también hemos podido detectar que las debilidades que sufre la investigación actual en el ámbito de los sistemas CBIR podrían abordarse claramente desde nuestro entorno profesional. El ejemplo en este sentido nos viene tanto de mano de las actividades del IIDR británico, como de las exposiciones de Robledano en nuestro país. Sin embargo, ¿qué es lo que parece mantener alejados a los departamentos y centros especializados en biblioteconomía y documentación del estudio de los sistemas CBIR? El hecho de que, hoy por hoy, los sistemas CBIR no sean utilizados a escala significativa, no ha de ser un aspecto disuasorio de su estudio, sino todo lo contrario.

Al analizar el estado de la cuestión, hemos concluido que los avances tecnológicos son en la actualidad un foco de estudio muy productivo, pero no así la comprensión que tenemos acerca de las necesidades de los usuarios de imágenes y su comportamiento de búsqueda, ni sobre el diseño de interfaz más adecuado, o cómo integrar más convenientemente la recuperación textual y visual, entre otros aspectos. La documentación ha de aportar al estudio de los sistemas CBIR la dimensión humana que hasta ahora menos se ha reflejado; hemos de centrar la atención en el usuario, en sus estrategias de recuperación, en su forma de interacción, en definitiva, en sus necesidades de todo tipo para con el sistema.

Podemos sintetizar algunas de las aportaciones con las que la documentación podría contribuir al diseño de un sistema CBIR, planteando algunas preguntas cuya respuesta se enfocará en función del ámbito de aplicación del sistema:

— ¿Qué rasgos visuales de búsqueda son más útiles?
— ¿Cuáles son las técnicas de búsqueda y las estructuras de indización más adecuadas?
— ¿Cómo se formalizan las necesidades de información sobre las imágenes y cómo se plantean las búsquedas?
— ¿Cómo interactúa el usuario con el sistema?
— ¿Cómo se valoran los resultados obtenidos?
— ¿Qué características individuales influyen en el proceso?
— ¿Cómo debería ser un «lenguaje visual» adecuado?

Nuestra idea fundamental es que los conocimientos y el enfoque documental son imprescindibles para conseguir el diseño de sistemas de recuperación cada vez más amigables. La documentación ha de estudiar las distintas variables que se ponen en juego a la hora de emplear un sistema de recuperación (características del sistema, características de los usuarios, entorno y proceso de búsqueda, resultados) de forma interconectada, tendiendo a conseguir una sintonía perfecta entre dichos factores.

La documentación puede y debe aportar avances en temas tan poco tratados como el estudio de las necesidades de información y comportamiento de búsqueda del usuario de imágenes, el diseño de interfaces que deberían desarrollarse para estos sistemas, o incluso acerca de las cuestiones relativas a la evaluación de su eficacia y eficiencia, pues son todos estos temas determinantes para garantizar el éxito de dichos sistemas de recuperación y son, al mismo tiempo, aspectos genéricos que los propios planes de estudio de nuestra disciplina reflejan como objeto de nuestra atención bajo el nombre de asignaturas tales como: Planificación y diseño de sistemas de información y documentación; Evaluación de sistemas y usuarios de información y documentación; o Procesamiento automático del conocimiento.

Ha quedado patente que el tratamiento de la información es un ámbito interdisciplinar, pero eso no ha de significar que la documentación tenga menos que aportar en un contexto tecnológico como el que vivimos de continuo que la informática.[127] Cada disciplina tiene un cuerpo de conocimientos y unas técnicas que han de ser readaptadas y aplicadas a su objeto de estudio —en nuestro caso, el tratamiento de la información y, en consecuencia, toda clase de sistemas de recuperación de información.

En los próximos capítulos, nos detendremos especialmente en los aspectos de interacción, motivados por el hecho de que cualquier sistema ha de reunir los criterios de utilidad de los usuarios finales y, particularmente en el caso de los sistemas CBIR, por haber podido detectar en las páginas anteriores la creciente necesidad de desarrollar estudios en esa línea.

[127] Prueba obvia de la necesidad de una mayor integración y relación entre estas dos disciplinas —la documentación y la informática— es la creación de estudios combinados a tal efecto, como son los existentes, por ejemplo, en la Universidad Carlos III de Madrid.

Capítulo 2

CARACTERÍSTICAS DE FUNCIONAMIENTO Y LIMITACIONES

2.1. Explicación básica del funcionamiento

Si bien, al delinear los bloques temáticos más frecuentes en INSPEC, hemos podido componernos una idea mental de cómo trabaja un sistema de esta naturaleza, se hace necesario no obstante dedicar un apartado que trate explícitamente esta característica.

Consideramos que las explicaciones más didácticas a este respecto, de acuerdo con nuestros intereses, son las ofrecidas por el profesor Robledano (1999: 287 y ss.) y, en consecuencia, a él nos remitimos.[128]

El funcionamiento básico se resume en la idea de que cada una de las imágenes que integra el sistema de recuperación es analizada por un software que identifica y representa sus características de color, formas, texturas o relaciones en el espacio bidimensional entre esos elementos —como atributos principales para cuyo manejo están capacitados la inmensa mayoría de los sistemas actuales—. Cuando un usuario realiza una consulta, esta también es analizada para obtener la representación de sus características formales —siempre y cuando la imagen no estuviera descrita ya antes. A partir de los atributos formales identificados, se calculan grados de similitud entre la consulta y las imágenes de la base de datos. Finalmente, el sistema suele presentar al usuario las imágenes resultantes de su búsqueda ordenadas de forma decreciente por semejanza con respecto a la pregunta-imagen que ha formulado. Este es el método de representación y recuperación más

[128] Aunque, para referirse al funcionamiento de los sistemas algorítmicos, el propio Robledano utiliza las explicaciones estructuradas en tres fases funcionales —fase de archivo, fase de consulta y fase de recuperación— de Corridoni, del Bimbo y Vicario (1998, p. 268).

exitoso por parte de los sistemas CBIR, permitiendo resolver siempre preguntas del tipo: «Búscame las imágenes similares a una dada».[129]

Para implantar esta clase de sistemas, se pueden utilizar técnicas de procesamiento de la imagen basadas en inteligencia artificial o de naturaleza algorítmica.

Los sistemas basados en inteligencia artificial presentan una arquitectura física[130] y lógica[131] que, en lugar de estar fundamentada en la secuencialidad de procesos, se compone de procesos paralelos que ponen en marcha simultáneamente gran cantidad de pequeños procesadores de información o neuronas. En el capítulo anterior, hemos hecho alusión a algunas técnicas de inteligencia artificial aplicadas a sistemas CBIR, como es el empleo de redes neuronales como método para reconocer y clasificar patrones visuales —un ejemplo de aplicación que recurre a estas técnicas es *Excalibur Visual RetrievalWare*—,[132] los mapas auto-organizativos basados en redes neuronales para indizar las imágenes, métodos de lógica difusa para tratar con consultas imprecisas y los algoritmos genéticos como estrategia de aprendizaje a partir de la interacción con el usuario. El principal objetivo consiste en desarrollar este tipo de tecnología para crear sistemas CBIR que sean capaces de reconocer imágenes de forma inteligente, es decir, de interpretar escenas.

Los sistemas algorítmicos son hoy día los más habituales.[133] Estos sistemas emplean un algoritmo de análisis para generar vectores de características gráficas a partir de las imágenes. La suma de todos los vectores compone el índice visual de la base de datos, que vincula cada atributo con las imágenes que lo contienen. Por tanto, y de acuerdo con Robledano (2002: 169), el índice visual es una estructura de datos que ha de permitir: a) la representación de los atributos de las características visuales, b) la vinculación de cada uno de los atributos con las imágenes que los contienen y c) la recuperación por los atributos representados.

La interfaz de consulta que el usuario emplea puede permitirle preguntar por ejemplos visuales ofrecidos por la máquina —normalmente generados de forma

[129] Seleccionada o creada por el usuario.

[130] Las redes neuronales emulan la arquitectura física de las neuronas biológicas.

[131] La lógica difusa emula la funcionalidad de las neuronas biológicas.

[132] Información comercial sobre este producto en <http://www.searchtools.com/tools/retrievalware.html>. Una característica fundamental de esta aplicación es que permite al usuario desarrollar sus propios extractores de rasgos de áreas específicas. Uno de los tipos de extractores utiliza un algoritmo que emula una retina biológica.

[133] La limitación fundamental de las arquitecturas existentes de redes neuronales es su carácter algorítmico, pues fundamentalmente manipulan información numérica, siendo posible su implantación en ordenadores convencionales; lo que viene a reforzar la afirmación de que los sistemas algorítmicos son los más habituales.

aleatoria—, trazar un dibujo similar a lo que desea recuperar o manipular un lenguaje visual que el usuario debe previamente aprender, pero que le ofrecerá una mayor capacidad de expresión de los atributos que busca en una imagen. En cualquier caso, el método de recuperación utilizado responde al paradigma genérico QVE *(Query by Visual Example)*. Con este término se alude al hecho de que los sistemas CBIR siempre requieren que el usuario señale una imagen (interna o externa al sistema) o bien cree él mismo un ejemplo visual o representación como base de la búsqueda (Venters, Hartley y Hewitt, 2004: 333). Estas opciones se pueden presentar de forma aislada o conjunta. Algunos autores (Del Bimbo, 1999; Lew y Huang, 2001) han sintetizado los métodos que incluiría el paradigma QVE de la siguiente forma:

— Navegación[134] *(query by browsing)*: Permite al usuario ojear las imágenes de la base de datos bien de forma desestructurada, semi-estructurada o estructurada. Generalmente, las imágenes se presentan a baja resolución, pudiendo el usuario escoger una como ejemplo visual a partir del cual el sistema le ofrecerá las similares. El proceso puede repetirse las veces que el usuario desee hasta conseguir un conjunto de resultados que le satisfaga. En el caso de la navegación desestructurada, el sistema genera las imágenes de forma aleatoria; en la navegación semi-estructurada, las imágenes suelen presentarse ordenadas por nombre de fichero; mientras que la navegación estructurada supone que las imágenes se organicen en clases predefinidas y jerárquicas basándose en sus propiedades visuales o en propiedades lingüísticas.

— Consulta por iconos *(query by icon)*: Permite al usuario seleccionar un icono que representa un concepto de alto nivel sobre una categoría o idea. En los lenguajes de interrogación basados en este método, el usuario coloca físicamente el icono sobre un lienzo para especificar las posiciones relativas, orientaciones y tamaños de los objetos en la imagen deseada. Lew y Huang (2001) sugieren que este método es el más intuitivo, pero se restringe a un vocabulario de conceptos visuales que ha de ser comprendido por el sistema de forma fiable.

[134] Según M.ª Carmen Marcos (2004*c*), navegación y *browsing* no son estrictamente lo mismo, pues la navegación sería una estrategia hoy día muy extendida para desarrollar el *browsing*, consistente en limitar las opciones o rutas disponibles a los ojos del usuario. Sin embargo, estos términos tienden a utilizarse como sinónimos, y así lo haremos nosotros.

— Consulta por imagen *(query by image)*: Permite al usuario ofrecer una imagen-ejemplo que sirve como representación de su pregunta. El ejemplo puede ser una imagen seleccionada externamente o procedente de la base de datos del sistema. Por tanto, este método podría caracterizarse en dos: consultas basadas en imágenes externas y consultas basadas en imágenes internas. El primer caso se considera que es la forma más simple de formular una consulta visual. Sin embargo, implica que el usuario tenga una representación que se ajuste lo suficiente a la imagen que busca. Por su parte, la consulta por imagen interna se identifica con el proceso de navegación, siendo el objetivo del usuario la selección de una imagen procedente de la base de datos del sistema. El principal inconveniente de este método es que el tamaño que tenga la colección no ha de abrumar al usuario en su búsqueda de una imagen de partida adecuada.
— Consulta por pintura *(query by painting)*: Permite al usuario especificar el criterio de color, seleccionar su grado de importancia o la distribución de valores de color. También incluiría la opción de establecer sobre un lienzo la posición de dichos colores.
— Consulta por esbozo *(query by sketch)*: Permite al usuario dibujar un esbozo de la imagen deseada combinando varios rasgos. Ya vimos que en Kato y otros (1992) se propuso por vez primera este método.

En nuestra opinión, habría que añadir a estas opciones la consulta por regiones de la imagen —en cuyo caso, el usuario puede seleccionar regiones de una o más imágenes que utilizará como patrón de búsqueda—, así como por selección de texturas. En cualquier caso, nos parece más oportuno sintetizar los distintos métodos como hemos dicho que hacen Venters, Hartley y Hewitt: consulta de similares mediante una imagen dada (externa —fichero o URL— o interna —hallada por navegación—) o manipulación del lenguaje visual que establezca el sistema para crear un ejemplo o patrón.[135]

En el momento de la recuperación, el sistema extrae las características visuales de la consulta realizada por el usuario empleando el software de análisis antes

[135] Otros autores, como Zachary e Iyengar (1999), distinguen entre QBE *(Query by example)*, que equivaldría a la consulta por imagen dada y por dibujo creado; QBF *(Query by feature)*, cuando el usuario ha de especificar los rasgos en los que está interesado (equivaldría a la consulta por selectores de color, regiones, etcétera); y las preguntas basadas en atributos (refiriéndose a las consultas textuales sobre las imágenes). La mayoría de los autores, sin embargo, como explican Bird, Elliot y Hayward (1999), denominan *QBE* exclusivamente a la consulta por imagen dada.

mencionado. A través del empleo de un algoritmo de medida de similitud se comparan las características de la imagen-consulta y las mismas categorías de características almacenadas en el índice visual. El algoritmo asigna grados de similitud a las imágenes correspondientes de la base de datos y las ordena en orden decreciente. Las imágenes son mostradas al usuario en ese orden, previamente en modo mosaico, pudiendo, a menudo, acceder a vistas con mayor resolución.

Por otro lado, y como ya hemos señalado en el capítulo anterior, muchos sistemas de uno y otro tipo implementan la función de «indicación de la relevancia» para que el usuario relance la pregunta y el sistema pueda ajustar los resultados a la percepción del usuario recalculando la distancia visual entre las imágenes.

La figura 2 muestra los procedimientos básicos que implica un sistema CBIR habitual. Podemos observar también aquellos procesos que se llevan a cabo fuera del contexto de la consulta, como la extracción de características del material visual por medio de técnicas de procesamiento de imágenes. Una vez que el usuario haya visualizado los resultados, puede retroalimentar al sistema para filtrar la información relevante, aunque esta opción, como ya hemos comentado, no es característica de todo sistema CBIR. El proceso se repite hasta que el usuario lo desee.

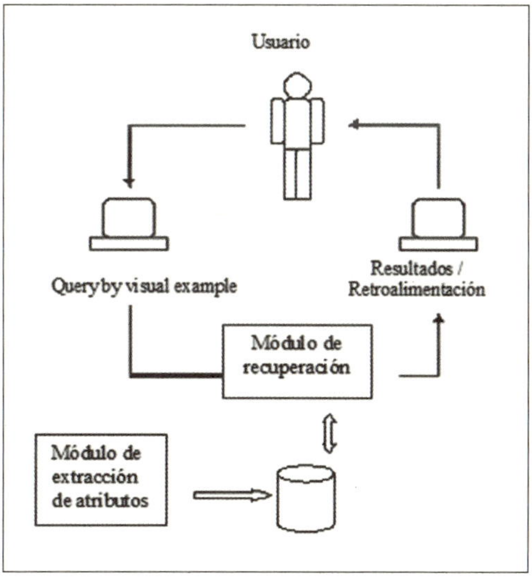

Figura 2. El proceso de recuperación CBIR[136]

[136] Tomada de Urcid Pliego (2003) y esta, a su vez, adaptada de Del Bimbo (1999).

Para concluir, podemos decir que la característica principal de la inmensa mayoría de sistemas CBIR es que son algorítmicos desde el punto de vista del método de extracción de rasgos visuales, utilizan una representación vectorial de la información extraída como método de indización multi-dimensional y, en cuanto al diseño del sistema de recuperación, se constata un claro predominio del paradigma QVE sobre otras alternativas más novedosas como podría ser la recuperación bajo entornos en 3-D.

2.2. Limitaciones

Robledano (1999: 291) establece algunas limitaciones de los algoritmos que emplean los sistemas CBIR para localizar, representar y comparar los atributos visuales que manejan. Así, por ejemplo, los sistemas que trabajan con contornos de figuras deben resolver el problema de la variación de las figuras que presentan los mismos objetos según el ángulo o perspectiva desde la que son representados. La dificultad para alcanzar este rendimiento puede provocar problemas de ruido y silencio en búsquedas icónicas empleando figuras. Parece evidente que los sistemas de este tipo que actúan con mayor efectividad serán los que trabajen con figuras simples (por ejemplo, logotipos comerciales).

En cuanto a los sistemas que permiten la recuperación de imágenes a partir de colores, ya indicamos el problema asociado a la aplicación de histogramas de color, pues estos solo tienen en cuenta la distribución global de un cierto color en la imagen y, en consecuencia, el usuario puede obtener resultados cuya semejanza no perciba. Ante este problema, la tendencia se está orientando a la segmentación de las imágenes en regiones de color que, de todas formas, se enfrenta a la falta de coincidencia que a menudo se da entre la segmentación realizada por el sistema en la fase de análisis y la segmentación en regiones o áreas de interés realizada por el usuario en la fase de recuperación.

Por su parte, los sistemas que recuperan a partir de texturas suponen el empleo de medidas que se ajusten de la forma más precisa al sistema de visión humano, y esta correspondencia —como ya manifestamos en otra ocasión— no es fácil de establecer suficientemente bien.

Sin duda, estas dificultades tecnológicas para desarrollar un mecanismo de recuperación de imágenes efectivo deriva en gran parte de la subjetividad de la percepción visual humana (Venters, Hartley y Hewitt, 2004: 337), como también nos recuerda Eidenberger (2000). Este autor sintetiza los inconvenientes o desventajas que sufren los sistemas CBIR en los siguientes puntos: 1) obtención de resultados insatisfactorios, que puede deberse a la imposibilidad de recuperar por conceptos de alto nivel (laguna semántica), o a la subjetividad humana a la hora de establecer juicios de similitud (perspectivas diferentes de un mismo usuario en distintas situaciones, y entre diferentes usuarios); 2) tiempos de respuesta en ocasiones inaceptables debido a la complejidad computacional de las medidas de distancia entre la pregunta-imagen y la base de datos; 3) dificultad de uso debido al diseño de las interfaces.

Zhao y Grosky (2002) señalan otro obstáculo, y es que existen diversos esquemas para modelar y representar las imágenes, pero se requiere de un marco unificado bajo el cual se integren las propuestas existentes. La realidad actual provoca que unos métodos funcionen mejor que otros según la situación. En esta misma línea, Aigrain, Zhang y Petkovic (1996) ya consideraban que había que formalizar todo el paradigma de la recuperación por contenido visual para llevarlo a un nivel de consistencia e integridad. Subrayaban la importancia de llegar a ese formalismo para desarrollar aplicaciones críticas especiales y de suficiente fiabilidad que sean fáciles de programar y de evaluar. A pesar de que hemos visto en este sentido la existencia del protocolo MRML para facilitar las interacciones entre sistemas CBIR, lo cierto es que no existen clientes y servidores comerciales basados en él, con la excepción de alguna prueba y del proyecto GIFT[137] de la *Free Software Foundation* (Rivas-Suárez y Hernández, 2004).

Deb y Zhang (2004) manifiestan que la recuperación basada en contenido visual aún no ha desarrollado una técnica universalmente aceptada, y achacan la dificultad al hecho de que las técnicas de recuperación desarrolladas sin la intervención humana están lejos de ser perfectas.

La falta de homogeneidad entre sistemas es un problema que Robledano y Moreiro (2002: 180) perciben de forma general en el ámbito de la recuperación de imágenes. No sería únicamente una falta de homogeneidad respecto al funcionamiento, sino también a las formas de interrogación e interacción.

A los problemas recopilados vimos en el capítulo anterior que se sumaba el de la falta de criterios de evaluación, aspecto sobre el que se demandaba más investigación (Eakins y Graham, 1999; Gupta y Jain, 1997).

[137] GIFT *(The GNU Image-Finding Tool)*, sistema CBIR que utiliza el protocolo de comunicaciones MRML. Una información más detallada sobre este sistema en <http://www.gnu.org/software/gift/gift.html>.

En la tabla 2 presentamos de forma sintetizada las limitaciones o dificultades más determinantes que atraviesan los sistemas CBIR. Podríamos completar dicha tabla con un comentario que, en realidad, afecta a cualquier sistema de recuperación de imágenes, tal como nos recuerda Robledano (1999: 289), y es que las búsquedas que realiza el usuario de imágenes sufren de imprecisión y vaguedad debido fundamentalmente a:

— La inexactitud del usuario respecto a lo que busca.
— Conocimiento impreciso de las características visuales.
— Generalización excesiva al plantear la consulta.

Tabla 2. Dificultades a las que se enfrentan los sistemas CBIR

Funcionamiento
— Representación adecuada de los rasgos de las imágenes. — Algoritmos de medida de semejanza que se aproximen lo máximo posible a la percepción humana. — Estructuras de índice eficientes. — Mejora de las técnicas para distinguir entre objetos en contextos genéricos. — Necesidad de estándares de evaluación. — Falta de homogeneidad de las técnicas empleadas.
Recuperación
— Resultados insatisfactorios: • Laguna semántica • Falta de correspondencia con los juicios de similitud humanos — En ocasiones, tiempos de respuesta altos.
Interacción
— Diseño inadecuado de las interfaces. — Falta de homogeneidad en las formas de interrogación: • una dificultad añadida a la anterior.

En el capítulo 4 nos centraremos enteramente en los aspectos de interacción. A continuación, vamos a detallar un poco más dos de los inconvenientes detectados: el vacío semántico y los problemas de evaluación.

2.2.1. EL VACÍO SEMÁNTICO

Esta limitación se ha reiterado en varias ocasiones. Se refiere a la dificultad de recuperar por significados si el sistema solo representa las imágenes mediante rasgos primitivos. La solución actual consiste en combinar texto con atributos visuales para mejorar la eficacia de los sistemas, pero aun así se siguen considerando cuestiones, como por ejemplo, determinar cuándo deberían estar presentes los atributos textuales: si en el momento de la indización, en la búsqueda, durante la reformulación de la pregunta o en todas estas fases (Goodrum, 2000).

En cualquier caso, son muchos los estudiosos que opinan que, mientras el contenido extrínseco de una imagen, es decir, el atribuido por la persona que interpreta la imagen, no pueda derivarse de forma automática, se seguirá requiriendo la mediación humana en su proceso de extracción.

Así, Aigrain, Zhang y Petkovic (1996) manifiestan que la recuperación visual basada en el contenido se utiliza mejor en combinación con la búsqueda tradicional, tanto a nivel de interfaz de usuario como del sistema. La razón básica es que resulta difícil ver la posibilidad de que la recuperación basada en el contenido reemplace la habilidad de la búsqueda paramétrica SQL, texto y palabras clave, para representar el rico contenido semántico del material visual (nombres, lugares, acciones, etcétera). Para dichos autores, la clave estaría en aplicar la recuperación por contenido donde sea apropiada, esto es, allí donde la apariencia visual (el color, la forma, textura, movimiento) es un vital argumento de búsqueda, por ejemplo en fondos de fotos/vídeo, arte, ventas al por menor, tiendas en línea, etcétera. Llegan incluso a profetizar que las palabras clave y las técnicas de recuperación conceptual son y serán siempre una parte importante de los sistemas de información visual. Sugieren por todo ello que nos centremos en el desarrollo de metadatos y técnicas que ayuden a la anotación de las imágenes.

En definitiva, las posibilidades de representar mediante atributos visuales niveles de mayor abstracción que impliquen reconocer objetos o interpretar escenas, parecen ser hoy día limitadas y quedan restringidas a casos de aplicación muy específicos, con sistemas experimentales. Sin embargo, siendo el nivel formal de las imágenes la materia prima de que se sirven los sistemas CBIR a la hora de representar y recuperar las imágenes, hemos de tener en cuenta que la forma en que son percibidos los iconos de una imagen desempeña un papel importante en la calidad visual de la misma y en su significación, siendo una fuente importante en la producción de significados connotados.

Dentro de las líneas de investigación que han intentado derivar significados a partir de los atributos visuales, tendríamos que citar el sistema *Art Museum* de Kato y otros (1991), que comentamos en el capítulo anterior, puesto que recuperaba imágenes descritas por sus atributos de color a partir de las impresiones textuales del usuario (empleo de adjetivos). También en esta línea se inserta el trabajo de Corridoni, Del Bimbo y Vicario (1998), quienes describen una implementación basada en la teoría de Johannes Itten[138] acerca de los significados inducidos por el uso de los colores. Relacionan las propiedades abstractas de las imágenes (armonía, contraste, calor, frialdad...) con características de tonalidad, luz, temperatura de color, contraste entre colores y relaciones espaciales entre regiones.

Las limitaciones de esta aproximación son obvias, en tanto que no permiten resolver el problema del reconocimiento de objetos; no obstante, supone una idea llamativa en torno a la descripción de sensaciones estéticas.

Desde un punto de vista teórico, el planteamiento mostrado por los autores anteriores quedaría respaldado por otros trabajos, como el de Aparici, García y Valdivia (2000), donde se argumenta que los colores pueden expresar significado a partir de valoraciones subjetivas; aunque, al igual que en Aumont (1992), se deja claro que no existen a este respecto leyes de carácter universal. Concretamente, Aparici, García y Valdivia no solo teorizan acerca de los significados que pueden asociarse a los colores, citando para ello al profesor suizo *Max Lüscher*, que estudia los efectos psicológicos del color, sino que consideran la atribución de valoraciones significativas de carácter subjetivo a cada una de las formas elementales existentes. Así, por ejemplo, el triángulo expresa tensión; el cuadrado, robustez y dogmatismo; el círculo, perfección y equilibrio (Aparici, García y Valdivia, 2000: 101 y ss.) En resumen, no solo los colores van a tener un significado, sino que las formas también se asocian a determinados conceptos al margen de aludir a los objetos de la realidad a los que se asemejan.

También Sonesson (1993) señala significados derivados por la asociación de elementos plásticos con ideas u objetos. Este autor cita la sinestesia entre lo visual y táctil como propiedad icónica de los elementos plásticos en este nivel; por ejemplo, la circularidad deriva en sensaciones de suavidad, las formas rectangulares en dureza. Las asociaciones simbólicas con ideas u objetos del mundo real por semejanza formal son también producto de una función icónica, verbigracia, for-

[138] Pintor que fue profesor de la Escuela Bauhaus. Su teoría de los colores está recogida en el libro *Kunst der Farbe* (El arte del color), de 1961.

mas curvas con el cuerpo femenino. La referencialidad es otro mecanismo que, en combinación con los anteriores o de forma aislada, puede derivar en significados; por ejemplo, el uso de un objeto circular en una imagen fotográfica puede sugerir una plaza de toros.

El colofón a estas reflexiones nos lo aporta muy bien Robledano, pues considera que, a pesar de que estas derivaciones puedan establecerse, se está muy lejos de la interpretación automática inteligente de la imagen en todos los niveles del contenido. Trasladamos aquí su argumentación al respecto:

> La interpretación de los significados extrínsecos es un proceso de atribución basado en la puesta en relación de lo percibido en la imagen con el estado de conocimiento del interpretante de la imagen en el momento de la interpretación. La derivación de contenido extrínseco de la imagen es dependiente de los procesos de percepción sensorial e interpretación llevados a cabo por el intérprete humano. La percepción sensorial humana está muy unida con el proceso cognitivo global. Para la replicación de las funciones sensoriales biológicas no es suficiente con imitar el sistema sensorial, sino que se tiene que replicar todo el cerebro con toda su capacidad de pensamiento. Por este motivo, difícilmente puede ser asumida la atribución de significación extrínseca por una máquina. Se está, en consecuencia, aún muy lejos de la interpretación automática inteligente de la imagen en todos los niveles de contenido. (Robledano, 1999: 299.)

En otras palabras, según Robledano, el sistema de representación gráfico es incapaz de concretar otra significación que no sea la intrínseca, lo que nos lleva al planteamiento inicial de la necesidad de recurrir a las anotaciones textuales para alcanzar una recuperación semántica de la imagen. Estamos perfectamente de acuerdo con este autor en que la tecnología actual no nos permite utilizar técnicas de recuperación visual de forma aislada en sistemas automáticos de recuperación de imágenes en los que sea necesaria la recuperación por atributos temáticos o icónicos.

Respecto a las soluciones para combinar las técnicas de recuperación visual y conceptual, si seguimos a Enser (1995) en su tipología de sistemas de recuperación automática de imágenes, tipología a la que hemos hecho ya mención en varias ocasiones, encontramos los modelos LV y VL; es decir, sistemas que permiten la representación lingüística y recuperación visual, de un lado, y de otro, sistemas que representan visualmente las imágenes y permiten su recuperación lingüística. Además, Robledano incluye la posibilidad de combinar modelos entre sí dando lugar a los sistemas mixtos, que integrarían varios modelos de los cuatro posibles: VV, LL, LV y VL.

En su momento señalamos que, a nuestro entender, todo sistema mixto fruto de la integración de un modelo VV con cualquiera de los otros tres resultaría en un sistema que puede enmarcarse bajo la definición de sistema CBIR sostenida en este trabajo.

Como ejemplo de un sistema mixto VV y LL, en el capítulo anterior hemos visto el motor de búsqueda sobre las ciencias de la Tierra y el Espacio llamado *ESSB*, del que ofrecimos una vista de su pantalla inicial.[139] Es un ejemplo muy claro de las ventajas que puede suponer la combinación de estos dos modelos. Igualmente, para permitir la recuperación a partir del texto presente en las imágenes se pueden emplear algoritmos basados en la identificación y reconocimiento de caracteres presentes en la imagen o próximos a ella (OCR).

Cabría preguntarse por el interés de un modelo LV, donde se realiza una representación lingüística de las imágenes y, sin embargo, lo que se permite al usuario es utilizar la imagen misma como elemento de consulta. Una aplicación muy útil es, como señala Robledano (1999: 302), la creación de tesauros visuales que permitan agrupar visualmente imágenes en función de algún criterio de afinidad expresado lingüísticamente —por ejemplo, un criterio de similitud temática, respondiendo al modelo de tesauro visual LV— o siguiendo un criterio de similitud formal —tesauro visual puro del tipo VV.

Desmarcándonos de las tipologías, un excelente trabajo donde podemos apreciar la posibilidad de combinar la indización automatizada y la recuperación por contenido visual es el de Srihari (1995), en el que se explica el funcionamiento del sistema PICTION, desarrollado en el Centro de Calidad para el Análisis y Reconocimiento de Documentos (CEDAR) de Buffalo (EE. UU.). Se trata de un sistema que permite identificar rostros de personas aparecidos en periódicos, gracias a los pies de foto que acompañan a las imágenes. El sistema combina técnicas de procesamiento del lenguaje empleado en los pies con técnicas CBIR para reducir las limitaciones que uno y otro método presentan por separado. En definitiva, el sistema extrae las informaciones de los pies de foto, detecta automáticamente rostros en las imágenes y establece una correlación entre las áreas identificadas y la información aportada por los pies.

El método propuesto se conoce como *semántica visual*[140] y trata de alcanzar el conocimiento total de las escenas asociando la semántica a la apariencia de los objetos. La semántica impone restricciones a los objetos —restricciones espaciales,

139 Véase la figura 1.

140 R. K. Srihari y D. T. Burhans (1995): «Visual semantics: Extracting visual information from text accompanying pictures», *Proc. AAAI '94, American Association for Artificial Intelligence, Menlo Park, Calif. 1995*, pp. 793-798.

relativas a las propiedades de los objetos y a su contexto—, y dichas restricciones se expresan mediante un lenguaje procedural. Los componentes finales que integran el sistema son un módulo de procesamiento del lenguaje natural,[141] un módulo de comprensión de la imagen, un módulo de control y una base de conocimiento integrada por lenguaje y visión. El sistema está implementado en *Loom,* un lenguaje de programación de alto nivel y un entorno para la construcción de sistemas basados en conocimiento. El usuario puede especificar si el énfasis de su consulta recae sobre el texto o sobre la imagen.

El proceso de etiquetar los rostros requiere que el módulo de procesamiento del lenguaje natural determine correctamente cuatro tipos de información: clases de objetos, quién o qué está en la foto, limitaciones espaciales y características visuales significativas. Por lo que respecta a las características visuales más significativas, el sistema permite detectar el género a partir de ciertas informaciones textuales (listas de nombres), términos de relaciones de familia (hijo, hija, etcétera), o pronombres que aparecen en los pies de foto.

El módulo de comprensión de imágenes localiza, segmenta y extrae las características visuales de las imágenes. Actualmente, el único tipo de clase de objetos que maneja son rostros humanos. La identificación del género de las caras se realiza mediante una arquitectura simple de red neuronal y responde bien cuando los rostros han sido localizados precisamente y su posición es frontal. A pesar de las mejoras que debe superar, es un buen ejemplo de integración de indización automatizada con técnicas CBIR.

Otra propuesta, por ejemplo, es la del sistema Blobworld[142] que, para subsanar el problema del reconocimiento automático de objetos, asocia conceptos a las regiones extraídas de las imágenes (véase la figura 3). De esta forma, el usuario puede combinar una o varias palabras clave con una región determinada, en cuyo caso recuperará todas las imágenes con esas palabras, pero ordenadas según la ponderación de rasgos que especifiquemos.

Las regiones capturan los elementos importantes de la imagen, incluidos todos sus objetos, y estos son descritos de acuerdo con la indización realizada por la base de datos Corel,[143] de donde procede la colección de imágenes sobre la que permite consultar Blobworld.

141 Los procesadores del lenguaje natural transforman frases textuales en sentencias lógicas.

142 <http://elib.cs.berkeley.edu/photos/blobworld/>.

143 <http://www.corel.com>.

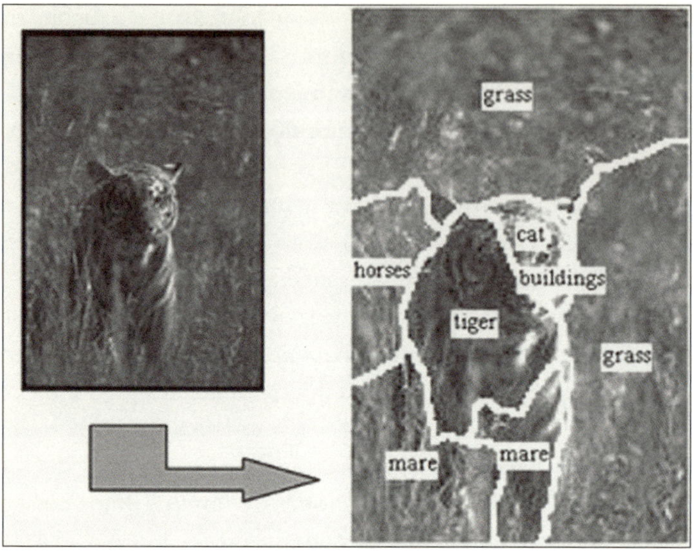

Figura 3. Proceso de asociación de palabras a regiones de imágenes en Blobworld[144]

Benítez y Smith (2001), de la Universidad de Columbia y el Centro de Investigación de IBM en Nueva York, nos aportan otra interesante solución al problema de la representación de objetos en sistemas basados en el contenido. Se trata de *MediaNet,* un marco para la representación del conocimiento multimedia que utiliza rasgos semánticos y de la percepción. *MediaNet* pretende ser una base de conocimiento que pueda implementarse en un sistema CBIR cualquiera y, de esta forma, convertirlo en «inteligente», es decir, hacer que dicho sistema sea capaz de construir y mantener modelos basados en el mundo real.

Para ello, *MediaNet* se compone de entidades conceptuales, que se corresponden con entidades reales, y relaciones entre conceptos. Los conceptos pueden representar objetos con significado semántico o patrones propios de la percepción del mundo real. Las relaciones entre los conceptos son tanto semánticas (de acuerdo con los principios semióticos) como basadas en semejanzas de percepción. *MediaNet* permite no solo definir conceptos y relaciones, sino también ejemplificar dichos conceptos mediante representaciones multimedia asociadas (imágenes, vídeo, audio, gráficos, texto y rasgos audio-visuales). Se puede otorgar una ponderación

[144] Tomada de *Computer Vision Meets Digital Libraries* [en línea], disponible en <http://elib.cs.berkeley.edu/vision.html>.

o probabilidad a un concepto en función de sus rasgos perceptibles. Ejemplo de representación de un concepto en la base de conocimiento *MediaNet:*

El concepto «humano» se representa por la palabra *humano*, la imagen de una persona y el sonido de una persona hablando. Por su parte, el concepto «homínido» se representa por la definición textual «primate de la familia de los Homínidos» y un descriptor de forma (representado en forma numérica); el concepto «humano» y el concepto «homínido» están relacionados por una relación semántica (de «especialización») y una relación perceptible («forma similar»), con una representación asociada por la semejanza de rasgos.

Vemos, por tanto, cómo *MediaNet* ofrece una funcionalidad similar a la de un diccionario o enciclopedia y un tesauro ya que define, describe e ilustra conceptos, pero también denota la similitud de conceptos en los niveles semántico y de la percepción. Además, ayuda a capturar el proceso de producir la semántica (representaciones de alto-nivel) a partir de rasgos perceptibles (representaciones de bajo nivel), tal como un color específico y un patrón de textura representando un concepto semántico con una probabilidad dada.

MediaNet se ha construido semiautomáticamente a partir de anotaciones textuales disponibles en algunas imágenes, el sistema léxico electrónico *WordNet*[145] y herramientas de extracción de rasgos visuales. ¿Cómo se implementaría en un sistema CBIR? Lo que se ha de integrar es la base de conocimiento y el procesador de preguntas asociado, que traduce la consulta a los conjuntos de conceptos relevantes detectados a partir de las representaciones (imagen, vídeo, audio...) manifestadas. Una posibilidad que podría añadir *MediaNet* sería su codificación, empleando herramientas de descripción bajo el estándar MPEG-7, con lo que contribuiría enormemente al intercambio y re-utilización del conocimiento entre aplicaciones multimedia.

Aunque *MediaNet* se concibe como una base de conocimiento, algunos autores consideran estas como ontologías. Sin embargo, la idea más extendida en lingüística a este respecto es que las bases de conocimiento son recursos modulares que pueden integrar otros recursos tales como las ontologías. Por su parte, entendiendo una ontología como una representación formal del conocimiento donde los conceptos, las relaciones y las restricciones conceptuales se explicitan para un determinado dominio, creemos que el marco propuesto por *MediaNet* encajaría en la idea de «ontología».[146]

[145] <http://wordnet.princeton.edu/>.

[146] Para más información sobre la construcción de ontologías multimedia, remitimos al trabajo de Jaimes y Smith (2003); en Town y Sinclair (2004) tenemos el ejemplo de OQUEL, un lenguaje de recuperación ontológico

Otra propuesta de superación del problema semántico es la de *FourEyes*,[147] que utiliza la *indicación de la relevancia* para asociar las etiquetas semánticas aportadas por el usuario a partir de ejemplos a los atributos similares en otras imágenes. En otras palabras, extrapola etiquetas a otras regiones similares. Se constituye así como una herramienta interactiva que ayuda en la tarea de segmentar y anotar lingüísticamente las imágenes; se encuentra implementada en el sistema *Photobook*.[148]

Aunque la mayoría de los ejemplos que puedan citarse de sistemas que intentan superar el problema del vacío semántico lo hacen recurriendo de alguna forma a las técnicas conceptuales, y a pesar de que las técnicas convencionales de reconocimiento automático de objetos no están lo suficientemente desarrolladas, hay también casos en este sentido. Así, por ejemplo, citaremos a Forsyth y otros (1996), quienes buscaron el desarrollo de algoritmos para modelar un tipo de objetos e identificar atributos definidos y rasgos para esa clase. Mediante el empleo de la agrupación jerárquica y estrategias de aprendizaje en el proceso de clasificación, consiguieron aplicar su método con éxito en la tarea de distinguir la presencia de personas desnudas en imágenes, árboles o caballos. Igualmente, Vailaya, Jain y Zhang (1998) alcanzan la distinción entre imágenes que representan ciudades e imágenes de paisajes. Otros ejemplos en esta línea los cita Enser (2000: 207).

Sobre las soluciones aportadas para salvar el vacío semántico, así como sobre sus fortalezas y debilidades, ha escrito con sencillez Eakins (2002), distinguiendo como técnicas más empleadas las automáticas basadas en el uso de modelos de objetos o escenas, a partir de los cuales se infiere la presencia de patrones similares en otras imágenes (como en el trabajo citado de Forsyth y otros), y métodos estadísticos que asignan etiquetas semánticas a regiones (como en BLOBWORLD); y, de otro lado, las técnicas semiautomáticas fundamentadas en el aprendizaje del sistema en el momento del diseño o a partir de la retroalimentación ofrecida por el usuario (como en *FourEyes*). Eakins anota algunas técnicas de inteligencia artificial de interés que, por otro lado, ya hemos citado al explorar los trabajos presentes en INSPEC: razonamiento basado en casos (sugerencia de palabras clave basándose en aquellas de imágenes similares), redes neuronales (hemos visto que el sistema

aplicado a sistemas CBIR; igualmente, acerca del uso de ontologías en documentación existe un interesante informe en <http://www.lab.inf.uc3m.es/~a0042385/ontologia.html> (Laboratorio del Departamento de Informática, de la Universidad Carlos III de Madrid).

147 <http://vismod.media.mit.edu/vismod/demos/photobook/foureyes/>.

148 <http://vismod.media.mit.edu/vismod/demos/photobook/index.html>.

PICTION también las emplea) o algoritmos genéticos. Finalmente, el autor viene a decantarse por la combinación de técnicas.

Respecto a la posibilidad de extraer automáticamente atributos abstractos,[149] pudiendo así realizar interpretaciones sobre los objetos o escenas representadas (por ejemplo, preguntar al sistema por «una fiesta de cumpleaños infantil», o por imágenes que simbolicen el concepto de *libertad*), lo cierto es que se está aún muy lejos de conseguir. Según Eakins (2002), esto es principalmente debido a que se sabe todavía muy poco sobre cómo los humanos interactuamos con las imágenes en este nivel de abstracción. Por su parte, algunos autores como Santini y Jain (1997), son completamente pesimistas con respecto a las posibilidades de la tecnología para llegar a una verdadera recuperación semántica; consideran que esto es completamente inalcanzable, pues los puntos de vista de los usuarios sobre las imágenes que son relevantes para una consulta concreta son tan variables que no es posible hacer generalización alguna. Estos autores son partidarios de profundizar en el desarrollo de los métodos de indicación de la relevancia como única forma de mantener la libertad y subjetividad del usuario en el espacio de búsqueda.

En función de las cuestiones consideradas, y seamos más o menos pesimistas al respecto, lo cierto es que hoy por hoy parece evidente tener presente la importancia de combinar las técnicas conceptuales con las visuales para maximizar la eficacia de los sistemas CBIR, especialmente si nos referimos a sistemas de propósito general, donde es prácticamente imposible determinar la totalidad de tipos de objetos que puede llegar a manejar el sistema.

2.2.2. LA EVALUACIÓN

Otro de los problemas de los sistemas CBIR más nombrado es el de la evaluación. Este hace alusión a la falta de consenso sobre los procedimientos más óptimos para evaluar los sistemas de recuperación de imágenes. Se considera que las medidas aplicadas a los sistemas de recuperación textual, tales como la precisión y exhaustividad, pueden no ser adecuadas para la recuperación de imágenes (Dyson y Box, 1997). Una de las principales críticas lanzadas contra esas medidas propias de las bases de datos textuales se refiere a la validez de derivar medidas cuantitativas de funcionamiento a partir de juicios de relevancia subjetivos. Todo ello ha

[149] Correspondiente al tercer tipo de rasgos presentes en una imagen categorizados por Eakins (1996).

llevado a aumentar las aproximaciones orientadas al usuario, destacando el uso de métodos de evaluación que tienen en cuenta la naturaleza interactiva de los sistemas modernos, el trabajo del usuario y el contexto de su tarea, así como la variabilidad de las necesidades de información (Eakins y Graham, 1999).

La importancia de los usuarios y su contexto ha sido subrayada por el grupo europeo de trabajo MIRA,[150] establecido en 1999 para evaluar las aplicaciones de recuperación de información interactiva y multimedia. Entre las conclusiones a las que ha llegado este grupo de trabajo en sus proyectos destacan las siguientes:

— Uso de evaluaciones empíricas centradas en el usuario.
— Necesidad de evaluar las herramientas de recuperación de información en el contexto del área de trabajo del usuario.
— Naturaleza cambiante de las tareas de recuperación de información y, en consecuencia, necesidad de una aproximación dinámica.
— Dificultad de evaluar los sistemas multimedia de la misma manera que los sistemas basados en texto.

Johansson (2000: 14 y ss.) nos recuerda los métodos de evaluación normalmente empleados para medir el funcionamiento de los algoritmos utilizados por un sistema CBIR:

— Evaluación en función del tipo o categoría de imágenes. Este método significa que muchos algoritmos y rasgos se desarrollan para llevar a cabo una tarea específica en un campo concreto (por ejemplo, categorizar imágenes de texturas, imágenes médicas, información de satélites, imágenes de caras, objetos 3-D desde distintos ángulos, animales marinos, etcétera). Por tanto, no están diseñados para una consulta general y será más fácil definir un objetivo a partir del cual contrastar resultados con otros algoritmos de propósito similar.
— Evaluación recurriendo a un «cuerpo de verdad» (constituido por palabras clave o categorías de imágenes). Para los sistemas de consulta general, la evaluación es algo más difícil. Hay grandes bases de datos que tienen sus imágenes ordenadas por determinadas categorías (animales, gente, arte, etcétera) y sub-categorías (perro, gato, caballo, etcétera, dentro de la catego-

[150] <http://www.dcs.gla.ac.uk/mira>.

ría de animales). Algunas de esas bases de datos tienen incluso varias palabras clave asociadas a cada imagen. Estas etiquetas pueden utilizarse como un tipo simple de «cuerpo de verdad», aunque en el caso de las palabras clave, estas no constituyen siempre suficiente información. Existen sistemas que recurren a estas bases de datos para permitir su comparación con otros sistemas y algoritmos que emplean las mismas, sirviendo esto como método de evaluación de su funcionamiento. El mejor ejemplo de este tipo de bases de datos constituida como «cuerpo de verdad» es la de Corel,[151] pues contiene cientos de imágenes con palabras clave asociadas que han sido utilizadas por sistemas CBIR como Blobworld, MARS, NETRA, PICSOM y Simplicity, entre otros. Sin embargo, Müller, Marchand-Maillet y Pun (2002) han señalado el problema del uso de Corel como cuerpo de verdad, puesto que muchos grupos de investigación solo emplean una parte de esta colección, con lo que cada evaluación se hace sobre un subgrupo de imágenes diferente haciendo imposible la comparación. Estos autores demostraron, precisamente, lo fácil que es conseguir resultados diferentes —incluso cuando se utiliza la misma colección—, lo cual evidencia la necesidad de tener una base de datos de imágenes estándar con un grupo de interrogación y criterios de relevancia correspondientes para comparar realmente los sistemas. Por otro lado, también señalan como inconveniente el hecho de que Corel emplea información abstracta semántica, no siendo por tanto adecuado su uso para la evaluación de sistemas CBIR.
— Evaluación subjetiva, sin recurrir a un «cuerpo de verdad». Consiste en consultar sistemas que utilizan imágenes de la Web y comparar los resultados obtenidos a determinadas preguntas, sin hacer uso en dicha evaluación de las palabras clave de los archivos de las imágenes o de las URL.

Ya vimos en el capítulo anterior la existencia del grupo *Benchathlon Network*, creado específicamente para desarrollar una plataforma de evaluación de sistemas CBIR; también vimos la existencia del protocolo de comunicaciones MRML, que pretende estandarizar la arquitectura de implementación de los sistemas CBIR facilitando con ello un contexto adecuado para evaluar y contrastar el funcionamiento de cada sistema, lo que demuestra la inquietud en torno a este tema. Sin embargo, estas preocupaciones se centran más en el sistema que en el usuario, lo

[151] V. nota 143.

que viene a contrarrestar el acercamiento hacia aproximaciones orientadas al usuario que mencionamos al comienzo de este apartado.

Si bien se considera que, en general, se pueden establecer dos líneas de investigación en el ámbito de la evaluación de los sistemas de recuperación de información: una centrada en los sistemas frente a otra orientada a los usuarios, también parece sensato tener presente que ninguna de las dos puede ofrecer por sí sola un panorama completo del proceso de recuperación de información en su integridad (Olvera Lobo, 1999; Sarmiento, Valle y Fernández, 2004). Ahora bien, los aspectos de evaluación del funcionamiento interno de los sistemas CBIR han sido tratados con una mayor sistematización que aquellos aspectos de evaluación enmarcados bajo un contexto de aproximación cognitiva. Prueba de esta afirmación es el haber detectado la inexistencia o escasez, como expresaban Venters, Hartley y Hewitt (2004), de estudios de usuarios que realmente se hayan expuesto al uso de sistemas CBIR. También hemos comprobado el mayor interés por los sistemas que por los usuarios al analizar los temas que más se han considerado en la investigación sobre esta tecnología.

En nuestra opinión, es obvio que la aparente falta de interés por el usuario, con la sobresaliente excepción de los trabajos del IIDR, es una debilidad que mucho tiene que ver con la dificultad de hallar métodos adecuados de evaluación, así como con los problemas de interacción que reflejan los actuales sistemas basados en el contenido, como trataremos con más detalle en el capítulo 4.

Tras haber presentado en este capítulo las ideas básicas respecto al funcionamiento y principales limitaciones de los sistemas CBIR, queremos dedicar el siguiente a determinar el atractivo que, a pesar de las debilidades expuestas, tienen estos sistemas, muy especialmente en las unidades informativas propias de nuestro ámbito científico.

Capítulo 3

APLICACIONES

Es evidente que la necesidad de encontrar una imagen deseada dentro de una colección dada es compartida por muchos profesionales que trabajan en muy diversos campos: medicina, arquitectura, periodismo, moda, diseño técnico, historia del arte, etcétera. Sin embargo, parece lógico pensar que los campos más inmediatos de aplicación sean todos aquellos cuyo trabajo resida en buena medida en el tratamiento de colecciones de imágenes. No obstante, resulta imposible ofrecer un cuadro completo de las necesidades y usos dados a la información visual.

Según Eakins y Graham (1999), las primeras aplicaciones prácticas de sistemas CBIR a entornos de trabajo tuvieron lugar en las siguientes áreas:

— Detección y prevención de crímenes (aplicación al reconocimiento de huellas digitales y de rostros).
— Propiedad intelectual (registro de marcas comerciales).
— Periodismo y publicidad (gestión de secuencias de vídeo).
— Búsqueda en la Web.

Este último caso, la aplicación a las búsquedas a través de la Web, supone un interés de la recuperación CBIR que no se orienta a un entorno concreto, sino todo lo contrario. Por tanto, desde un primer momento, se ha tenido en cuenta la posibilidad de extender la búsqueda visual de las imágenes a muy distintos ámbitos: desde los más específicos a los más generales.

3.1. Sistemas dependientes del dominio y sistemas de arquitectura independiente

Para seleccionar los parámetros por los que se podrán procesar y recuperar las imágenes, no solo interviene el usuario y la tecnología, sino también las características del campo o dominio del futuro sistema de recuperación y la viabilidad económica (Vendrig, 1997). Por consiguiente, además de la distinción en función de las técnicas que utilizan para el procesamiento de la imagen, también podemos sugerir una distinción entre sistemas CBIR en función del tipo de arquitectura que presentan, es decir: sistemas dependientes del dominio y sistemas de arquitectura independiente.

Los primeros, los sistemas dependientes del dominio, ofrecen una menor flexibilidad; sin embargo, son más eficaces y eficientes que los segundos, puesto que aprovechan el conocimiento sobre el contexto para el que se aplican a fin de obtener los mejores rasgos visuales en el proceso de indización e identificar criterios de similitud útiles. Sobre este aspecto, Del Bimbo y otros (1998) nos recuerdan que, efectivamente, determinados rasgos son más útiles para ciertas personas que para otras. El hecho de que el contexto de aplicación de los sistemas CBIR se conozca de antemano puede determinar la elección de unos algoritmos de reconocimiento de patrones y unas funciones concretas y no otras. Por ejemplo, la disposición espacial es relevante para un doctor que examina una sección del corazón; la disposición del color es importante cuando miramos un cuadro, pero la presencia de unos tonos particulares o la disposición de áreas de color sobre el lienzo serán mejor recordadas por un experto que por un usuario ocasional. Veamos a continuación, ejemplos que respondan a una y otra categoría.

3.1.1. PRESENTACIÓN DE EJEMPLOS DE SISTEMAS DEPENDIENTES DEL DOMINIO

Algunos autores, además de Eakins y Graham (1999), han comentado también los posibles campos de aplicación de los sistemas CBIR. Así por ejemplo, Jain (1993), Gudivada y Raghavan (1995), Del Bimbo (1999). Otros, como Venters, Hartley y Hewitt (2004) consideran que las predicciones que hagamos en este sentido no se pueden contrastar suficientemente como para determinar la viabilidad real de la tecnología CBIR en dichas áreas. En definitiva, si bien hay un cierto grado de optimismo general con respecto a las posibilidades que ofrecen estos sistemas, también parece demostrable la escasa presencia de trabajos que prueben la eficacia de los mismos en condiciones reales de uso, idea que hemos expresado ya en varias ocasiones.

En cualquier caso, lo cierto es que son muchos los sistemas académicos y experimentales existentes, frente a un número reducido de sistemas comerciales. Una gran cantidad de los sistemas desarrollados están pensados para su aplicación a campos concretos. A continuación, vamos a comentar algunos que consideramos representativos de esta categoría.

3.1.1.1. ARTISAN *(Automatic Retrieval of Trademark Images by Shape Analysis)*

El sistema ARTISAN (Eakins y Graham, 1998) estaría en relación con el ámbito de la propiedad intelectual, puesto que su objetivo es ayudar al registro de logotipos comerciales. Concretamente fue diseñado para almacenar y recuperar marcas comerciales de la Oficina de Patentes Británica. Es un sistema de naturaleza algorítmica desarrollado por el IIDR que identifica automáticamente los rasgos de la forma de cada imagen que se va a almacenar, permitiendo recuperar por semejanza basada en un ejemplo visual dado o a partir de formas parciales. También incorpora criterios de búsqueda textuales.[152]

El procedimiento de análisis que emplea consiste en dividir la imagen en regiones de intensidad similar en los bordes. Estas regiones se agrupan después en familias por su proximidad o semejanza de forma, utilizando los principios derivados de la psicología de la Gestalt —relativos a cómo los humanos establecemos semejanzas entre las imágenes.[153] ARTISAN calcula diversas medidas de forma procedentes de estas familias y las almacena en su base de datos. Al realizar una consulta, se extraen los rasgos de forma de la imagen por la que se pregunta y se buscan las imágenes similares relacionadas con los valores de los rasgos extraídos. Las imágenes que estén más próximas a esos valores se muestran en pantalla en orden decreciente de similitud.

Una segunda versión de este sistema ha incorporado técnicas de segmentación más precisas y nuevos descriptores de forma.

[152] La Oficina de Patentes Británica utiliza el esquema de clasificación de Viena para elementos figurativos de marcas comerciales, compuesto de categorías, divisiones y secciones codificadas numéricamente. La 5.ª ed. de esta clasificación puede consultarse en línea en <http://www.wipo.int/classifications/fulltext/vienna5/enmain0.htm>.

[153] Las leyes de la organización perceptiva que establece esta escuela son las de la proximidad, similaridad, cierre, simplicidad, simetría, buena comunicación y destino común de los elementos percibidos.

La figura 4 muestra una imagen correspondiente a ARTISAN 2 en la que se listan los descriptores empleados para representar cada imagen y el método de asociación utilizado al procesar una búsqueda.

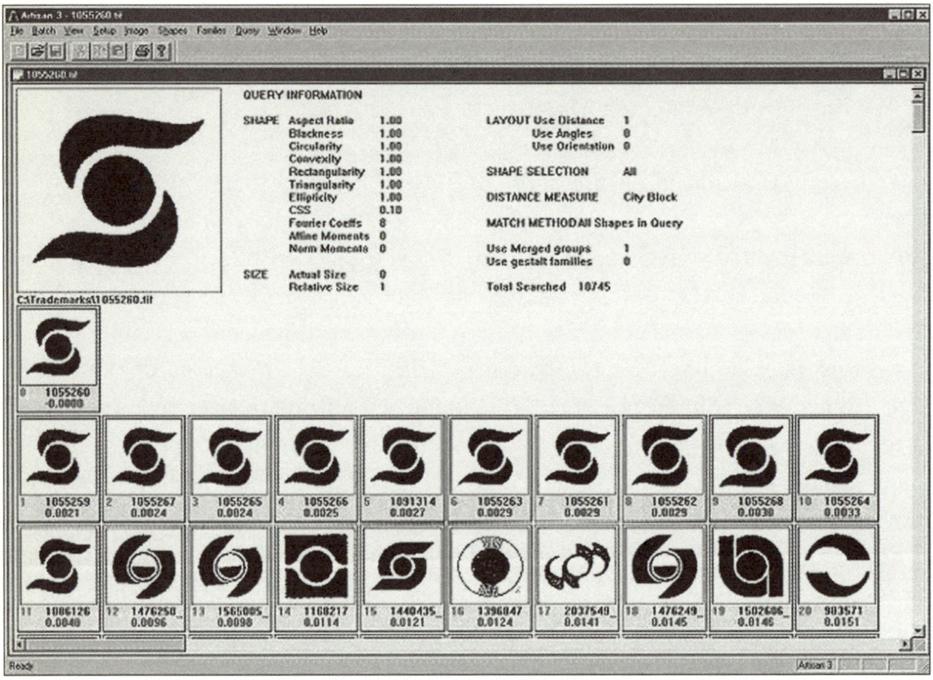

Figura 4. Resultado en ARTISAN 2 de una consulta por semejanza visual de forma

3.1.1.2. TODAI *(Typographic Ornament Database and Identification)*[154]

Desarrollado por el Departamento de Ingeniería Eléctrica (EPFL) de Suiza y por el Laboratorio de Sistemas Inteligentes de la Universidad de Halmstad (Suecia). Se trata de un sistema basado en la orientación de los radiogramas[155] que almacena. Está destinado a investigadores que trabajan con libros antiguos para consultar a través de la web el *banco internacional de impresores de adornos tipográficos*. El usuario puede realizar sus consultas utilizando imágenes o mediante

[154] <http://www2.unil.ch/BCUTodai/app/todaiGetIntro.do?uri=todaiInfo&page=todaiDoc.html>.

[155] Copia sobre papel de un negativo radiográfico.

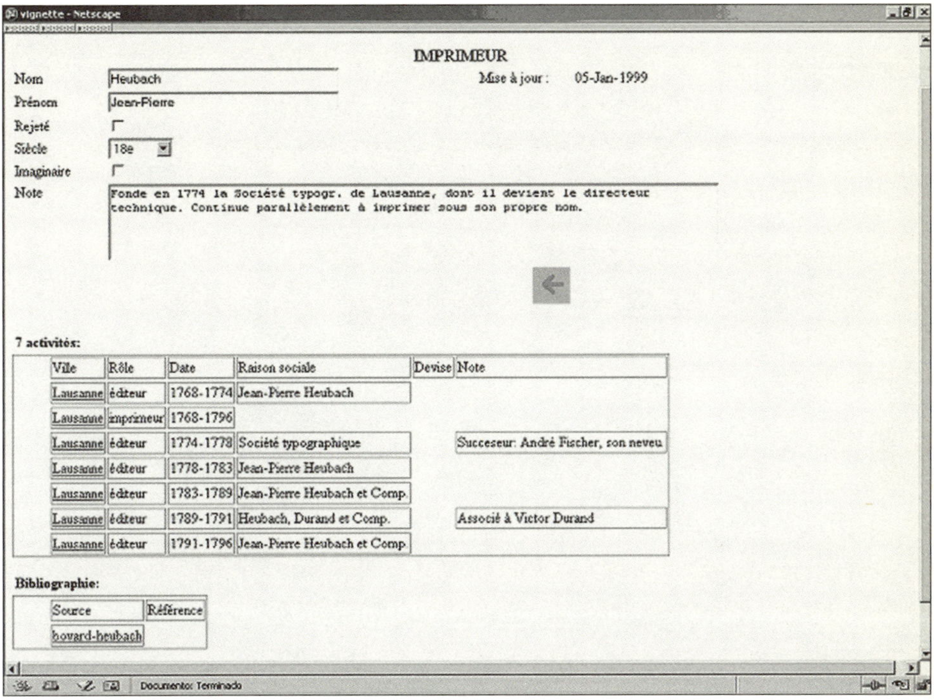

Figura 5. Pantalla con información sobre los datos del impresor de un adorno tipográfico en TODAI

palabras clave. Otros criterios de búsqueda son el tamaño, uso y naturaleza del adorno a localizar. Independientemente de si la búsqueda es visual o conceptual, podremos obtener las variantes del adorno deseado y la referencia de la obra u obras que lo contienen, llegando hasta un formulario con información detallada sobre el impresor correspondiente (figura 5).

3.1.1.3. LCPD *(Leiden 19th Century Portrait Database)*[156]

Desarrollado por el Departamento de Informática de la Universidad de Leiden (Holanda). Se trata de una base de datos de retratos del siglo XIX. Concretamente, está conformada por 21.094 retratos comprendidos entre 1860 y 1914 procedentes de diferentes estudios holandeses de tarjetas de visita. Las herramientas de

[156] <http://nies.liacs.nl:1860/>.

Figura 6. Resultado de búsqueda por semejanza visual en LCPD

búsqueda disponibles nos permiten obtener información de cada uno de los estudios que se han recopilado, así como visualizar las imágenes realizadas por ese estudio que estén disponibles.

A partir de una imagen dada, podemos localizar aquellas que sean similares en cuanto a forma y textura, que son los rasgos que implícitamente utiliza el sistema para establecer la similitud (figura 6).

LCPD también dispone de la opción de búsqueda con indicación de la relevancia sobre los resultados (figura 7), así como de la posibilidad de salvar los que consideremos de interés:

La base de datos permite que accedamos a la búsqueda del logotipo propio de un estudio también con indicación de relevancia. Por otro lado, el «navegador de imágenes» nos permite visualizar ambas caras de cada retrato a gran resolución e iniciar la búsqueda por semejanza si así lo deseamos, o bien acudir a la información correspondiente al estudio que lo realizó.

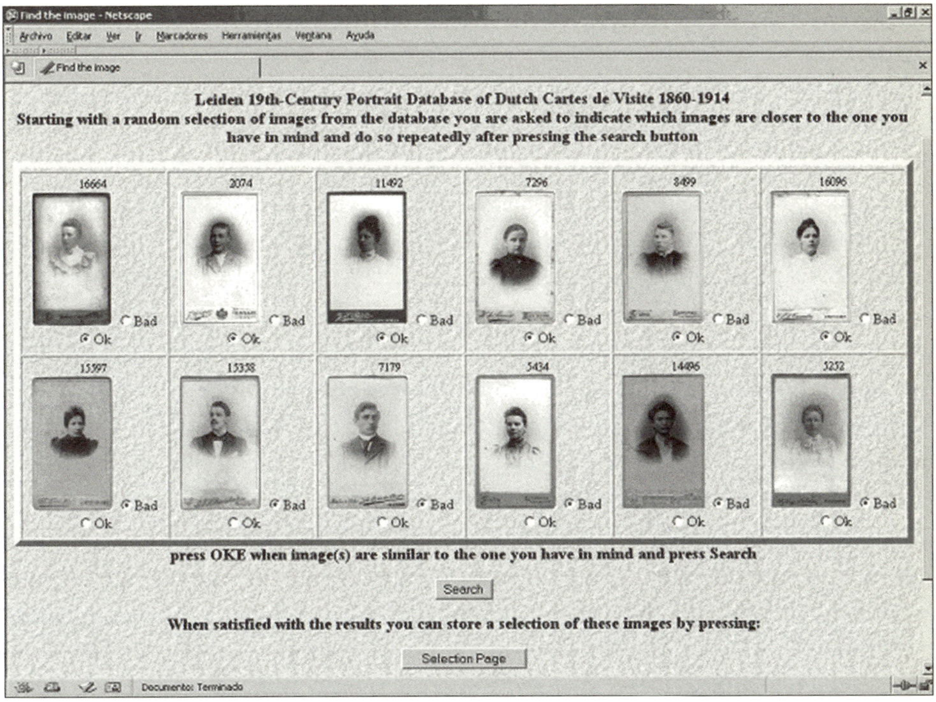

Figura 7. Posibilidad de indicación de la relevancia *(ok/bad)* sobre los resultados en LCPD

3.1.1.4. WEBMIRS *(Web-based Medical Information Retrieval System)*[157]

WebMIRS es una herramienta de investigación que facilita el acceso a información textual y visual contenida en bases de datos biomédicas a través de Internet. Ha sido creada por el *National Library of Medicine's Communications Engineering Branch* (EE. UU.). Está dirigida a los profesionales e investigadores del campo de la salud, epidemiología y educación. Utilizando los métodos correctos de análisis, el usuario inferirá a partir de WebMIRS los valores paramétricos de salud que se aplicaron a la población norteamericana durante el periodo que representan los datos de la colección.

También es un recurso para comparar estudios de caso y para recuperar imágenes de rayos X —cervicales y lumbares— (figura 8).

[157] <http://archive.nlm.nih.gov/proj/webmirs/index.php>.

El procedimiento de búsqueda es exclusivamente textual. Sin embargo, para el tratamiento de las imágenes, el sistema emplea un procedimiento de análisis basado en su contenido a partir de la segmentación en regiones anatómicas que son después etiquetadas con nombres y clasificadas finalmente de acuerdo con la patología o los rasgos semánticos de interés.

Las bases de datos a las que WebMIRS permite acceder son NHANES II y NHANES III *(National Health and Nutrition Examination Surveys)*. Los resultados pueden exportarse a otras aplicaciones de software.

No podríamos considerar estrictamente WebMIRS como un sistema CBIR, dado que no permite la búsqueda a partir de criterios visuales; no obstante, no sería descabellado pensar que en un futuro permitiera hacerlo, de igual forma que la herramienta española HRIMAC admite comparaciones morfológicas entre imágenes de mamografías.

Hay muchos otros ejemplos de sistemas CBIR que se diseñan para su aplicación a un campo concreto, la mayoría de carácter experimental. Aquí hemos presentado tan solo cuatro casos, pero todos ellos en activo. En los capítulos anteriores ya hemos mencionado algún otro, como el sistema de reconocimiento de huellas digitales SAID, el sistema SHREW desarrollado por el IIDR para recuperar marcas de agua de imágenes históricas, el sistema español HRIMAC para el estudio de mamografías digitales, o PICTION, para identificar rostros humanos. Uno más un tanto curioso es REBEZO,[158] desarrollado por el Laboratorio Nacional Forense del Ministerio de Justicia de Holanda y utilizado por la policía de dicho país para determinar la marca y modelo de zapato que originó una huella concreta, permitiendo así enlazar escenas de crímenes.

3.1.2. PRESENTACIÓN DE EJEMPLOS DE SISTEMAS DE ARQUITECTURA INDEPENDIENTE

Frente a los sistemas dependientes del dominio, dijimos que los de arquitectura independiente resultarán más flexibles, pero menos eficaces y eficientes que los anteriores, ya que no disfrutan de la ventaja de conocer de antemano la tipología de imágenes a la que se enfrentan. Precisamente se trata de sistemas diseñados para permitir el análisis y recuperación de imágenes muy distintas entre sí.

[158] Z. Geradts y J. Keijzer (1996): «The image database REZEBO for shoeprints with developments on automatic classification of shoes outsole designs», *National Forensic Science Laboratory of the Ministry of Justice in the Netherlands,* Elsevier Science Ireland Ltd., vol. 82, issue 1, sept., pp. 21-31.

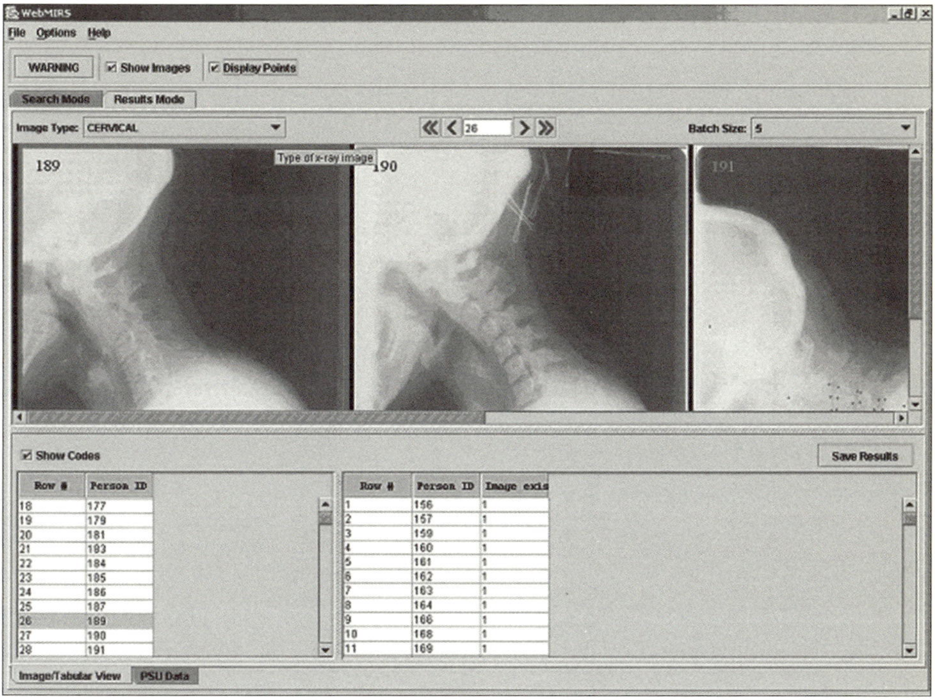

Figura 8. Presentación de imágenes radiológicas en WebMIRS

Dejamos constancia de nuevo de nuestro interés por estos sistemas de propósito general,[159] y esto es así porque, como planteábamos al comienzo de este capítulo, es difícil determinar qué áreas se puedan excluir del uso de la información basada en imágenes. En consecuencia, entendemos que se intenten mejorar las técnicas de extracción de rasgos que emplean los sistemas CBIR experimentando en campos concretos, pero también creemos que esto no ha de impedir concebir el interés que la recuperación por contenido visual tiene en un sentido genérico, a pesar de sus limitaciones, las cuales, insistimos, se hacen más evidentes al tratar simultáneamente con distintas tipologías de imágenes, pero que bien pueden solventarse con apoyo de las funciones de recuperación textual. Efectivamente, encontraremos que los sistemas de propósito general se van a apoyar en buena medida en la búsqueda

[159] Recordamos a este respecto las ideas ya citadas de Robedano (1999; 2002) y de Frost y otros (1997) de abogar por un aumento de la oferta de sistemas automáticos de recuperación de imágenes que sean de aplicación general.

textual. También es cierto que muchos de los sistemas de dominio concreto existentes combinan igualmente ambos criterios de búsqueda: visual y conceptual. De todas formas, sí podríamos decir que en los sistemas de dominio concreto, la búsqueda por similitud visual tiene más posibilidades de ser por sí sola suficientemente eficaz desde el punto de vista del funcionamiento interno del sistema.

Podemos acudir a distintas fuentes que nos ofrecen listas sobre sistemas CBIR. En el primer capítulo citamos los informes descriptivos de Johansson (2000), que localizaba veintitrés sistemas, el de Venters y Cooper (2000*a*) detectando la existencia de setenta y dos sistemas, o el de Veltkamp y Tanase (2002) identificando cincuenta y ocho. Martínez (2002) señala el nombre, institución creadora y características básicas de trenta y cinco prototipos y cuatro sistemas comerciales. También Robledano enuncia un listado de sistemas en forma de apéndice (veinticuatro en 1999 y veinte en 2000).

La mayoría de los sistemas que se identifican en estas listas son prototipos que se han dado a conocer a través de Internet, permitiendo disfrutar de alguna versión en demostración. También la mayoría de esos sistemas referenciados pretende ofrecer acceso a imágenes heterogéneas, no estando destinados a un campo de aplicación concreto. Eso no significa, como hemos visto en el apartado anterior, que no exista una cantidad tal vez mayor de sistemas dependientes del dominio; lo que ocurre es que muchos de estos nos resultan desconocidos porque no siempre podemos probarlos a través de Internet, por su excesiva especialización o simplemente porque perdemos su pista tras la lectura de los trabajos que describen su fase experimental.

Se pueden citar algunos ejemplos representativos de sistemas CBIR de propósito general, haciendo incluso una distinción entre aquellos que se plantean como motores de búsqueda sobre la web y aquellos otros que, al menos en un primer momento, se muestran funcionando solo como sistemas de recuperación sobre determinadas bases de datos multimedia (imágenes, pero también a veces gráficos y vídeo) de carácter más o menos heterogéneo. Esta misma distinción la podemos encontrar en Boujemaa y Ferecatu (2001), para quienes los sistemas CBIR de dominio genérico incluyen bases de datos con imágenes heterogéneas, como los fondos fotográficos o las imágenes presentes en la web. También indican que en este tipo de imágenes (se refieren a los conjuntos heterogéneos), no es posible aislar de forma regular características específicas, por lo que se describe la apariencia visual general de la imagen a partir de atributos como el color y la textura. Además consideran que, cuando se emplea de forma conjunta y complementaria técnicas conceptuales y visuales, generalmente la recuperación se inicia con la selección de un grupo reducido de imágenes a partir de atributos conceptuales en una búsqueda textual, continuándose con la ejecución de una búsqueda visual sobre el grupo seleccionado. Uno de los ejemplos más claros a este respecto es el motor de búsqueda *WebSeek* que comentaremos en breve.

3.1.2.1. Motores CBIR *de búsqueda sobre la web*

Vamos a ver ejemplos de esta categoría genérica de sistemas CBIR, empezando primero por aquellos que podemos considerar motores de búsqueda de imágenes en la Web. Kherfi y Ziou (2004: 36) señalan la paradoja de que, a pesar de la naturaleza visual de la Web, pocos motores se han centrado en la recuperación de información visual como imágenes y vídeos. Estos autores defienden la utilidad de los sistemas de búsqueda de imágenes en la Web, puesto que son muchas las aplicaciones que precisan de la localización de material visual. Los motores de búsqueda más populares en la actualidad *(Google, Lycos, Altavista...)* utilizan tan solo texto para hallar las imágenes, sin considerar el contenido de las mismas. No obstante, se pueden encontrar algunos prototipos que explotan el contenido visual y que han aparecido en los últimos años, tales como: *ImageRover* (Sclaroff, Taycher y La Cascia, 1997); *WebSeek* (Smith y Chang, 1997*a*); *Atlas WISE* (Kherfi, Ziou y Bernardi, 2003); *Diogenes* (Mysore y Aslandogan, 2003); *WebSeer* (Athitsos y Swain, 1997); *ImageScape* (Lew, 2000); *PicToSeek* (Gevers y Smeulders, 1999); *iFind* (Chen y otros, 2001); *Web*MARS (Ortega-Binderberger y otros, 2000) y *Web-*WISE (Wei, Li y Sethi, 1998), entre otros.

A continuación, vamos a presentar cuatro de ellos. Se trata de *Istorama, Webseek, ImageScape* y *eVe.*

3.1.2.1.1. Istorama[160]

Es un proyecto cuyo objetivo es la creación de un motor de búsqueda de imágenes en Internet a partir de atributos visuales. Está desarrollado por el *Informatics and Telematics Institute* (CERTH, *Centre for Research and Technology*-Grecia) e *Intrasoft North Greece* (que es el proveedor de sistemas de telecomunicaciones, de sistemas de información y sistemas electrónicos de defensa más grande de Grecia).

El sistema presenta una arquitectura general con un robot de búsqueda web que continuamente ha de recorrer la red y localizar imágenes que serán indizadas

[160] Podemos acceder a una demostración del sistema en <http://uranus.ee.auth.gr/Istorama/>.

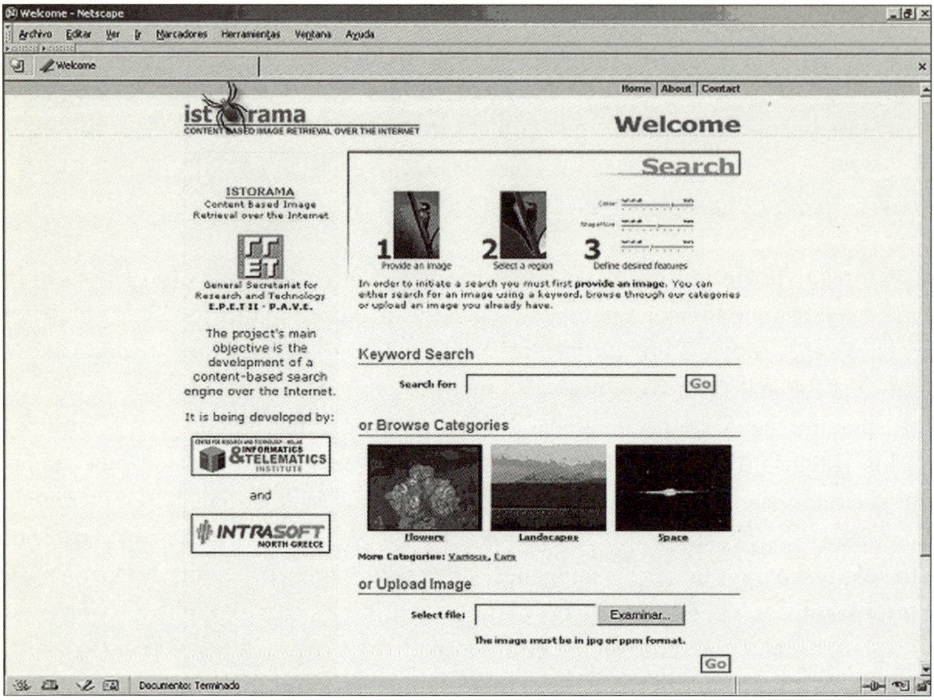

Figura 9. Interfaz de usuario del sistema Istorama, versión en demostración disponible en la web

de acuerdo con los vectores de rasgos que el sistema integra. En teoría, el usuario podría buscar por el contenido indizado, de forma que el sistema ofrecería como resultado un conjunto de enlaces ordenados de acuerdo con su grado de similitud visual respecto a la imagen requerida. En la versión de demostración (figura 9) únicamente podemos consultar un conjunto muy limitado de imágenes que pertenecen a una base de datos constituida como «cuerpo de verdad», propiedad del grupo Corel, y a la que se puede acceder desde la web del proyecto.

Como podemos apreciar, el sistema permite iniciar la búsqueda introduciendo una palabra clave, seleccionando una imagen a partir de las categorías preestablecidas o bien, cargando una imagen que tengamos de antemano en algún fichero. Una vez seleccionada la imagen que funcionará como consulta, el sistema nos permitirá determinar la región de interés y el grado en que esta nos interesa (en cuanto al color, forma/tamaño y localización). Tras ello, el sistema nos devolverá las imágenes similares de acuerdo con tales criterios.

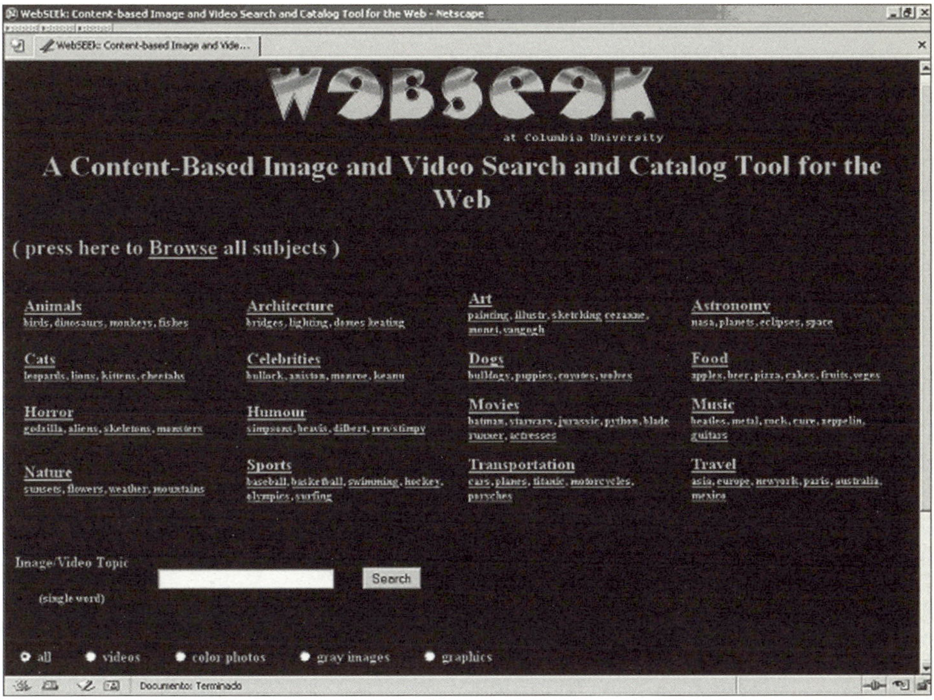

Figura 10. Pantalla inicial del buscador de imágenes y vídeos WebSeek

3.1.2.1.2. WebSeek[161]

Este motor de búsqueda ha sido desarrollado por el *Image and Advanced Television Lab,* de la Universidad de Columbia (Nueva York-EE. UU.). El sistema utiliza agentes autónomos para acumular, procesar y catalogar los objetos visuales disponibles en la Web. Actualmente, el sistema tiene catalogados más de 665.000 imágenes y vídeos de la red. WebSeek extrae información semántica de los objetos que indiza y los dispone de acuerdo con una taxonomía propia. Desde el punto de vista del procesamiento de rasgos primitivos, el sistema utiliza histogramas globales de color.

De tal forma, WebSeek se constituye en una herramienta de navegación construida a partir de palabras clave que definen los objetos que alberga y que están agrupadas por categorías y subcategorías, al tiempo que también permite al usua-

[161] <http://persia.ee.columbia.edu:8008/>.

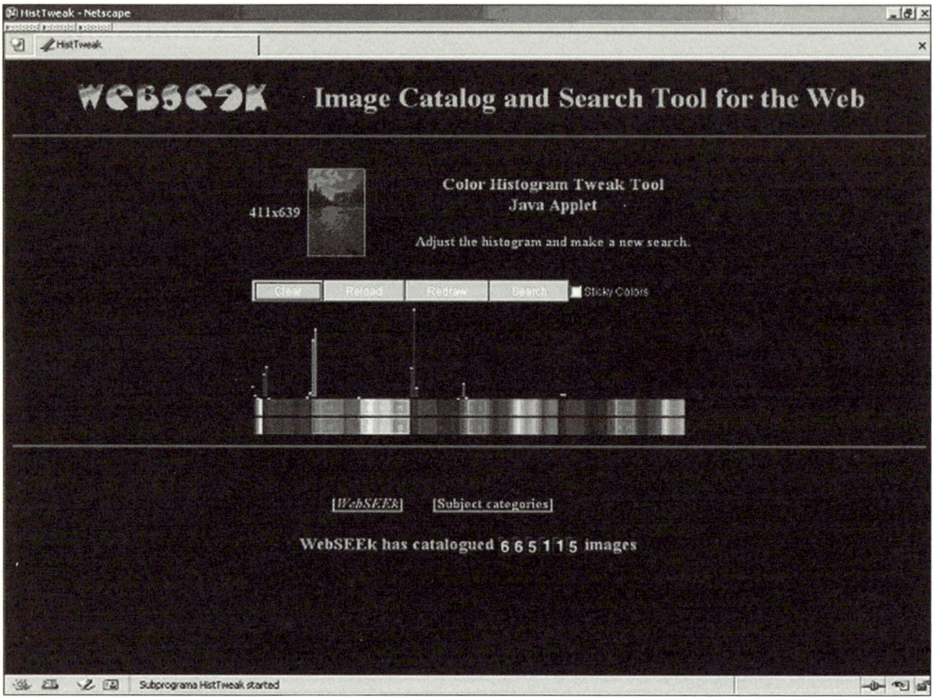

Figura 11. Pantalla de WebSeek que permite retocar un histograma para componer uno nuevo que sirva de ejemplo visual en una consulta por semejanza de color

rio continuar su búsqueda seleccionando una imagen a partir de la cual recuperar las similares por color.

Podemos pulsar sobre la opción BROWSE (figura 10) para navegar por las diferentes categorías y subcategorías de la taxonomía propuesta por el sistema. Una vez que nos posicionamos sobre un tema o subtema, podemos precisar aún más nuestra búsqueda introduciendo texto libre. También podemos, desde esta pantalla inicial, determinar si queremos tanto vídeos como imágenes, solo vídeos, solo imágenes, así como seleccionar el formato en color o en blanco y negro.

Tras dar con un conjunto de resultados a partir de la búsqueda textual, podremos indicar si queremos hallar imágenes similares a una dada por su color o incluso disponer las características que ha de tener el histograma de color que buscamos como modelo (figura 11). El sistema consta de la opción de retroalimentación sobre la lista de imágenes que se muestra en pantalla o sobre todas las imágenes de la categoría en cuestión.

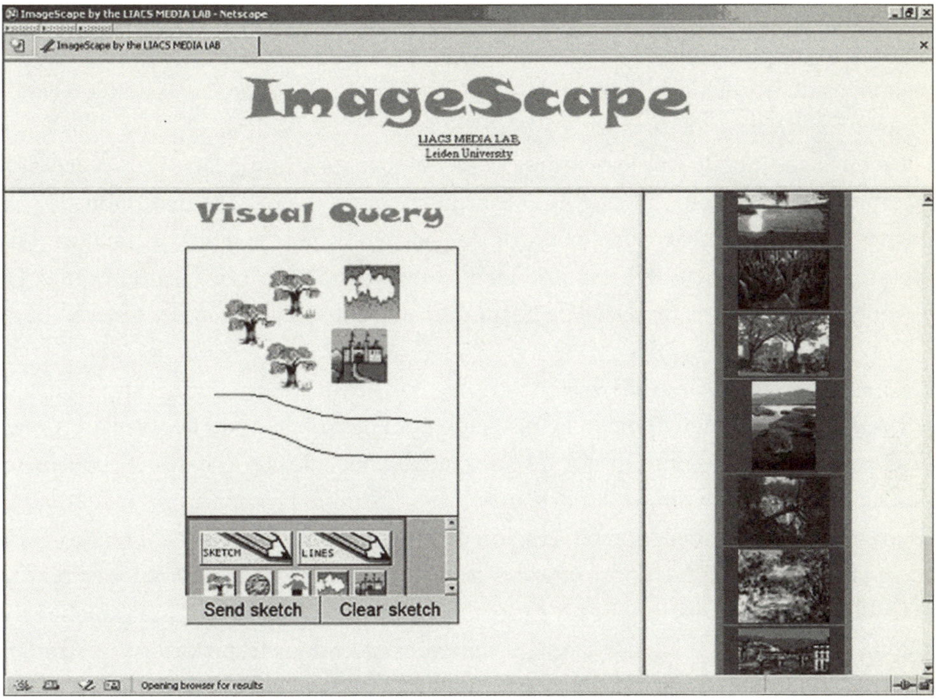

Figura 12. Resultado de una búsqueda mediante combinación de dibujo e iconos en ImageScape

3.1.2.1.3. ImageScape[162] www *Interface*

Creado por el Departamento de Informática de la Universidad de Leiden (Holanda). Se trata de un motor experimental de búsqueda de imágenes fruto de un proyecto de investigación liderado por el doctor Michael Lew. Su objetivo consiste en desarrollar interfaces que permitan la búsqueda de imágenes a partir de un boceto que dibujemos o mediante la selección de iconos preestablecidos. Los iconos que pueden seleccionarse a través de la demostración disponible en línea están distribuidos en los siguientes conceptos semánticos: rostros humanos, cielo, piedras, árboles y agua. La selección se realiza arrastrando el/los iconos deseados al lienzo que representa el boceto de la imagen. Si queremos dibujar sobre el lienzo, lo haremos mediante los botones SKETCH (trazo curvo) o LINES (trazo en líneas rectas). De igual forma, podemos combinar en el lienzo las opciones de dibujo e iconos semánticos (figura 12).

[162] Demostración en <http://skynet.liacs.nl/imagescape>.

La interfaz es completamente visual, prescindiendo de una posible búsqueda textual. El funcionamiento es sencillo: se coteja el boceto que el usuario envía con los mapas de borde de la base de datos de imágenes que alberga el sistema basándose en la similitud de forma.

ImageScape puede implementarse como motor de búsqueda sobre Internet o intranets. Actualmente, el proyecto está intentando mejorar la detección de los bordes de color y desarrollar métodos de asociación más rápidos, al tiempo que investiga en el ámbito del reconocimiento de objetos. Se prevé que permita la búsqueda sobre bases de datos de hasta diez millones de imágenes y vídeos.

3.1.2.1.4. eVe: eVision Visual Engine[163]

Un sistema de carácter comercial diseñado para desarrolladores de software y que se presenta también como motor de búsqueda sobre Internet o redes corporativas es *eVe*, creado por la empresa norteamericana *Evision: Visual Search Technology*. Es un motor de búsqueda y recuperación de información visual por contenido que, además, puede integrarse sobre motores de búsqueda de imágenes basados en texto, extendiendo así su funcionalidad. En realidad, proporciona un conjunto de herramientas adaptables al cliente y que permiten a este adquirir, procesar y gestionar conjuntos visuales con interfaces que pretenden resultar bastante intuitivas.

En cuanto a su funcionamiento interno, el sistema utiliza un *vocabulario visual* constituido por aquellas imágenes que se toman como representantes de grupos de imágenes similares visualmente. Se trata pues de una clasificación visual y automática. Los algoritmos de *eVe* segmentan automáticamente una imagen en distintas regiones, que aproximadamente se corresponden con objetos o partes de objetos de la imagen. Después genera descripciones (signaturas visuales) del color, forma, textura y objetos de esas regiones. Estas signaturas se organizan en un esquema de indización propietario para realizar las comparaciones con otras imágenes.

Fruto de este esquema de análisis e indización, el sistema permite comparar combinando sus propiedades: color, forma, textura y objeto. Por ejemplo, en una colección de bolsos podríamos recuperar todos los rojos, o los que presenten una forma concreta, o bien incluso aquellos realizados con una cierta tela y que tengan una forma determinada.

Por otro lado, se pueden asociar etiquetas textuales a cada imagen representante del *vocabulario visual*, de manera que dichas etiquetas se extenderán al resto de

[163] Demostración en <http://www.evisionglobal.com/tech/demo.html>.

imágenes clasificadas bajo ese representante. Igualmente, un grupo seleccionado de resultados recuperados puede etiquetarse de forma conjunta con un grupo de palabras clave definidas por el usuario.

Las demostraciones de *eVe* disponibles en línea son tres. Cada una ofrece un nivel distinto de sofisticación y una experiencia distinta de búsqueda visual. Actualmente ofrecen problemas para su ejecución, pero sí podemos acceder a información acerca del procedimiento de búsqueda en cada una de ellas. La búsqueda más básica (figura 13) utiliza cinco categorías de imágenes simples: ropa, joyas, imágenes médicas, paisajes de puestas de sol y texturas. 1) Primero se ha de seleccionar una categoría (se presentará en la parte inferior un *vocabulario visual* —es decir, uno o más representantes de clase—, así como un grupo al azar de imágenes que pertenecen a esa categoría, en la parte derecha de la pantalla). 2) A continuación se ha de establecer el umbral de similitud que queremos que se respete en los resultados. Un umbral alto significa que las imágenes deben ser muy similares. 3) Por último, podemos centrarnos en un elemento del *vocabulario visual* o en uno de los resultados ofrecidos para iniciar nuestra búsqueda por semejanza visual. Para ello, pulsaremos sobre el botón *Zero In*[164] que corresponda.

Como vemos, en este prototipo de interfaz, al usuario se le ocultan los atributos visuales que el sistema tiene en cuenta en su proceso de asociación visual.

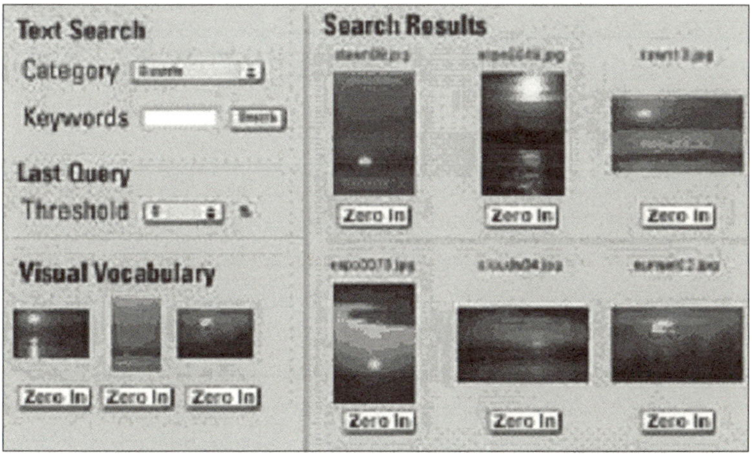

Figura 13. Interfaz de usuario de *eVe* en una búsqueda básica por semejanza visual partiendo de la selección de una categoría temática

[164] Del inglés «Zero in on sth.»: centrarse sobre algo. Alude a una búsqueda por similitud visual. No se trata de una función de retroalimentación.

Un nivel de búsqueda más avanzado sería, de acuerdo con las demostraciones de *eVe*, la búsqueda utilizando el *vocabulario visual* (figura 14). En realidad, la interfaz es prácticamente igual que en el caso anterior, con la excepción de que no podemos escoger la tipología de imágenes, puesto que el sistema va a proceder a realizar la búsqueda sobre una base de datos de setecientas imágenes sin categorizar que cubren una diversidad de objetos relativos al espacio. 1) Se ofrece un *vocabulario visual* de objetos sobre el espacio. Se ha de seleccionar un representante para comenzar la búsqueda. 2) Se establece el umbral de semejanza. 3) Se inicia la búsqueda pulsando sobre el botón *Zero In* que más nos interese:

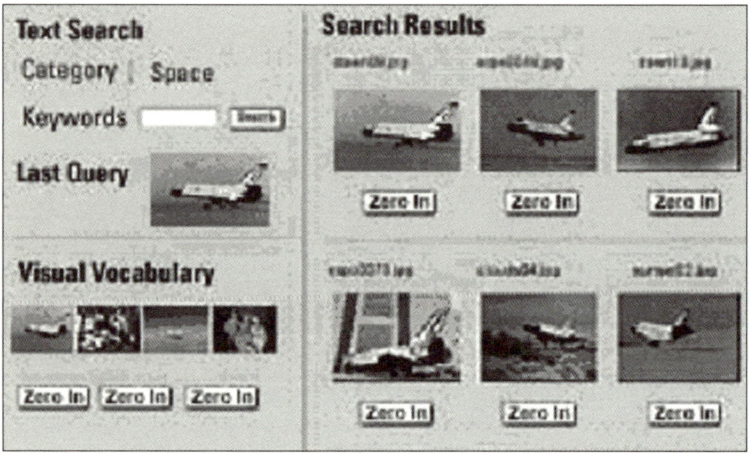

Figura 14. Interfaz de usuario para una búsqueda en *eVe* sobre una base de datos de imágenes sin categorizar

Por último, un nivel más avanzado de consulta consistiría en la búsqueda sobre una base de datos de unas mil imágenes sin categorizar seleccionadas de diversas fuentes.

Estamos frente a una interfaz más sofisticada que permite al usuario controlar el proceso de ejecución de la búsqueda, así como una mayor precisión sobre los resultados (figura 15). 1) Se escribe una palabra clave para iniciar la búsqueda. 2) Seleccionamos la imagen que más se ajuste a lo que buscamos y visualizamos su mapa de objetos pulsando sobre el icono de la lupa. El mapa de objetos se abrirá en otra ventana. 3) Seleccionamos los objetos y atributos visuales que consideremos. Finalmente, seleccionamos la importancia relativa que han de tener los elementos seleccionados en el proceso de búsqueda por semejanza en cuanto al color, forma, textura u objeto. Pulsamos sobre el botón de *Buscar* para hallar las imágenes visualmente similares.

El desarrollador de software puede conseguir que el usuario seleccione elementos de imágenes distintas a fin de que estos se conjuguen en una sola imagen. Por ejemplo, para hallar imágenes que contengan arbustos, una pelota de golf y una persona, el usuario seleccionaría esos elementos a partir de imágenes distintas que el sistema presenta. Obtendría imágenes que contienen simultáneamente los tres elementos mencionados.

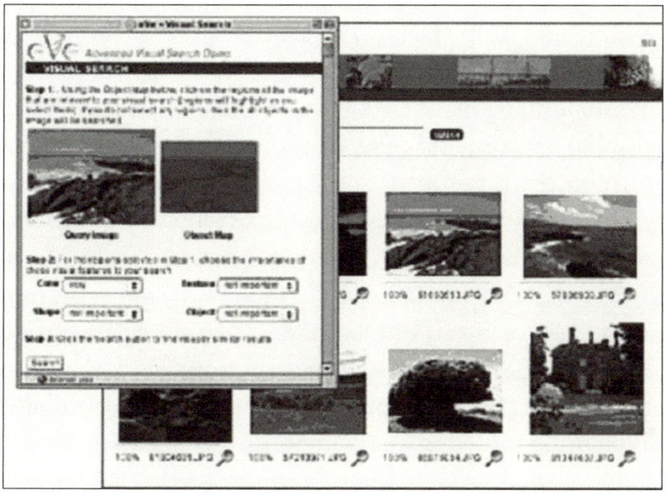

Figura 15. Interfaz avanzada de *eVe*

Otro modelo de sistema comercial parecido a *eVe* en tanto y cuanto también funciona como herramienta que permite construir aplicaciones CBIR es, por ejemplo, QBIC[165] *(Query by Image Content)*. Se trata del sistema CBIR mejor conocido[166] y uno de los primeros en aparecer. Fue desarrollado por el *IBM Almaden Research Center* (San José-California, EE. UU.). La tecnología QBIC permite analizar y recuperar imágenes de colecciones en línea (también gráficos y vídeos) a partir de los atributos visuales de color, textura, forma y posición de objetos.

[165] Información sobre el producto en <http://wwwqbic.almaden.ibm.com>.

[166] En Venters, Hartley y Hewitt (2004: 328) se comentan algunos de los estudios que se han realizado sobre este sistema.

3.1.2.2. Otros motores CBIR *de dominio genérico*

Realmente, lo que nos permite la tecnología QBIC, tal como hemos dicho, es construir aplicaciones CBIR de búsqueda y recuperación de imágenes en grandes bases de datos visuales disponibles en línea. En este sentido, podríamos tal vez considerarlo también como ejemplo de esta segunda categoría de motores que hemos establecido dentro de los sistemas CBIR de propósito general. Aquí queremos referirnos a aquellos sistemas CBIR que funcionan sobre colecciones de imágenes más o menos heterogéneas constituidas a priori bien con una función experimental o sobre «colecciones propietarias», si se me permite la expresión, entendiendo como tales fondos constituidos (fondos fotográficos, colecciones museísticas o cualquier otro conjunto de materiales visuales organizados y en propiedad de un particular, colectivo o institución). Es esta precisamente la diferencia con respecto a los anteriores motores de búsqueda sobre la Web (como *WebSeek*), pues aquellos manejan colecciones desestructuradas e independientes de imágenes procedentes de la Web que son creadas por programas informáticos *(web crawlers)*.

Al citar las características de *Istorama* hemos visto cuál es su funcionamiento teórico, pero también es cierto que la demostración que hemos comentado se ejecuta sobre una base de datos de imágenes en propiedad del grupo Corel. También *eVe,* como paquete comercial, puede adaptarse a las colecciones de imágenes que el desarrollador de software quiera imponer. De cualquier forma, a continuación vamos a citar ejemplos de sistemas CBIR que pueden encajar mejor dentro de esta categoría de motores de propósito general sobre colecciones preestablecidas de imágenes.

3.1.2.2.1. Quicklook[167]

Desarrollado por el *Istituto per le Tecnologie Informatiche Multimediali* (ITIM), dependiente del *Consiglio Nazionale delle Ricerche,* Milán (Italia). *Quicklook On the Web Site* es un proyecto de investigación que permite consultar ocho bases de datos de imágenes en línea, cada una con una procedencia y un número de registros diferente.

De las ocho bases de datos que podemos consultar, algunas admiten la recuperación por descriptores textuales y todas permiten la interrogación basada en atributos visuales de las imágenes (color, forma, textura y distribución espacial de

[167] <http://hyperion.sal.disco.unimib.it/qlook/>.

dichos elementos). Los resultados se mostrarán en orden decreciente de similitud, sin indicar las ponderaciones asignadas por el sistema. Se permite, asimismo, refinar progresivamente nuestra búsqueda indicando la relevancia positiva, negativa o neutral de los resultados ofrecidos. El mecanismo de retroalimentación lleva a cabo un análisis estadístico de las distribuciones de los rasgos textuales o visuales que se hayan considerado en las opciones de búsqueda ponderando su influencia sobre los ejemplos señalados como relevantes y no relevantes. De esta forma, se creará un nuevo vector de rasgos que se utilizará como pregunta y contribuirá a refinar el proceso.

Respecto a la tipología de las imágenes a la que podemos acceder, se trata de ocho bases de datos bien distintas entre sí: ARCHIVIO se compone de fotografías de archivo de la región de Lombardía; BANDIERE es una base de datos de banderas; BENCHATHLON reúne las imágenes de prueba del certamen con dicho nombre que comentamos en el capítulo 1; BERGAMO 2 contiene imágenes anotadas de la Academia de Arte Carrara de Bergamo; CATALOGO ofrece imágenes textiles; CERAMICHE se refiere a objetos de cerámica; MASSIMO alberga exclusivamente pinturas; y, por último, VISTEX es una colección de texturas realizada por el MIT *Media Lab* (*Massachusetts Institute of Technology*-EE. UU.).

En la figura 16 se muestra un ejemplo de consulta realizada sobre la base de datos de contenido más heterogéneo, BENCHATHLON, con 4180 imágenes extraordinariamente diversas. Solo se permite recuperación por semejanza visual. Hemos seleccionado todos los rasgos visuales que puede tener en cuenta el sistema (hasta once), después hemos considerado como pregunta la imagen que aparece primero a nuestra izquierda en la fila superior.

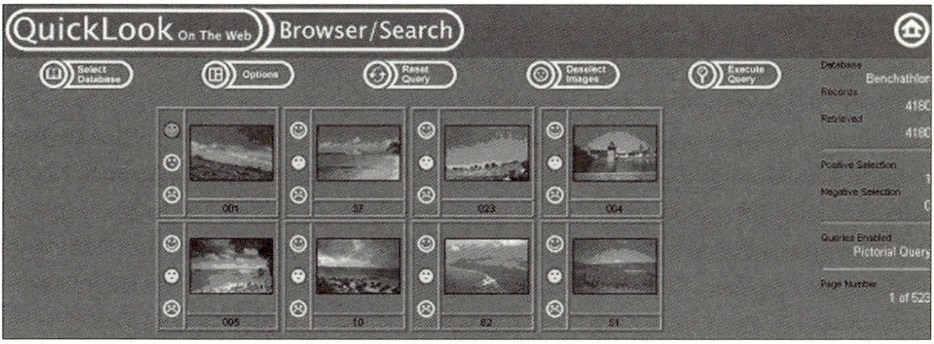

Figura 16. Resultado obtenido mediante recuperación por similitud visual (color, forma, textura y distribución espacial) sobre la base de datos BENCHATHLON

Desde esta pantalla (figura 16) podríamos ir refinando nuestra búsqueda simplemente seleccionando la cara apropiada a cada imagen (sonriente, indiferente o triste). Si queremos acceder a la pantalla de control de las opciones de similitud, pulsaremos sobre el botón OPTIONS. Para cambiar de base de datos iremos a SELECT DATABASE.

3.1.2.2.2. SMURF (Similarity-based Multimedia Retrieval Framework)[168]

Este sistema desarrollado por GIVE (*Center for Geometry, Imaging and Virtual Environments,* Universidad de Utrecht-Holanda) ya fue citado en el capítulo 1 precisamente al hablar de este centro. Se trata de un entorno experimental de recuperación de imágenes por semejanza visual basándose en los atributos de color y forma. A través de la Web tenemos acceso a demostraciones que se ejecutan sobre distintas colecciones de imágenes (sellos holandeses, jeroglíficos egipcios, conjunto de fotografías diversas de Corel, modelos de aviones en 3-D y animales marinos).

Por ejemplo, para la base de datos de jeroglíficos, el criterio visual que se tiene en cuenta es la semejanza global de forma basada en las funciones que representan los ángulos compuestos por las distintas líneas. En este caso, el sistema ha desarrollado un tipo de algoritmo para recuperar imágenes que responden a una misma tipología. Sería un desarrollo dependiente del dominio.

Sin embargo, a la hora de permitir la recuperación sobre el grupo de imágenes de Corel, el sistema tendrá en cuenta los histogramas globales de color de las imágenes que se cotejen. Al tener que manejar imágenes muy dispares (ochenta mil fotografías), SMURF ha optado por este criterio de similitud mucho más genérico. Asimismo, otra posibilidad que ofrece el sistema en algunas demostraciones, como en el caso del grupo Corel, es la de utilizar cualquier URL de una imagen como modelo a partir del cual iniciar la búsqueda (figura 17). El sistema ofrecerá aquellas imágenes de su base de datos de Corel que sean similares a la imagen introducida por el usuario en cuanto a la distribución global de color. En este sentido, SMURF incorpora funciones propias de un motor web:

El sistema nos recuerda el número de ejemplos positivos y negativos que hemos seleccionado en las distintas pantallas a las que hemos accedido, y que se tendrán en cuenta cuando lancemos nuestra consulta.

Vemos que SMURF señala la distancia métrica de cada resultado con respecto a la imagen-pregunta. Sin embargo, y a diferencia de *Quicklook*, no permite indicación de la relevancia.

[168] V. nota 98.

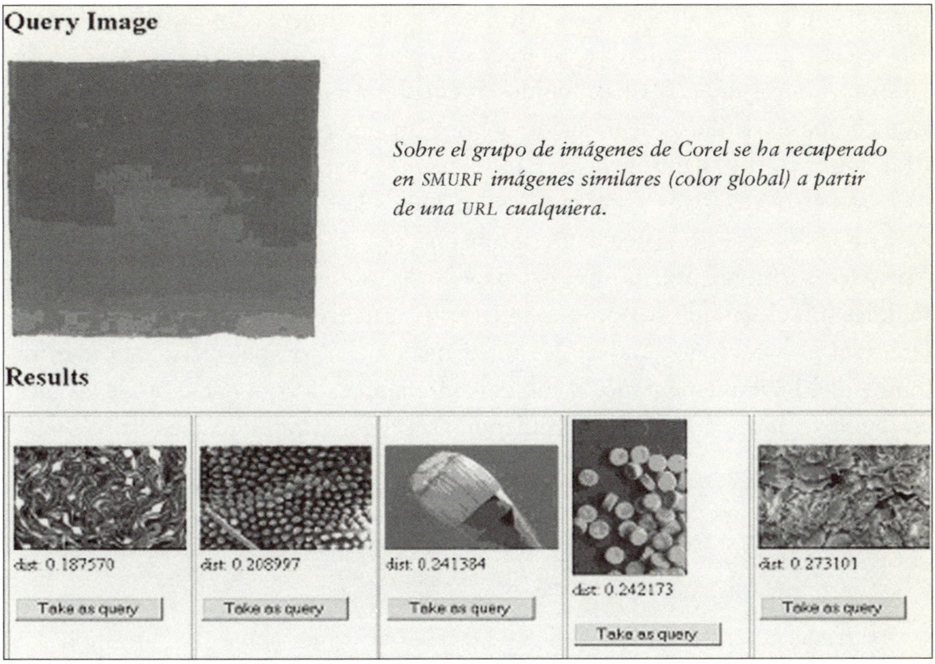

Figura 17. Resultado de una búsqueda en *SMURF*

Nos ha parecido de interés comentar este sistema porque puede calificarse como sistema dependiente del dominio, como motor web, o incluirse dentro de esta categoría de otros motores CBIR por sus distintos planteamientos.

3.1.2.2.3. IKONA[169]

Citamos este sistema en el capítulo 1 al hablar del instituto francés INRIA, centro que, en colaboración con la Unidad de Investigación de *Rocquencourt* ha realizado el proyecto de indización y recuperación de imágenes IMEDIA del que es fruto IKONA.

Pues bien, IKONA presenta una arquitectura modular para el desarrollo de sistemas CBIR basada en la estructura cliente-servidor en comunicación mediante un protocolo. Establece por defecto la búsqueda por similitud visual entre imágenes completas, aunque también admite la búsqueda por semejanza entre regiones, así

[169] V. nota 95.

como el empleo de palabras clave. De igual forma, incluye la opción de indicar la relevancia sobre los resultados obtenidos.

Los creadores de IKONA han tenido en cuenta la posibilidad de que el sistema trate con bases de datos de imágenes de dos tipos: aquellas específicas y aquellas otras con imágenes heterogéneas. Para el primer caso, IKONA permite determinar los parámetros de análisis que mejor se ajusten a la base de datos, maximizando con ello la eficacia del sistema. De momento, se han diseñado signaturas específicas para el reconocimiento de rostros y la detección e identificación de huellas digitales. En el segundo caso, se establecen parámetros genéricos de análisis que describen el aspecto general de las imágenes en función del color y la textura. También se ha implementado, como comentábamos, la segmentación de las imágenes por regiones de interés permitiendo establecer comparaciones entre ellas.

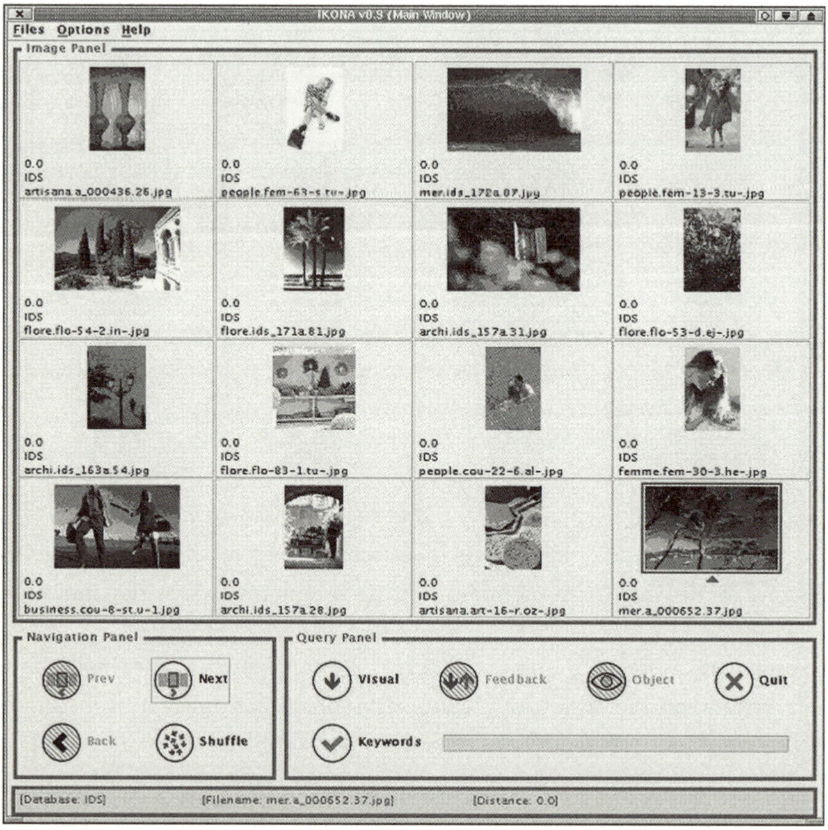

Figura 18. Selección de una pregunta-imagen a partir de una base de datos genérica en IKONA (v0.9)

Se está investigando la posibilidad de propagar palabras clave desde imágenes anotadas a otras que no lo están.

El procedimiento de búsqueda es sencillo, puesto que el usuario no ha de manipular las opciones de semejanza, solo tiene que seleccionar la imagen a partir de la cual desea iniciar su consulta. Después podrá refinar el proceso con el botón de retroalimentación (FEEDBACK). También puede comenzar introduciendo una palabra clave en el campo correspondiente.

El usuario ha seleccionado la última imagen como ejemplo visual del que desea obtener imágenes similares (figura 18). Vemos que el panel de interrogación se compone de las opciones de búsqueda por imagen, palabras clave, retroalimentación o búsqueda por objetos (segmentación de la imagen en regiones de interés). Los resultados que ofrece el sistema a la pregunta-imagen señalada se muestran en la figura 19.

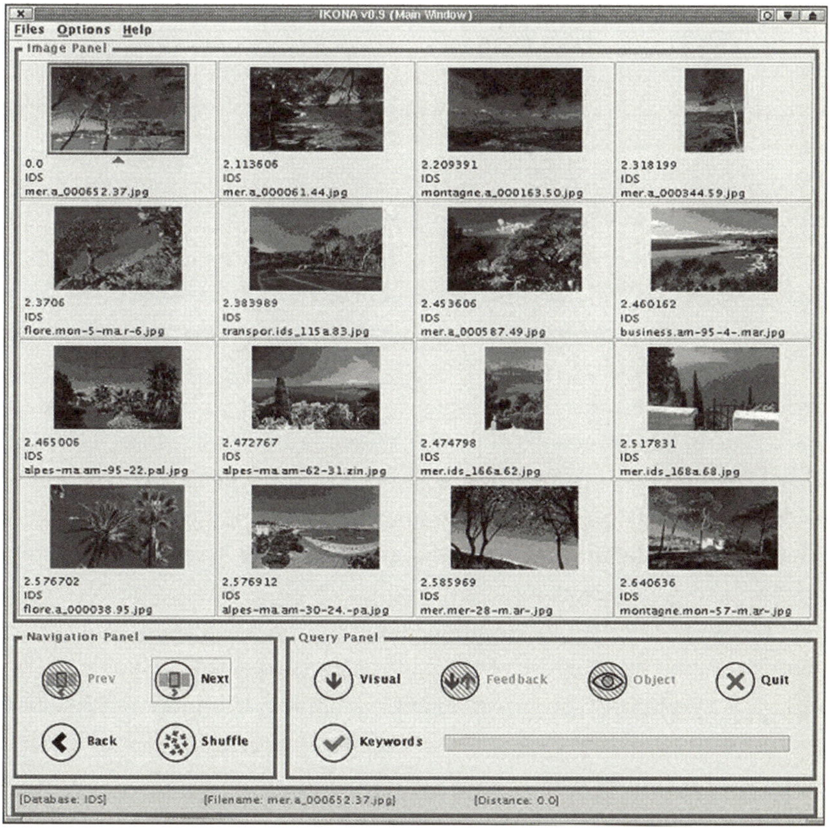

Figura 19. Resultados ofrecidos por IKONA ante una búsqueda por similitud visual

La versión en demostración de IKONA que podemos consultar a través de la Web ofrece una interfaz de usuario distinta a la que vemos en las figuras 18 y 19, con opciones de búsqueda limitadas exclusivamente a la búsqueda por similitud visual sobre la imagen completa y la posibilidad de retroalimentar el proceso. Las búsquedas se pueden realizar sobre seis bases de datos, cinco de ellas totalmente genéricas y una especializada en plantas.

La tabla 3 presenta una síntesis de las características que hemos comentado acerca de los distintos sistemas tratados en este apartado. Hemos prescindido de la inclusión en esta tabla de WebMIRS porque, como ya dijimos en su momento, no podemos considerarlo estrictamente un sistema CBIR, al no permitir hoy por hoy la búsqueda mediante atributos visuales.

En función de los ejemplos presentados en este apartado, así como de los comentarios realizados y de la tabla aquí mostrada, podríamos decir que es difícil categorizar los sistemas CBIR que se conocen (no solo los que nosotros hemos seleccionado). La inmensa mayoría se crea en ámbitos universitarios, de manera que su descripción está sometida a posibles variaciones dependientes de investigaciones futuras. Pocos sistemas se han comercializado *(QBIC, IMatch, eVe, ImageFinder, Amore, RetrievalWare...)*, pero el hecho de su comercialización no ha de implicar que se trate de versiones con implementaciones de mayor calidad que los sistemas desarrollados a nivel académico. De hecho, para algunos autores como Stanchev y Green (2002), normalmente ocurre todo lo contrario, es decir, las versiones comerciales suelen ser menos avanzadas y muestran capacidades de búsqueda más estandarizadas.

A pesar de haber establecido categorías de sistemas, en realidad podríamos decir que existe una tendencia bastante generalizada a intentar desarrollar sistemas que puedan recuperar a partir de imágenes procedentes de la Web. Esto es así en el caso de los sistemas que se plantean como motores de búsqueda sobre colecciones heterogéneas de imágenes, porque, como también hemos podido comprobar, muchos otros se diseñan con el único objetivo de gestionar bases de datos de imágenes que responden a una tipología concreta.

Podemos percibir ciertas diferencias globales entre los sistemas de dominio concreto y los sistemas de propósito general, algunas de las cuales ya se han explicado: menor flexibilidad de los primeros, pero mayor eficacia y eficiencia; por el contrario, los segundos han de emplear características descriptivas menos específicas y más generales, sirviéndose normalmente de criterios textuales que ayuden a aumentar la eficacia de la recuperación.

Tabla 3. Síntesis de las descripciones de sistemas comentados en el apartado 3.1

Sistemas CBIR de dominio concreto	**Características visuales que tiene en cuenta**	**Opciones de consulta**	I.R.[170]
ARTISAN (inglés)	Forma de las imágenes (marcas comerciales).	Semejanza visual y criterios textuales.	
TODAI (suizo-sueco)	Orientación (posición) de radiogramas de adornos tipográficos.	Semejanza visual y criterios textuales. Posibilidad de consultar por imágenes procedentes de un fichero.	
LCPD (holandés)	Textura y forma de retratos de tarjetas de visita.	Semejanza visual y criterios textuales.	Sí
Motores web			
ISTORAMA (griego)	Segmentación por regiones de interés (color, forma/tamaño y localización —posición de la región seleccionada).	En la búsqueda por contenido visual, el usuario ha de especificar el grado de similitud de las regiones seleccionadas. Posibilidad de consultar por imágenes procedentes de un fichero y criterios textuales.	
WebSeek (norteamericano)	Histogramas globales de color.	Primero, selección de criterios textuales. Después se permite búsqueda por similitud visual. El usuario puede manipular histogramas de color.	Sí
ImageScape (holandés)	Forma y posición.	Semejanza visual basada en dibujos realizados por el usuario o a partir de la selección de iconos semánticos.	
EVe (norteamericano)	Segmentación por regiones (consideradas objetos) analizadas por color, forma y textura. Comercial.	Semejanza visual y criterios textuales. Selección de umbrales de semejanza generales o sobre cada atributo (en función de la interfaz).	
Otros motores CBIR genéricos			
Quicklook (italiano)	Color, forma, textura y distribución espacial de dichos elementos.	En función de la base de datos: siempre semejanza visual y a veces también criterios textuales. El usuario puede manipular los atributos de uno y otro tipo.	Sí
SMURF (holandés)	(colección de Corel) Histogramas globales de color.	Semejanza visual. Cotejo con imágenes de la Web (función de motor web).	
IKONA (francés)	Color y textura (segmentación global y por regiones).	Semejanza visual sobre una imagen o regiones y criterios textuales.	Sí

[170] Indicación de la relevancia.

En la tabla 3 se observa esto mismo reflejado, pues en los sistemas de dominio concreto se maneja más la información relativa a la forma como elemento primordial de distinción entre imágenes de un mismo tipo, mientras que los sistemas de aplicación general suelen emplear más la información sobre la distribución global del color y la textura. En algunos casos de sistemas de aplicación general (IKONA, ISTORAMA y eVe) se observa la incorporación de procedimientos de segmentación por regiones para intentar acercarse a la delimitación visual de objetos que establecemos las personas. Esta solución, unida a la aplicación de atributos textuales de búsqueda, pretende mejorar los juicios de similitud del usuario sobre los resultados obtenidos.

Respecto a las opciones de consulta, todos los sistemas responden al paradigma QVE, destacando dentro de este el método de consulta a partir de una imagen dada. La determinación de dicha imagen se realiza mayoritariamente escogiendo entre imágenes ofrecidas al azar por el sistema (navegación desestructurada), seleccionando previamente una categoría de imágenes (navegación estructurada), desde una URL o descargando un fichero propio (esto último es menos frecuente).

Se detecta también la tendencia clara de todos los sistemas (con la excepción de *SMURF*, en fase absolutamente experimental, e *ImageScape,* cuya interfaz está diseñada para el manejo exclusivo de atributos visuales)[171] a combinar el paradigma QVE con la búsqueda textual, si bien existen diferencias en la manera de ofrecer dichas opciones, pues aunque se suele permitir la combinación de estos criterios de forma indistinta, en el caso de *WebSeek* se impone un orden: en primer lugar, se ha de realizar una búsqueda textual, basada en la selección de una categoría temática, a partir de la cual podemos consultar por imágenes similares y manipular los histogramas de color para confeccionar un patrón de búsqueda. No vamos a decantarnos ahora por un tipo de interacción u otro, pues simplemente queremos en este capítulo mantener un carácter descriptivo.

Ateniéndonos al paradigma QVE, a excepción de *ImageScape,* los demás sistemas permiten la consulta por una imagen dada; ahora bien, en algunos casos además se pueden precisar o manipular los criterios visuales que el sistema tendrá en cuenta. El ejemplo más claro a este respecto es *Quicklook,* pues aunque el usuario puede empezar «pinchando» sobre las imágenes para hallar otras similares, es bastante recomendable que comience desplegando la pantalla de opciones que el

[171] *ImageScape* ofrece una interfaz totalmente independiente a la que estamos comentando aquí para realizar consultas textuales sobre imágenes (<http://skynet.liacs.nl/>).

sistema le ofrece, ya que puede considerar hasta once criterios visuales distintos, así como establecer varios filtros de carácter textual que le ayudarán a comprender la conexión entre los resultados obtenidos. En el caso de *Istorama* ocurre que el usuario está obligado a determinar algún criterio visual (la búsqueda es por regiones de interés y se ha especificar el grado de similitud) sin poder limitarse exclusivamente a pulsar sobre una imagen para obtener las similares.

3.1.3. CONCLUSIONES

Los sistemas CBIR presentan diferencias que se manifiestan notablemente en cuanto al funcionamiento interno, dependiendo de si han sido diseñados o no para su aplicación a un campo concreto. Igualmente, se observan diferencias externas, desde el punto de vista de la interacción con el usuario. Las diferencias de interacción también pueden distinguirse en función de si el sistema es de dominio concreto o de propósito general. En los primeros, el método de interrogación está determinado por el conocimiento que se supone tendrá el usuario sobre la/s base/s de datos de imágenes. En otras palabras, en los sistemas de dominio concreto, lo normal es que las opciones de consulta establecidas estén condicionadas por la presunción de que el usuario conoce las características de las imágenes que constituyen el fondo y, de hecho, tiene en mente una idea bastante clara de lo que busca. De esta forma, el esquema de interrogación puede variar mucho de un sistema a otro.

Por el contrario, los sistemas de dominio genérico presentan más similitudes entre sí en lo que a las posibilidades de búsqueda se refiere. Así, por ejemplo, se considera que el usuario de un sistema genérico no tiene una idea tan precisa de lo que está buscando, de ahí que la forma más habitual de consulta sea la navegación. En este contexto, se valora la clasificación de las imágenes en categorías temáticas cercanas a un usuario genérico.

A pesar de estas posibles convenciones, todavía siguen resultando más obvias las diferencias que las semejanzas entre unos sistemas CBIR y otros. Otro aspecto a resaltar es el hecho de que la mayoría de los sistemas existentes sea experimental, generalmente limitados a colecciones individuales (Tasi, 2004), aunque cada vez se intenten implementar más las opciones de recuperación sobre la Web.

Respecto a los campos de aplicación, hemos visto que son muchos y muy diferentes los campos y ámbitos que potencialmente pueden beneficiarse del empleo de sistemas CBIR: empresas que ofertan sus productos a través de Internet (para mejorar el acceso a sus catálogos),[172] desarrolladores de contenido multimedia, periódicos y organizaciones que mantienen archivos de imágenes, galerías de arte, histología,[173] astronomía (espectrogramas radio-solares),[174] reconocimiento de billetes de banco falsos, infraestructura para videocámaras, fondos de patentes, logotipos comerciales, sellos, diseños industriales basados en texturas, imágenes médicas, diseño técnico, escudos heráldicos, obras de arte pictóricas, identificación de copias falsas, sistemas de información geográfica, gestión de bases de datos científicas, previsión del tiempo, investigación policial, educación y un largo etcétera.

Vamos a centrarnos a continuación en las aplicaciones relacionadas con nuestro ámbito profesional.

3.2. Aplicaciones de interés en el ámbito de la biblioteconomía y la documentación

Por lo que respecta al interés que suponen o pueden suponer —ya que se trata más de una proyección de futuro que de una realidad— los sistemas CBIR en nuestro ámbito profesional, hemos de resaltar sus posibilidades de contribuir a una mejor explotación de las bases de datos multimedia. Esto, en conexión con la integración de dichas bases de datos en entornos web y el establecimiento de redes distribuidas de información, puede permitir el acceso a materiales muy diversos, tanto en tipología como en procedencia, contemplando distintas opciones de búsqueda. También a nivel particular, la incorporación sobre su sistema de recuperación de imágenes de métodos basados en el contenido visual puede permitir a una institución agilizar la consulta a sus fondos.

Para explicar estas ventajas que acabamos de resaltar, creemos que la manera más directa es volver a recurrir a un discurso ya citado, de Robledano y Moreiro (2002: 282), que hicimos en alusión a las implicaciones que conlleva el fenómeno de Internet en el diseño de nuevos sistemas de recuperación de imágenes. Decían estos autores que, ante la variedad de tipos de usuarios y su nueva condición de sujetos activos en el proceso de recuperación, se ha de tender al diseño de entornos de descubrimiento que permitan distintos niveles de descripción de las imágenes

[172] En este sentido, una buena herramienta para tiendas virtuales puede ser *eVe.*

[173] Ciencia que estudia los tejidos constituyentes de los seres vivos.

[174] Un espectrograma es una fotografía o diagrama de un espectro.

y distintas posibilidades de búsqueda para satisfacer la diversidad de necesidades informativas. Desde esta perspectiva, cobra sentido la idea de considerar las opciones de análisis y recuperación que nos ofrecen los sistemas CBIR: por lo que se refiere al análisis, al ser este automático fomentará la agilidad del proceso; la indización multi-dimensional, al permitir resolver la búsqueda de similares, puede utilizarse en el entorno de una biblioteca digital para encontrar las imágenes que mejor satisfagan un requerimiento; al tiempo que la recuperación, en definitiva, se abre a nuevos caminos que igualmente pueden ayudar al usuario en su tarea de búsqueda. Baste con remitirnos a todas las consideraciones ya hechas en relación con las ventajas que este nuevo paradigma supone con respecto al análisis y recuperación textual de las imágenes, sin olvidar las limitaciones que también hemos resaltado con anterioridad y que nos conducen, hoy por hoy, a la necesidad de combinar criterios de análisis y recuperación distintos, tanto textuales como visuales, para alcanzar cotas de eficacia satisfactorias.

Recabando lo expuesto hasta el momento, llegamos a la conclusión de que la explotación de fondos de imágenes puede verse favorecida por la implementación de las técnicas CBIR sea cual sea el campo profesional o actividad de la que hablemos. Aunque en ciertos ámbitos se llegue a esta determinación por una necesidad más manifiesta, lo cierto es que todo sistema es mejorable, y, aunque solo fuera en función de esta premisa, estaríamos en disposición de aceptar nuevos métodos que contribuyan a diseñar sistemas más completos y eficaces.

La aplicación de los sistemas CBIR en unidades informativas como instrumento de ayuda a la explotación de sus colecciones multimedia, o exclusivamente visuales, no es una práctica muy extendida, ni mucho menos. En el capítulo 1 ya hemos visto que los estudios dedicados a estas cuestiones no han sido muy significativos en número en relación con el total de trabajos sobre sistemas CBIR. Sin embargo, a lo largo de nuestra exposición hemos ido mencionando algunos ejemplos de proyectos encaminados a considerar la integración de los planteamientos de búsqueda visual sobre colecciones documentales propias de unidades informativas. Vamos a detenernos en el examen de dichos proyectos.

Iniciamos este recorrido recordando la actitud positiva de Wiederhold (1995: 94) al considerar que la recuperación por contenido visual en bibliotecas digitales aportará a la información sobre las imágenes un valor añadido sustancial. Queremos unirnos a este pensamiento desde el primer momento.

Precisamente Wiederhold comienza su artículo introduciendo la concepción más popular de «biblioteca digital», entendida esta como la versión electrónica de una biblioteca pública. Aunque esta definición presenta matices que el mismo autor desarrolla a continuación, al menos se aproxima más al sentido que debería tener. Sin embargo, la verdad es que a menudo se tiende a hablar de «bibliotecas digitales» con un significado alejado del que quisiéramos que tuviera si nos atenemos al plano documental. Esto mismo ya lo mencionamos al tratar del bloque temático en INSPEC relativo a las bibliotecas digitales. En la bibliografía manejada hemos comprobado que el concepto que habitualmente se utiliza es demasiado genérico y provoca confusión. Se tiende a utilizar el término *biblioteca digital* como sinónimo de cualquier colección digital de documentos. En este caso, se estaría asociando el término *biblioteca* con el de *colección;* en otras ocasiones, *biblioteca* se refiere a los lugares o instituciones que denominamos como tal, en cuyo caso parece entenderse que una biblioteca ya es digital por ofrecer un catálogo público en línea para la búsqueda de las obras que se encuentran en su acervo, o por tener digitalizada gran parte de su colección, pero la biblioteca digital representa más que esto. No es nuestra intención extendernos en la revisión del concepto, tan solo quisiéramos aprovecharnos de algunas reflexiones publicadas al respecto para apelar a una definición más cercana a nuestro ámbito:

Torres Vargas (2001) recopila hasta quince ideas distintas relacionadas con el concepto de «biblioteca digital», de las cuales la primera es precisamente la que acabamos de señalar: «colección digital de materiales no librarios o en proceso de digitalización». A todas luces vemos que una definición así resulta escasa. La autora teoriza acerca de las causas que influyen en la confusión en torno al concepto de biblioteca digital. De tal forma, un factor es que la mayoría de las veces se analizan aspectos particulares, por ejemplo, se presta atención solo a la recuperación de la información, a la catalogación o a la clasificación. Debido a esto, cada una de las propuestas de definición responde a propósitos propios de la comunidad de la que se desprenden. Otro factor a tener en cuenta son los diversos enfoques desde los que se pueden analizar las bibliotecas digitales: el punto de vista del bibliotecólogo o del especialista en el manejo de información, pero también el punto de vista puramente tecnológico, donde ingenieros de computación y especialistas de áreas afines suelen involucrarse. Eso dificulta la precisión del término en el ámbito de la bibliotecología, la documentación y las ciencias de la información.

La conclusión es que nos enfrentamos a un concepto de carácter heterogéneo, ante la diversidad de perspectivas desde las que se puede plantear. En cualquier caso, sí podemos llegar a estar más de acuerdo con unas definiciones que con otras. Así por ejemplo, J. A. Sánchez (2004: 3) concibe las bibliotecas digitales como «espacios virtuales de colaboración que proveen medios para adquirir, compartir y generar conocimiento». En esta definición prima la idea de conectividad, pero también el nuevo papel de las bibliotecas, no solo como mediadoras sino como productoras de información.[175] Desde luego, esta definición es mucho más rica que la de «colecciones digitales», pues, aunque no entra en detalles, nos da a entender que estamos ante una nueva forma de concebir las bibliotecas en su integridad. Una nueva realidad que abre las puertas hacia una disponibilidad organizada de la información con mayor alcance que la conseguida por las bibliotecas tradicionales.

Siguiendo además con la definición de J. Alfredo Sánchez, este autor continúa diciendo que, si bien las colecciones digitales son un componente fundamental en una biblioteca digital, también lo son las interfaces y servicios que permiten a los usuarios explorar, explotar y enriquecer las colecciones, así como comunicarse y colaborar con otros usuarios. En definitiva, afirma que es posible concebir las bibliotecas digitales como algo más que colecciones digitales, pues esta sería una definición metonímica.

Ocurre, sin embargo, que el hecho de que la tecnología CBIR se aplique en sistemas de recuperación sobre colecciones digitales de imágenes puede provocar que nos olvidemos del resto de elementos que concurren con la colección para dar lugar a eso que llamamos «biblioteca» y, de esta forma, es habitual hallar trabajos de marcado carácter tecnológico que subrayan el interés de la recuperación CBIR en bibliotecas digitales entendidas estas meramente como una colección de documentos digitales.

No podemos cerrar el tema de la confusión terminológica y conceptual en torno a las bibliotecas digitales sin mencionar a Méndez Rodríguez (2002), a cuya monografía reenviamos al lector para esclarecer estas cuestiones desde una perspectiva estrictamente documental, que es la que aquí nos interesa. Extrayendo de dicha monografía[176] tan solo unas consideraciones, diremos que nos parece conveniente escoger a modo de estandarte la concepción que Eva Méndez nos recuerda se constituye en una de las más citadas en la literatura profesional, la de la *Digital Library Federation* (DLF),[177] que entiende la *biblioteca digital* como una organización que proporciona los recursos, personal, etcétera, para seleccionar, estructurar, ofrecer

[175] Por ejemplo, creando sus propios sitios web a través de los cuales el usuario navegará, buscará, solicitará documentos y accederá a enlaces seleccionados por la biblioteca.

[176] Concretamente de su capítulo 6, *Bibliotecas digitales y metadatos*, p. 284.

[177] La definición a la que nos referimos es de 1998 y podemos encontrarla en <http://www.diglib.org/about/dldefinition.htm>.

acceso intelectual, interpretar, distribuir, preservar la integridad y asegurar la pervivencia, a través del tiempo, de colecciones de obras digitales, de tal forma que puedan estar rápida y económicamente disponibles para ser usadas por una comunidad determinada. Prescindiendo del debate acerca de si la denominación más correcta según el caso ha de ser biblioteca digital, virtual o electrónica, nosotros asumimos que con el término *biblioteca digital* nos estamos refiriendo a toda biblioteca —y por extensión a toda institución documental (museos digitales, archivos digitales, etcétera)—, que existe no solo físicamente, y que se aprovecha de la tecnología digital para dotar a sus servicios e informaciones de un valor añadido que puede traducirse de muy diversas maneras: más usuarios potenciales, nuevas posibilidades de búsqueda, servicios que se prestan exclusivamente de forma virtual y que aumentan la oferta informativa, etcétera.

Puesto que no podemos corregir la situación de anomalía a la que nos enfrentamos en la concepción del término *biblioteca digital*, nos vemos obligados a discernir al menos entre los trabajos hallados aquellos que aluden estrictamente a proyectos de interés biblioteconómico sobre la aplicación de sistemas CBIR, es decir, que implican la participación directa de unidades informativas de nuestro interés. Y a ello vamos a continuación.

La preocupación por las imágenes y por el establecimiento de sistemas de recuperación de información sobre las imágenes se plasma en las directrices a seguir por muy diversas instituciones involucradas en la gestión y la promoción de los documentos multimedia. Así lo suscribe, por ejemplo, Roberto Raieli,[178] para quien la recuperación de la información multimedia se ha convertido en un tema central de cara a mejorar nuestra habilidad en el uso de archivos digitales y compartir información. Precisamente bajo este discurso, Raieli anima fervorosamente a invertir en este momento energía y recursos en los sistemas avanzados de documentación.

En nuestro país, sin ir más lejos, contamos con la celebración de las *Jornadas sobre Bibliotecas Digitales* desde el año 2000. Este evento ha puesto sobre la mesa diversos trabajos que enfatizan el interés sobre los sistemas de documentación multimedia en el contexto de las bibliotecas digitales.[179] Además, en la presenta-

[178] Introducción a Raieli e Innocenti (2004).

[179] Uno de los más sobresalientes para nosotros es el de A. Pedrero y otros (2000), que diseña una interfaz que permita al usuario explorar las imágenes y miniaturas de los manuscritos del Fondo Antiguo de la Universidad de Valladolid. Aunque no se refiere a la aplicación de técnicas CBIR, introduce nuevas formas de entender la recuperación de las imágenes, como es el permitir al usuario formar su propio catálogo de imágenes, al tiempo que el sistema estudia su comportamiento de búsqueda.

ción que se hace sobre estas jornadas a través de su sitio web oficial,[180] también se alude al problema terminológico que venimos comentando. De esta forma, se afirma que estamos ante un campo de trabajo interdisciplinar que ha despertado la atención no solo de las bibliotecas tradicionales, sino también de los museos y medios de comunicación, entre otras comunidades.

En este sentido, efectivamente hemos podido comprobar a lo largo de nuestro trabajo el atractivo que, bajo el contexto de las bibliotecas digitales, ha suscitado en bibliotecas, pero también en museos (como el *Hermitage* de Rusia) o en medios de comunicación (como la *BBC*),[181] la posible introducción de los métodos de análisis y recuperación CBIR sobre sus fondos de imágenes. Ni mucho menos podemos afirmar que se trate de un atractivo generado a gran escala en el entorno de las distintas unidades informativas, pero sí contamos al menos con ejemplos notables.

En el entorno museístico, podemos comenzar con la iniciativa de *The State Hermitage Museum* (San Petersburgo, Rusia).[182] Este museo, que ocupa físicamente seis edificios, ha desarrollado una versión digital que incluye, entre otros aspectos, hasta una visita virtual. El museo considera que con ello está creando su «autorretrato digital» para que pueda llegar a todo el mundo. Aunque, en nuestra opinión, sería mejor no confundir al usuario diciéndole que estamos ante un autorretrato, sino más bien ante una herramienta cuyo objetivo no es tanto asemejarse al original, sino que complementa y contribuye a difundir las obras de arte que alberga el museo no virtual. En otras palabras, el museo virtual no es ni debe pretender ser un sustituto del museo real; museo que, por otra parte, consta de más de tres millones de objetos artísticos (monedas, porcelanas, pinturas, etcétera) desde la prehistoria hasta nuestros días.

Por lo que respecta a su colección digital, esta se ha desarrollado bajo la tecnología ofrecida por *QBIC* de IBM. Ello ha sido posible gracias a la relación establecida entre el museo y la empresa IBM desde 1999.

El usuario puede navegar y visualizar a gran resolución imágenes procedentes de hasta doce categorías diferentes de obras de arte[183] (figura 20). Cuando escogemos la opción de navegación *(Browse)*, hemos de determinar el subtipo de obra que queremos buscar en función de la categoría sobre la que hayamos pulsado.

[180] <http://www.jbidi.org/>.

[181] A. A. WARDy otros (2005): «Application of content-based image retrieval at the British Broadcasting Corporation», *EVA Conference '05* (Florencia, 14-18 marzo).

[182] Colección digital en línea, disponible en <http://www.hermitagemuseum.org/>.

[183] Todas las imágenes web disponen de marca de agua para proteger los derechos del museo sobre ellas. Esta solución también es aportada por IBM.

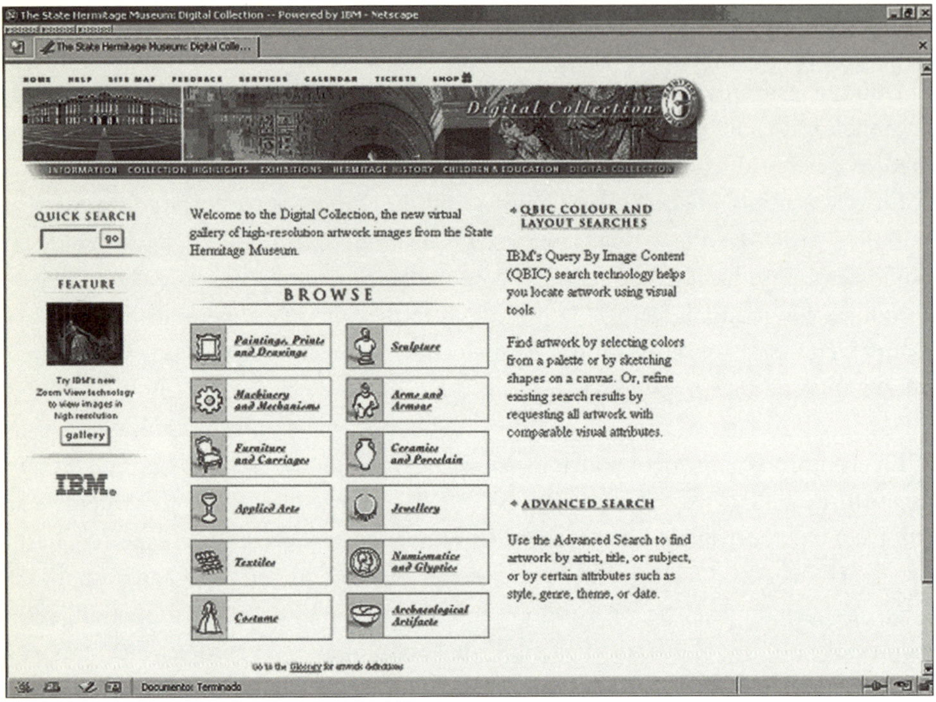

Figura 20. Interfaz de consulta de la colección digital del State Hermitage Museum

Por ejemplo, en el caso de las joyas *(Jewellery)*, podemos buscar joyas, accesorios, utensilios, o bien buscar simultáneamente sobre esos tres subtipos. Asimismo, en este caso, la navegación se realiza bajo el criterio del país de procedencia. Todas las categorías utilizan uno o más criterios lingüísticos de navegación, teniendo el usuario que señalar el que considere.

Recurriendo a la tecnología aportada por QBIC, podemos realizar búsquedas mediante atributos visuales; concretamente, seleccionando colores desde un espectro. A partir de cualquier resultado obtenido, podemos ejecutar una nueva consulta por similitud respecto a diversos criterios textuales, pero también por semejanza en cuanto a su distribución cromática.

Cada color escogido en el espectro (figura 21) se inserta en el cubo pulsando sobre la flecha superior. Entonces podemos mover el nivel de representatividad que queramos aplicar sobre ese color. El número total de marcas sobre el cubo es de diez, simbolizando cada una un 10 % del total.

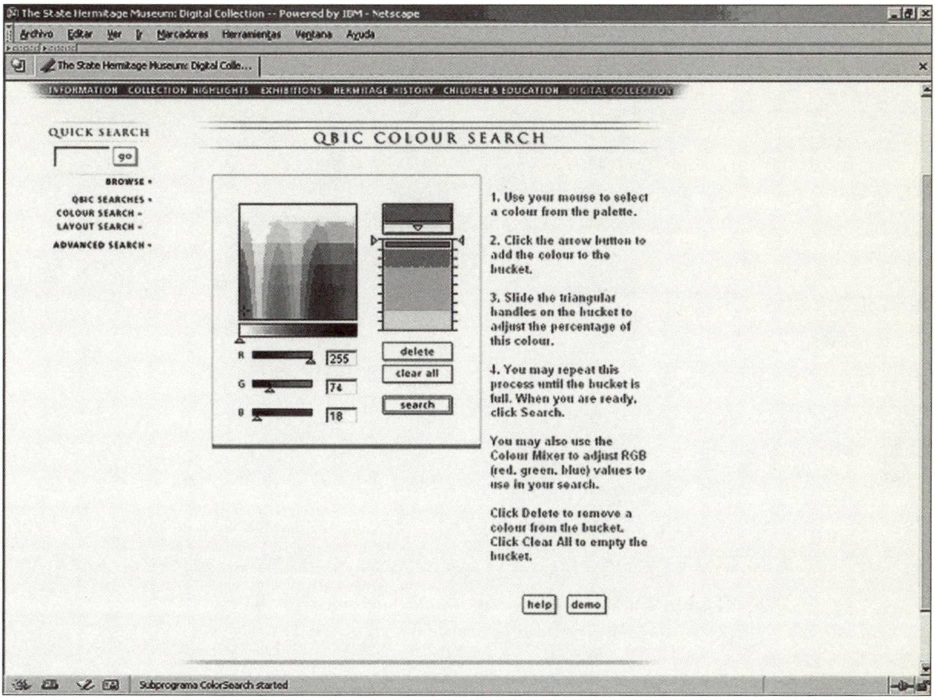

Figura 21. Ejemplo de composición de una consulta en Hermitage a través del espectro de colores

A través de la opción *Qbic Layout Search* (figuras 22 y 23) podemos disponer áreas de color sobre el lienzo, tratando de aproximarnos así a la organización cromática de la imagen que buscamos.

Por su parte, la opción de búsqueda avanzada será la que permita al usuario comenzar empleando filtros textuales (artista, título, materia, estilo, género, tema o fecha).

Con la implementación de la búsqueda basada en contenido visual, el *Hermitage* ha pretendido convertirse en uno de los museos más competentes tecnológicamente a nivel mundial.

Siguiendo con los museos, conviene recordar también la mención que hicimos al interesante trabajo español de Aranda, Galindo y Urrutia (2002) proponiendo el establecimiento de una red de acceso a diversos fondos museísticos entre cuyas opciones de búsqueda se disponga de la recuperación por contenido intrínseco. Las motivaciones que estos autores tenían en cuenta para hacer su propuesta eran

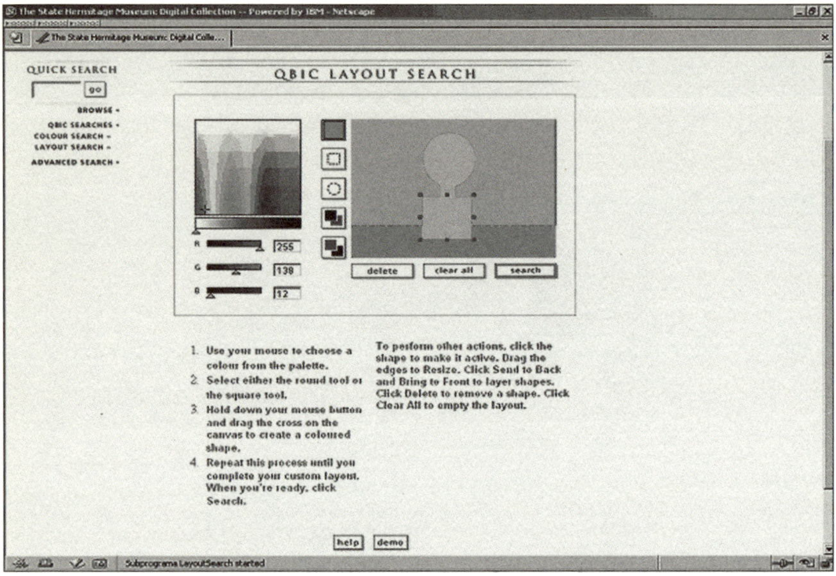

Figura 22. Ejemplo de composición de una consulta en Hermitage a través del lienzo de distribución de colores

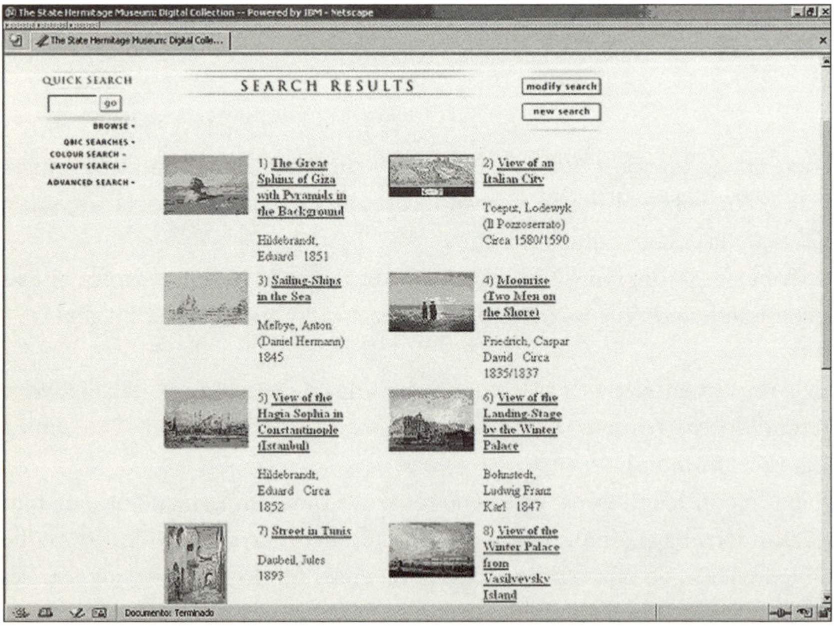

Figura 23. Resultado de la búsqueda realizada en figura 22

las de recuperar una obra a partir de los elementos que recordemos de ella, obtener imágenes similares a una dada o comparar obras.

Si bien esto no deja de ser una sugerencia, podemos reseñar no obstante un proyecto real, el MESL[184] *(Museum Educational Site Licensing)*, una iniciativa de ámbito norteamericano desarrollada por el *Getty Information Institute* y *MUSE Educational Media* con el objetivo principal de investigar nuevas estrategias de búsqueda visual y nuevas formas de uso de las imágenes museísticas para mejorar la enseñanza y la investigación. El proyecto, que finalizó en 1997, supuso la colaboración entre museos y universidades. Siete museos entregaron información e imágenes de sus obras a siete universidades para evaluar cómo se integraban estas en las redes académicas. Tras las conclusiones del proyecto, la mayoría de los museos solicitó retirar sus imágenes. Entre otras cuestiones, el MESL abordó la posibilidad de trabajar directamente con los especialistas informáticos para evaluar la eficacia de los nuevos mecanismos de recuperación que estaban surgiendo. Durante el ciclo de vida del proyecto, participaron en este sentido al menos dos unidades de investigación: la Universidad de Columbia (Nueva York) y la Universidad de Illinois. Sus experimentos se orientaron hacia la recuperación basada en el contenido. La Universidad de Columbia ofreció tres sistemas resultantes: *VisualSeek, WebSeek*[185] y el metabuscador *MetaSeek*. Todos ellos incorporaban la asociación visual entre imágenes a partir de la posible combinación entre texto y rasgos visuales tales como el color o la textura.

Son pocos los experimentos similares que se han llevado a cabo utilizando exclusivamente colecciones propias del patrimonio cultural. Un caso es la herramienta de recuperación de arte *ARThur*[186] *(Art Media and Text Hub Retrieval System)* creada por el grupo de investigación y desarrollo tecnológico del *Getty Information Institute* (Los Ángeles-California). *ARThur* utiliza AMORE,[187] un sistema comercial CBIR de la empresa norteamericana NEC, para indizar y buscar entre treinta mil imágenes procedentes de unos seiscientos sitios web seleccionados y organizados en cinco bases de datos diferentes. Las imágenes se pueden recuperar por semejanza visual, similitud contextual o por palabras clave contenidas en las

[184] <http://www.oit.umd.edu/as/MESL/>.

[185] El motor de búsqueda comentado en el apartado 3.1.2.

[186] <http://library.wustl.edu/~huestis/pagesave/url.990308.14496.html>. El uso de ARThur desde esta URL no está disponible actualmente.

[187] Descripción de este sistema en: S. Mukherjea, K. Hirata e Y. Hara (1999): «Amore: A world wide web image retrieval engine», *The WWW Journal*, 2 (3), pp. 115-132.

páginas web de procedencia. Asimismo, *ARThur* implementa el acceso a los vocabularios del Instituto *Getty.*

Otro ejemplo de participación de colecciones culturales en el desarrollo de prácticas CBIR ha sido la cesión de imágenes del TWM *(Tyne and Wear Museum)* y el proyecto *Tyneside Life and Times* para el sistema MERMAID, como ya citamos en el capítulo 1.

Un caso más es la colaboración del consorcio AMICO *(Art Museum Image Consortium)*[188] con la Universidad de Pennsylvania y la de Stanford en su proyecto conjunto de recuperación de imágenes basada en contenido e indización lingüística automática por aprendizaje.[189] Este proyecto ha dado como resultado distintas herramientas interesantes, entre las cuales se encuentra *SIMPLIcity*[190] *(Semantics-sensitive Integrated Matching for Picture Libraries),* que permite encontrar imágenes visualmente similares procedentes del sitio web de AMICO. Cada imagen está caracterizada por sus rasgos visuales: color, textura, forma y posición. El sistema segmenta las imágenes en regiones que se corresponden aproximadamente con los objetos representados en ellas. A partir de las regiones segmentadas, el sistema clasifica las imágenes en categorías que intentan reflejar algunas diferencias semánticas (paisajes/interiores; gráficos/fotografías; texturado/no texturado, etcétera). De esta forma, se consigue estrechar el rango de búsqueda. El usuario de *SIMPLIcity* solo tiene que pulsar sobre una imagen para hallar sus similares. El sistema aplica una medida de distancia entre las imágenes que tiene en cuenta su similitud total sobre la base de las propiedades de las regiones segmentadas.

En la figura 24 vemos una selección al azar ofrecida por el sistema (obtenida a partir de la opción 2, *Random*). La demostración de *SIMPLIcity* alberga 132.354 imágenes muy distintas entre sí, aunque procedan todas ellas de colecciones artísticas.

Pulsando sobre la tercera imagen de la última fila en la pantalla de la figura 24, obtenemos las imágenes similares que muestra la figura 25. En este caso, el sistema ofrece una gran cantidad de imágenes que efectivamente el usuario podrá percibir como similares entre sí.

Desde el punto de vista del interés que las herramientas CBIR han suscitado en el terreno de las bibliotecas, también sobresale el ámbito norteamericano. El gobierno estadounidense ha convertido las bibliotecas digitales en insignia del es-

[188] AMICO es una organización sin ánimo de lucro de instituciones con colecciones de arte que colaboran para posibilitar el uso educativo de materiales multimedia procedentes de museos, <http://www.amico.org/>.

[189] Información sobre este proyecto en <http://wang.ist.psu.edu/IMAGE/>.

[190] Acceso a una demostración desde la URL que indicamos en nota anterior.

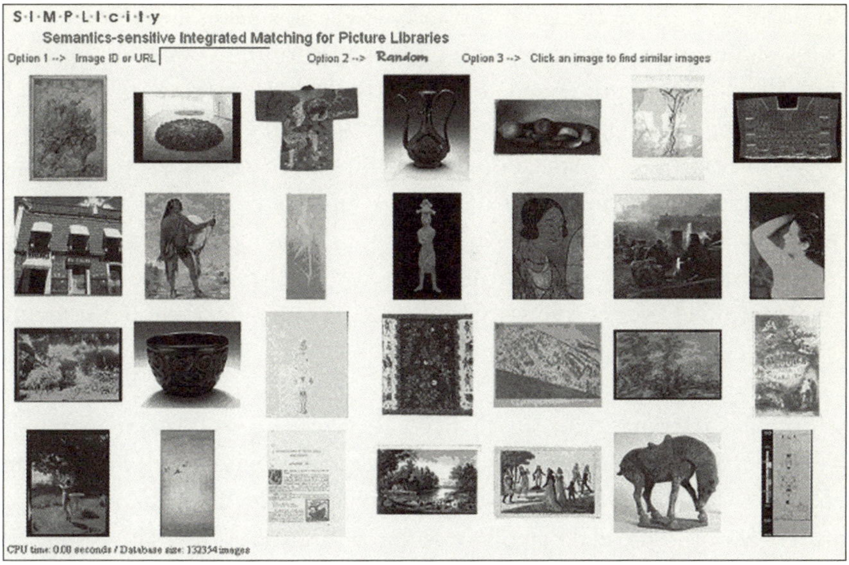

Figura 24. Selección al azar de imágenes ofrecida por SIMPLIcity

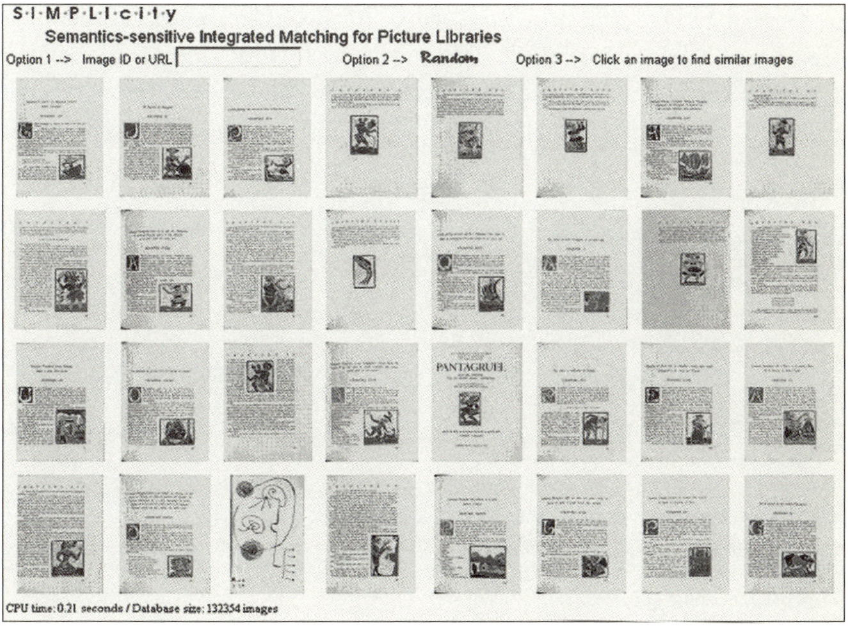

Figura 25. Resultado de una búsqueda por semejanza visual en SIMPLIcity

fuerzo nacional de investigación por acercar las autopistas del conocimiento a todos los ciudadanos norteamericanos. En este sentido, se considera que las bibliotecas digitales son, por encima de todo, sistemas de información en red. Bajo esta idea se fundó en 1994 la *Digital Libraries Iniciative* (DLI), iniciativa en la que participan miembros tan destacados como la Biblioteca del Congreso y que cuenta aproximadamente con un millón de dólares anuales para la realización de sus proyectos. Esta iniciativa está financiada conjuntamente por la Fundación Nacional de Ciencias (NSF), la Agencia de Proyectos de Investigación Avanzada del Departamento de Defensa (DARPA) y la Administración Nacional de Aeronáutica y del Espacio (NASA).

La razón fundamental por la que se creó la DLI[191] se debe a la necesidad de desarrollar sistemas y servicios que sean capaces de proveer a las diversas comunidades de usuarios con un acceso coherente a bases de datos extensas y geográficamente dispersas. En este contexto, las bibliotecas digitales juegan un papel muy destacado en la investigación sobre el desarrollo y acceso a los recursos digitales de todo tipo.

Según la NSF,[192] las áreas que la iniciativa DLI debe tratar son las relativas a la captura de la información (texto, imágenes, sonido, etcétera) y su clasificación y organización electrónica en diversos formatos; el desarrollo de software avanzado y algoritmos para la navegación, búsqueda, filtrado, abstracción, resumen y combinación de grandes volúmenes de datos, imágenes y todo tipo de información; y el uso de redes de bases de datos distribuidas por todo el mundo. Concretamente, la aplicación de métodos CBIR tendría cabida en la segunda de las áreas citadas y, de hecho, entre los ejemplos que se mencionan dentro de esa área se expresa literalmente el del análisis y clasificación de la imagen basado en sus rasgos, así como el reconocimiento de patrones.

En la primera fase de la iniciativa, 1994-1998, se ejecutaron seis proyectos universitarios. Al menos cuatro de ellos supusieron claramente algún desarrollo CBIR. Así, por ejemplo, la *University of California at Berkeley*[193] incluyó en su proyecto de biblioteca digital un sistema CBIR llamado *Blobworld*.[194] La motivación para desarrollar un sistema de este cariz sencillamente ha sido la decisión de esta

[191] Información sobre esta iniciativa en <http://www.dli2.nsf.gov/dlione/>.

[192] NSF *93-141-Research on Digital Libraries* (1994), disponible en <http://www.ukoln.ac.uk/services/papers/bl/diglib/appa.html>.

[193] <http://elib.cs.berkeley.edu>.

[194] V. nota 142. Sobre *Blobworld* tenemos una ficha descriptiva bastante extensa en PÉREZ ÁLVAREZ (2003, pp. 321 y ss.).

universidad de apostar por tecnologías que contribuyan al diseño de modelos avanzados de recuperación de información. En su proyecto han participado muchas otras empresas e instituciones culturales, como el Museo de Bellas Artes de San Francisco.

Al hablar del problema del reconocimiento automático de objetos, ya citamos el sistema *Blobworld*, puesto que la solución que presenta es la de segmentar las imágenes en regiones que se corresponden de forma aproximada con los objetos representados y asociar a dichas regiones conceptos expresados lingüísticamente. Las opciones de búsqueda que soporta el sistema son palabras clave; semejanza por color, textura, forma y posición; así como la combinación de una o varias palabras clave con una región concreta.

La ponderación de los rasgos se hace determinando su importancia por selección de grados expresados con texto («no», «algo», «mucho»). No incluye retroalimentación por relevancia, sin embargo el aspecto más destacado de *Blobworld* es que permite al usuario acceder en todo momento a la representación interna de la imagen-consulta y de los resultados para observar cómo los rasgos segmentados influyen en la recuperación. Otros sistemas similares no ofrecen esta posibilidad y, en consecuencia, los resultados obtenidos pueden ser a veces inexplicables desde la óptica del usuario, a pesar de que haya botones disponibles para ajustar las medidas de similitud.

En cualquier caso, lo cierto es que este sistema no emplea fondos propios de las colecciones de la Universidad de Berkeley, sino que su carácter es claramente experimental. *Blobworld* busca sobre un fondo constituido por unas 35.000 imágenes de Corel. El usuario no puede descargarlas libremente, sino que ha de adquirirlas a través de Corel.

También en el marco de la DLI, la *Universtiy of California at Santa Barbara* integró los avances CBIR en su proyecto dedicado a un sistema de información basado en mapas referenciados espacialmente.[195] El prototipo diseñado, ADL[196] *(Alexandria Digital Library)*, tuvo tal éxito que en 1999 se inició una segunda fase del proyecto, constituyendo ADEPT *(Alexandria Digital Earth Prototype)* con

[195] Significa esto que la información está indizada en relación a un sistema de coordenadas que se mantiene con respecto a una entidad del mundo real (el mundo, el cuerpo humano, un cuadro, etcétera); o un sistema de coordenadas con respecto a un medio representacional (como una cuadrícula en una hoja de papel o las celdas de una tabla).

[196] Una completa descripción de ADL en ABAD, GARCÍA-CONSUEGRA y MARTÍNEZ (2000): Información sobre ADL en <http://www.alexandria.ucsb.edu/historical/www.alexandria.ucsb.edu/adl.html>. Acceso a la red geospacial ADL <http://webclient.alexandria.ucsb.edu/mw/index.jsp>.

el objeto de integrar la primera fase en las aulas creando un entorno de aprendizaje digital sobre distintas disciplinas para educadores y estudiantes aprovechando la tecnología ADL.

En este caso, la Universidad de Santa Bárbara ha optado por diseñar una herramienta en línea que permite al usuario buscar y descargar mapas, imágenes e información del Laboratorio de Mapas e Imágenes (MIL) de la propia Universidad. No estamos por tanto ante una herramienta que experimente con fondos ajenos al centro que lo desarrolla, como *Blobworld*. El objetivo de diseñar, implementar y explotar una biblioteca digital[197] de información indizada espacialmente (fotografías, mapas, atlas, etcétera) se ha basado en la necesidad detectada de hacer más accesibles a los usuarios las colecciones digitales de estos materiales. Actualmente, ADL da acceso a través de la web a un subconjunto de recursos del MIL, así como de otras bases de datos geográficas.

La funcionalidad CBIR que incorpora el proyecto consiste en emplear la información de la textura[198] por regiones de las imágenes. En teoría, esto permitiría buscar imágenes que contuvieran texturas asociadas bien a conjuntos de texturas preseleccionadas, o a imágenes específicas, determinadas por el usuario; sin embargo, si bien esta es una posibilidad que podría llegar a establecerse en un futuro, de momento la única opción de búsqueda basada en el contenido disponible al usuario es la de ordenar los resultados de la búsqueda textual de acuerdo con la semejanza visual respecto a la región seleccionada.

Por su parte, la Universidad de Michigan ha diseñado la herramienta ESSB, que ya comentamos en el capítulo 1 y que forma parte también de su proyecto de biblioteca digital. Se trata de un motor de búsqueda sobre 1400 imágenes de las Ciencias de la Tierra y el Espacio que implementa la posibilidad de consultar visualmente las imágenes a partir de los criterios de color, textura o forma. Ya señalamos en su momento el atractivo que presenta esta herramienta por combinar distintas técnicas de recuperación (palabras clave, navegación temática y consulta visual) en función de la elección del usuario. Los creadores de ESSB, Frost y otros (1997), nos informan de que este sistema surge en un entorno de investigación caracterizado por dos factores: el de los sistemas de recuperación «multi-modales» —es decir, que exploten tanto el texto de las imágenes como las propias imágenes—, y el del diseño de sistemas para usuarios casuales.

[197] Entendida aquí tal como la iniciativa DLI la concibe, es decir: un sistema de información en red.
[198] Mediante filtros de Gabor.

Inserto también en el programa de la DLI debemos citar el proyecto INFORMEDIA sobre búsqueda y recuperación de video de la *Carnegie Mellon University.*[199] De los seis proyectos llevados a cabo en la primera fase de la iniciativa DLI, este es el único que se ha dedicado a la investigación sobre vídeo. Ha desarrollado distintos prototipos que exploran formas nuevas de considerar el contenido informativo y visual de las imágenes de vídeo, como es la aplicación de técnicas CBIR.

Tras finalizar la primera fase de la iniciativa DLI, se inició una segunda (DLI2)[200] que ha dado origen a muchos proyectos más de índole muy diversa, tanto de ámbito norteamericano como internacional, así como a conferencias y eventos todos ellos circunscritos de algún modo al objetivo original propuesto de establecer redes distribuidas y compartidas de información. Uno de los ejemplos más relevantes de proyectos de esta segunda fase relacionados con las técnicas CBIR ha sido el sistema de propósito específico DARWIN[201] *(Digital Analysis and Recognition of Whale Images on a Network)*, desarrollado en el *Eckerd College* (Florida-EE. UU.), que permite analizar y reconocer imágenes de ballenas. Su principal objetivo es ser una herramienta de investigación útil para los científicos marinos. Permite comparar columnas dorsales a partir del perfil que dibuje el usuario. Al parecer, la columna dorsal es un elemento muy característico para identificar clases y tipos de ballenas. Aunque no es un ejemplo de sistema implementado como tal para explotar los fondos de una biblioteca, es interesante señalarlo por el hecho de estar integrado en una iniciativa sobre bibliotecas digitales como es la DLI2.

Otro ejemplo de la aplicación de técnicas CBIR en entornos de desarrollo de bibliotecas digitales ha sido el proyecto U-DL-A,[202] que ya citamos también en el capítulo 1, de la Universidad de las Américas (Puebla-México). En realidad, más que la integración de métodos CBIR al proyecto en sí, debemos decir que el proyecto ha dado pie a que surgieran iniciativas como la de Urcid Pliego (2003), proponiendo el acceso a imágenes visualmente similares a una dada sobre el sistema de consulta TALES de tesis digitales.

En el ámbito europeo, también contamos con programas y grupos de investigación implicados en el avance de los sistemas de recuperación multimedia y, por ende, en la posibilidad de experimentar con técnicas CBIR. Uno de los más destacados desde nuestra perspectiva profesional es la red europea de excelencia sobre bibliotecas

[199] Información sobre el proyecto en <http://www.informedia.cs.cmu.edu/>.

[200] <http://www.dli2.nsf.gov/>.

[201] <http://darwin.eckerd.edu/index.html>. [Consulta: 21/09/05.]

[202] Las siglas en inglés de «Bibliotecas Digitales Universitarias para Todos».

digitales, DELOS,[203] que entre otros aspectos colabora precisamente con la DLI2. Esta red está financiada actualmente por el Sexto Programa-Marco del IST *(Information Society Technologies)* de la Comisión Europea, y uno de los últimos eventos que ha celebrado ha sido el AVIVDiLib'05.[204] Esta conferencia ha tenido como referencia la preocupación por temas como la recuperación de los materiales audiovisuales por su contenido, así como por cuestiones de navegación, visualización de la información e interfaces de usuario. DELOS constituye un punto de referencia para todos los proyectos sobre bibliotecas digitales financiados por el programa del IST.

Otro proyecto interesante financiado igualmente por el IST durante los últimos tres años es SCULPTEUR,[205] cuyo objeto es explotar el contenido y la semántica de materiales multimedia de interés europeo. Participan diez instituciones empresariales, académicas, investigadoras y culturales del Reino Unido, Francia e Italia, entre las que cabe destacar la *National Gallery of London,* el Centro de Investigación y Restauración de Museos de Francia o el *Victoria and Albert Museum* (Londres). Este proyecto ha contribuido a diseñar nuevas formas de crear, buscar, navegar y acceder a contenidos multimedia de museos y galerías de arte a través de la Web. Uno de los prototipos[206] fruto de este proyecto, que implementa funciones de recuperación basadas en el contenido, permite recuperar modelos de obras de arte del *V&A Museum* en dos y tres dimensiones junto a la información textual asociada a dichas imágenes. Se pueden establecer búsquedas por semejanza visual basada en el color (figura 26) combinadas con el resto de criterios textuales que aporta el sistema.

Un proyecto europeo anterior, financiado bajo el Cuarto Programa Marco de Bibliotecas, fue el proyecto ELISE *(Electronic Library Image Service for Europe),* al que nos referimos en el capítulo 1, que implicó a los países de Reino Unido, Irlanda, Bélgica y Holanda en un trabajo de desarrollo y evaluación de aplicaciones telemáticas para interconectar servicios bibliotecarios. En aquel proyecto se llegó a evaluar la usabilidad de un sistema CBIR[207] que recuperaba sobre un conjunto de dos mil quinientas imágenes procedentes de los museos *V&A Museum* de Londres y el *Hunt Museum* de Limerick (Irlanda). En este caso, se pensó en la

[203] <http://delos-noe.iei.pi.cnr.it/>. Actualmente estamos en la segunda fase de esta iniciativa, DELOS II (2003-2007).

[204] *Audio-Visual Content and Information Visualization in Digital Libraries* (Cortona-Italia, 4-6 mayo 2005).

[205] <http://www.sculpteurweb.org>.

[206] <http://piltdownman.it-innovation.soton.ac.uk>. [Consulta: 11/05/05.]

[207] Una adaptación del QBIC, pues IBM participó en el proyecto.

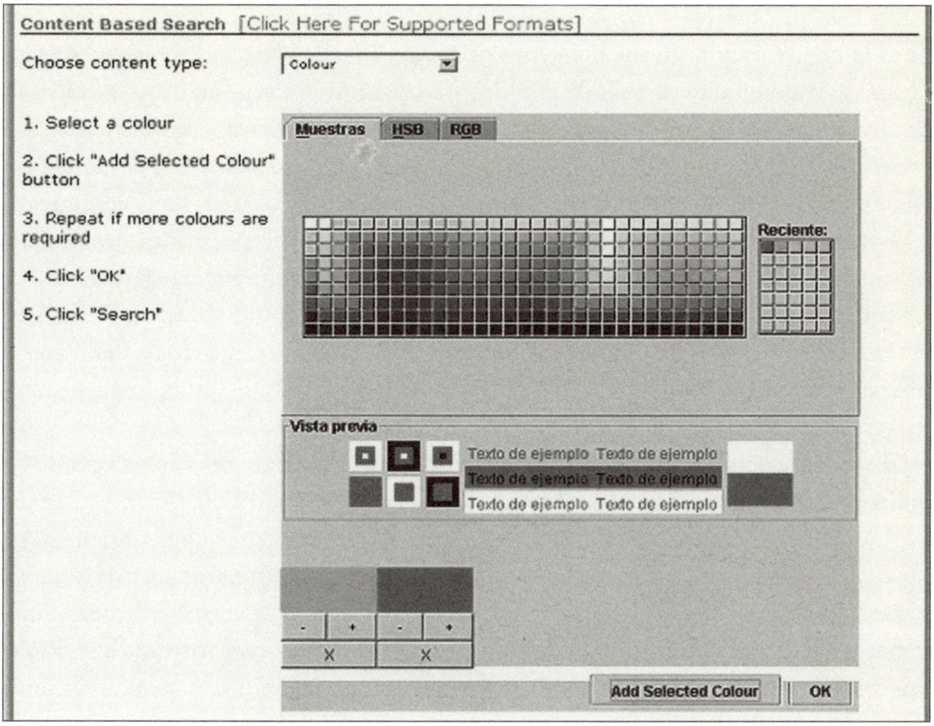

Figura 26. Panel de selección de colores para una búsqueda por similitud visual en un prototipo de Sculpteur

aplicación de métodos CBIR sobre la idea de interconectividad de los servicios bibliotecarios de distintas instituciones, y bajo ese contexto se consideró primero la necesidad de detectar de qué manera percibirían los usuarios un sistema que permitiera la recuperación basada en el contenido. Este planteamiento es claramente diferente a la decisión de otras instituciones, como las universidades americanas que hemos visto, pues la implantación de un sistema CBIR se ve precedida aquí por una evaluación sobre usuarios reales acerca de su percepción sobre la eficacia del sistema. Posteriormente se habría de decidir de qué forma integrar la recuperación CBIR en el sistema de consulta de las distintas colecciones que el proyecto ELISE habría de interconectar, aunque finalmente no se incluyó. El proyecto terminó en 1999 y ELISE se constituyó como una red de acceso restringido a sus participantes, permitiendo la búsqueda sobre bases de datos remotas que contienen texto e imágenes procedentes de museos, archivos y colecciones médicas.

Un ejemplo también europeo de biblioteca electrónica con herramienta CBIR para la recuperación de sus imágenes es *Image Retrieval Service*[208] *(IRS)*. Se trata de una herramienta desarrollada por el *Zuse Institute Berlin* —un instituto alemán de investigación sobre matemáticas aplicadas e informática— en el marco del proyecto *VisInfo (Information Services for Scientific Visualization)*, desarrollado en el periodo 1996-1998 y financiado por el Ministerio alemán de Investigación y Desarrollo. El objetivo central del proyecto era el de ofrecer información científica actualizada, principalmente sobre publicaciones, conferencias y seminarios. En este sentido, se desarrolló la biblioteca electrónica *EVlib (Electronic Visualization Library)*, que es una colección digital de dominio específico dedicada a ofrecer referencias bibliográficas y acceso a las publicaciones, cuando es posible, sobre el área temática de *Visualización Científica*.

Entre las opciones de búsqueda que incorpora se encuentra la selección de imágenes. En ese momento accedemos al servicio de recuperación de imágenes (*IRS*), que permite buscar documentos a partir de las imágenes que contienen. La búsqueda puede iniciarse recordando una imagen del documento que nos interesa y seleccionando aquellas que sean similares de entre las que nos muestra el sistema; o bien, indicando la URL de una imagen concreta con formato gif, jpg o ppm. También podemos combinar imágenes mostradas por el sistema con imágenes de la web bajo los formatos citados. A continuación, se determinan los rasgos de la imagen seleccionada que deseamos sean considerados en el proceso de búsqueda. Si utilizamos el modo avanzado de búsqueda será porque recordemos más de una imagen del documento —hasta tres, exactamente—. La tecnología que soporta este motor de búsqueda está basada, una vez más, en el popular sistema *QBIC* de IBM.

Los rasgos que el usuario puede escoger se refieren a la semejanza de aspecto, de colores, de composición, de distribución del color y de textura. Por cada imagen similar podemos establecer unos u otros rasgos de similitud (figura 27).

En cualquier momento se dispone de información acerca del documento que contiene una imagen concreta (autor, título, resumen y documentos relacionados). Asimismo, podemos visualizar todas las imágenes que contiene un documento.

Claramente, *IRS* sirve para responder a peticiones de usuarios que tienen en mente una idea muy concreta de la imagen que buscan, a partir de la cual desean hallar el documento asociado. Es interesante, porque se asemejaría a la idea pro-

[208] <http://visinfo.zib.de/IRS>. [Consulta: 01/04/06.]

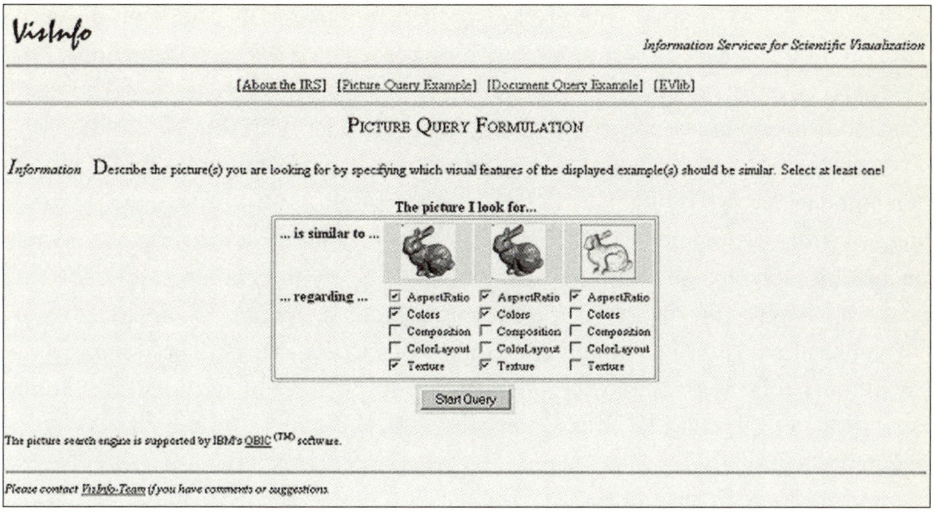

Figura 27. Selección de los atributos que afectarán a la similitud visual en una consulta con IRS

puesta por Urcid (2003) de permitir recuperar tesis doctorales a partir de las imágenes que uno recuerda de ellas. En este caso, lo que recuperamos son documentos relativos a un campo científico determinado. La posibilidad de extender este modelo de recuperación sobre otras áreas resulta evidente.

3.2.1. CONCLUSIONES

Como podemos observar, es difícil dejar de hallar el término *biblioteca digital* asociado a su concepción como colección digital o sistemas de información en red.[209] Hemos querido hacer alusión a ejemplos de unidades informativas tales como museos y bibliotecas, pero también a instituciones educativas que han aplicado métodos CBIR en la explotación de sus propios fondos o de forma experimental. También existen otras instituciones documentales que han colaborado o co-

[209] Una concepción más novedosa es la propuesta por el proyecto europeo BRICKS *(Building Resources for Integrated Cultural Knowledge Services)*, actualmente en ejecución, según el cual se trata de un término que ha de abarcar también los de «archivos digitales», «museos digitales» así como cualquier tipo de sistema de memoria digital. Información sobre este proyecto en <http://www.cordis.lu/ist/directorate_e/digicult/bricks.htm>. [Consulta: 20/05/05.]

laboran de forma permanente en consorcios implicados de algún modo en el desarrollo de técnicas de recuperación de imágenes basadas en el contenido. Así, por ejemplo, entre la lista de colaboradores de los distintos proyectos del IIDR han figurado universidades, museos y bibliotecas, como la Biblioteca Británica.

No obstante, y a pesar de poder constatar que prácticamente todas las iniciativas relacionadas que se han organizado tienen entre sus objetivos la investigación sobre nuevas formas de recuperación de materiales audiovisuales, lo cierto es que no son muchos los ejemplos que pueden mostrarse en lo referente a la integración de técnicas de recuperación CBIR sobre fondos constituidos de interés documental.

También hemos de resaltar que, cuando tales casos existen, las motivaciones que inducen a las instituciones implicadas a incorporar estas técnicas no siempre coinciden. Por ejemplo, en el caso del museo *Hermitage*, se ha pretendido hacer de la tecnología una de sus principales bazas competitivas. Por su parte, la herramienta ESSB cuenta como principal característica con el hecho de haber sido diseñada para usuarios casuales y, por tanto, tratando de priorizar la percepción del usuario sobre el sistema antes que el propio avance tecnológico que la herramienta pueda suponer para renombre de la Universidad de Michigan.

A parte de las motivaciones escogidas, también hemos podido observar que en nuestro ámbito profesional las técnicas CBIR parecen haber calado especialmente en la posibilidad de explotar los fondos museísticos, más que en la explotación de fondos bibliográficos, aunque en este último sentido tienen gran relevancia las propuestas vistas de llegar a localizar un documento no por los datos textuales que de él recordemos, sino por sus imágenes.

Nuestra reflexión final a todo este panorama es que la preocupación por implantar nuevos desarrollos tecnológicos en sistemas de recuperación ha de definirse de forma explícita. Consideramos que no se trata de «estar a la última», sino de pensar verdaderamente en qué y de qué manera podemos implementar nuevas formas de recuperación sobre las imágenes. La aplicación de técnicas CBIR puede llegar a tener sentido en bases de datos distribuidas de imágenes y otras informaciones, así como en la explotación de muy distintos tipos de fondos de instituciones a nivel particular. Tal como matiza Goodchild (1995), el desarrollo de las colecciones digitales ha permitido automatizar la búsqueda (autor, título, palabras clave...), pero aún se puede ir más allá: si los objetos de información son digitales, la búsqueda no necesita limitarse a los contenidos del catálogo digital, sino que se puede extender a los contenidos de los objetos mismos. El desarrollo tecnológico está muy bien, pero si no contamos con argumentos razonables y objetivos claros podemos hacer que el usuario no se sienta para nada cómodo con las nuevas herramientas que le ofrecemos. Prueba de la confusión que existe al respecto sobre cómo han de implementarse estas técnicas, se encuentra el hecho demostrable de la desaparición de aplicaciones en línea tales como la búsqueda de fotografías visualmente similares que durante un tiempo ofreció *Altavista Photo Finder,* el buscador de imágenes de Altavista.

La búsqueda de imágenes por su semejanza visual puede ser una opción muy útil, ya sea integrada sobre los tradicionales registros bidimensionales o en los nuevos entornos en 3D, entre otros motivos porque es cognitivamente más rápida que la búsqueda textual, permite buscar sobre significados múltiples concurrentes —pues las imágenes *transmiten* el contexto—, no presenta barreras culturales o lingüísticas y, si el sistema incorpora retroalimentación por relevancia, el usuario puede refinar su búsqueda normalmente con pocos «clicks»; así mismo, su empleo extensivo podría permitir incluso una transformación paulatina del lenguaje icónico tal como lo hemos manejado hasta ahora en nuestros sistemas de recuperación. Pero las transformaciones, para que resulten exitosas, no han de ser fortuitas, sino que han de asentarse sobre razonamientos y desarrollos sólidos.

En definitiva, la búsqueda de nuevas soluciones para la organización del contenido, el acceso e interacción en las bibliotecas digitales audiovisuales ha de venir hermanada con estudios que determinen el potencial grado de aceptación que las nuevas propuestas, como lo son las técnicas CBIR, pueden llegar a alcanzar entre los usuarios. Mientras no encontremos iniciativas respaldadas por esos estudios previos, las herramientas resultantes pueden verse abocadas, como ha ocurrido en muchos casos, a su fracaso o incluso a su posterior desaparición.

La necesidad de evaluaciones continuas sobre los proyectos que suponen un desarrollo tecnológico es mayoritariamente reconocida. Sin ir más lejos, es uno de los objetivos continuamente remarcado por la red de excelencia DELOS, pero, al menos en lo que se refiere a la experimentación con las técnicas CBIR, esta necesidad no parece haberse materializado lo suficiente. También la propia red DELOS es consciente de esta carencia y lo expresa a través de su grupo de trabajo sobre imágenes digitales.[210]

[210] Así, por ejemplo, consta en uno de los informes del grupo, disponible en <http://www.dli2.nsf.gov/internationalprojects/working_group_reports/digital_imagery.html>. En él se expresa la necesidad imperante de contar con bancos de pruebas que se utilicen para validar la tecnología CBIR a gran escala.

En consecuencia, animamos a que, desde los foros más relevantes para la comunidad internacional de investigación y desarrollo en el área de las bibliotecas digitales,[211] se estimule la realización de estudios previos sobre las posibilidades de éxito de la aplicación CBIR en distintos entornos. Sabemos de organismos como el IIDR, que centró uno de sus objetivos en tareas de esta índole, pero que, por desgracia, ha acabado desapareciendo —como si su trabajo no hubiera sido suficientemente significativo como para garantizar su existencia—. Es evidente que se requiere de un número más voluminoso de participantes que den como fruto estudios de envergadura y que apliquen métodos ampliamente consensuados.

[211] Como puedan ser, entre otros que no hemos citado hasta ahora, la *International Joint Conference on Digital Libraries* (<http://jcdl.org>) o la *European Conference on Digital Libraries* (<http://www.ecdl2006.org>), así como la revista electrónica D-lib (<http://www.dlib.org>) y la revista científica *International Journal of Digital Libraries*.

Capítulo 4

EL PROBLEMA DE LAS INTERFACES DE CONSULTA

En varias ocasiones hemos señalado las dificultades a las que se enfrentan los sistemas CBIR en la actualidad. En el capítulo 2 indicamos una serie de problemas que responden a aspectos de funcionamiento, aspectos sobre la recuperación y cuestiones que afectan a la interacción con el usuario. En el capítulo anterior hemos remarcado la necesidad que también existe de fundamentar el diseño de todo sistema CBIR sobre unos objetivos claros que tengan en cuenta, por encima de todo, al usuario. Y la mejor prueba de que esta necesidad no está satisfecha hoy en día consiste en examinar con más detalle, precisamente, los problemas de interacción, pues estos problemas son consecuencia evidente de no considerar lo suficiente al usuario en el diseño del sistema.

Los problemas de interacción a los que hicimos referencia en la tabla 2 eran:

— Diseño inadecuado de las interfaces.
— Falta de homogeneidad en las formas de interrogación.

Es decir, a nivel individual, la mayoría de las interfaces de consulta para sistemas CBIR resultan inadecuadas, al tiempo que cada una plantea formas de interrogación distintas, dificultando con ello al usuario la adquisición de comportamientos de búsqueda estandarizados. Este último planteamiento nos recuerda el problema principal que Robledano y Moreiro (2002: 180) detectaban para todo sistema de recuperación de imágenes, y que no era otro sino el de la falta de homogeneidad entre sistemas, un dato que permite afirmar que el conocimiento adquirido al emplear un sistema concreto no nos será de utilidad necesariamente a la hora de utilizar otros. Comprobaremos que, efectivamente, los sistemas CBIR no son ni mucho menos una excepción a esta realidad palmaria.

En definitiva, en este capítulo vamos a determinar con más exactitud a qué se deben los problemas de interacción que afectan a los sistemas CBIR, y también intentaremos aportar soluciones al respecto.

4.1. La necesidad de centrarse en el usuario para conseguir un diseño eficaz

Las demandas dirigidas hacia una mayor atención sobre el usuario se han realizado por parte de muy distintas voces, como hemos tenido ocasión de constatar a lo largo de este trabajo. La más significativa, a nuestro juicio, es la de Kato y compañeros, al desarrollar los sistemas TRADEMARK y ART MUSEUM que dieron origen al término CBIR. Recordemos que para ellos lo esencial era contribuir al diseño de interfaces cada vez más amigables para permitir una comunicación flexible entre el usuario y la máquina. Resulta incluso paradójico que tal motivación les condujese a hablar de sistemas CBIR que, hoy por hoy, padecen importantes errores de interacción.

Aunque, sin duda, en su momento plantearon avances con respecto a los sistemas de tipología similar existentes hasta entonces.

La necesidad de centrarse en el usuario para el diseño de sistemas automatizados de recuperación de información de todo tipo es una línea de investigación abierta que trata de paliar la tradicional postura de considerar como objeto importante de estos sistemas el desarrollo de nuevas y mejores técnicas de representación y procesamiento de la información, olvidándose de la contribución que el propio usuario realiza en el proceso de búsqueda (Caro-Castro, Cedeira y Travieso, 2003: 41).

Ciertamente, estamos en realidad ante una línea de investigación que hemos mencionado ya en otra ocasión como propia de la aproximación cognitiva hacia la que se tiende en el ámbito de la recuperación de información. Una aproximación que se justifica porque sin un conocimiento real de las necesidades cognitivas y contextuales del usuario final, muchos de los sistemas actuales se arriesgan a fracasar (Eakins, 2002; Venters, Hartley y Hewitt, 2004). Y es por ello que cobran importancia los principios de diseño centrados en el usuario.

Hasta tal punto nos parecen importantes los problemas de interacción que padecen los sistemas CBIR, que vemos en ellos la causa de la contradicción entre el interés que suscitan estos sistemas y la falta de éxito general que, sin embargo, han tenido hasta ahora.

Es curioso observar cómo las desventajas que ofrece el modelo tradicional lingüístico de recuperación de imágenes podrían explicar el origen de los sistemas CBIR. Si consideramos el problema del tiempo que plantean las descripciones textuales de las imágenes, podemos pensar que la búsqueda de nuevos sistemas de análisis y recuperación surge para facilitar el trabajo documental. Si partimos de esta idea, podemos también alejarnos del origen real que ha de motivar el nacimiento y posterior diseño de cualquier sistema de información: la satisfacción de las demandas del usuario. Pero no solo eso, sino que un sistema informativo ha de satisfacer esas demandas haciendo uso de estrategias de recuperación solicitadas también por los usuarios o al menos adecuadas a estos. Si consideráramos como motivo fundamental de la aparición de estos sistemas el intento de superar las dificultades de expresión que afectan a las palabras para traducir propiedades significativas muy relevantes de las imágenes, tales como las sensaciones estéticas o las cualidades gráficas, quizá cabría preguntarse si los usuarios han demandado nuevas formas de recuperación porque los sistemas tradicionales no satisfacen enteramente sus consultas.

En definitiva, si los sistemas CBIR contribuyen a salvar algunos de los obstáculos que plantea el paradigma textual de recuperación de las imágenes, ¿qué ha fallado para que estos sistemas no hayan llegado a día de hoy a ser conocidos y empleados de una forma más extensa? La respuesta a esta pregunta puede desprenderse de todo el discurso que venimos sosteniendo acerca del origen de estos sistemas. Los sistemas CBIR no surgen en realidad bajo un enfoque documental, sino que son fruto de dos campos tecnológicos tales como la visión automatizada y el procesamiento de la imagen. Dos campos cuyos fundamentos no son los mismos que motivan la actividad documental. Y aunque la labor de autores como Kato ha discurrido hacia una mayor atención a las cuestiones de interacción con el usuario, lo cierto es que, como hemos podido detectar recorriendo los estudios relativos a sistemas CBIR, la inmensa mayoría de los trabajos y sistemas que se han desarrollado lo han hecho bajo entornos experimentales bastante alejados de la realidad del usuario que, al fin y al cabo, ha de ser el destinatario final de esta tecnología.

Han sido centros como el IIDR, con una línea investigadora más propia de nuestro ámbito profesional, los que han incitado al estudio del comportamiento de búsqueda de imágenes de los usuarios para detectar cuáles son sus necesidades reales. Así, Eakins (2002) pudo comprobar que, aunque el volumen de información sobre necesidades del usuario no es muy amplio, los resultados de los estudios realizados ponen de manifiesto que muy pocos usuarios requieren del nivel de recuperación sobre atributos visuales de las imágenes. Una conclusión así choca enormemente con el hecho de que, durante los primeros años de existencia de sistemas CBIR, la gran mayoría no ofrecía otra forma de recuperación.

Se puede llegar a justificar el atractivo de los sistemas CBIR desde muy distintas posturas, como vimos en primer capítulo. A pesar de que los estudios destaquen el escaso interés de los usuarios por la búsqueda basada en atributos visuales, también hay que tener en cuenta que este escaso interés se deduce a partir de estudios que no se han realizado sobre sistemas CBIR.[212] Asimismo, creemos que los estudios verdaderamente determinantes acerca del interés que pueden ejercer los sistemas CBIR sobre el usuario deben realizarse con sistemas que hayan sido pensados para ese usuario y que, por tanto, dispongan de interfaces adecuadas a sus necesidades. Este objetivo es el que nos lleva a examinar los aspectos de interacción de los sistemas actuales. Queremos saber qué se ha de corregir para llegar a establecer, de acuerdo con el pensamiento de Kato, formas de interrogación útiles e intuitivas en sistemas CBIR. Queremos, en definitiva, aportar soluciones para acercar más esta tecnología a un usuario genérico que desconoce sus posibilidades debido, sobre todo, a los problemas de diseño que desde el primer momento han afectado a estos sistemas.

4.2. Estudios realizados sobre interfaces CBIR

Los problemas de diseño han afectado a la práctica totalidad de sistemas automatizados durante mucho tiempo. Esta idea la expresan muy bien Adarraga y Zaccagnini (1994: 150), quienes dicen que por muy obvio que parezca a nuestra vista el hecho de que los sistemas han de diseñarse para ser utilizados por el usuario —un usuario que puede no estar familiarizado con los entresijos del sistema—, lo cierto es que durante mucho tiempo los programadores no han tenido muy en cuenta esta idea, tal vez porque el programador es demasiado lógico y, curiosamente, no siempre lo que parece lógicamente correcto resulta ser psicológicamente adecuado. Hoy tenemos claro que los aspectos psicológicos del usuario siempre están presentes, por supuesto también durante su contacto con el ordenador, y que, además, dichos aspectos resultan cruciales dado que están directamente vinculados con el uso efectivo de las aplicaciones. El mejor sistema podría fracasar

[212] Como se desprende de las investigaciones en este sentido que comentaremos en el próximo apartado.

estrepitosamente porque las personas que habrían de utilizarlo lo encuentran incomprensible o desagradable.

Y es la interfaz de usuario el elemento en el que se ponen en juego esos aspectos psicológicos, ya que se trata de la infraestructura que permite el contacto entre usuario y sistema.[213]

Acerca de los principios que han de regir el diseño centrado en el usuario se ha escrito mucho. Nosotros remitimos especialmente a los trabajos de M.ª del Carmen Marcos que hemos reseñado en la bibliografía porque sin duda nos despiertan un gran interés, sobre todo por proceder de una profesional en el ámbito de la documentación. Asimismo, si se han de justificar los motivos por los que la documentación debe preocuparse por los aspectos de interacción usuario-sistema, encontraremos en los trabajos de esta autora un acercamiento muy claro entre la documentación y la IPO que nos ayudará a comprender los beneficios que el estudio de la segunda puede reportar a la primera. Recordemos la definición que ya en el capítulo 1 citamos acerca del objeto de estudio de la IPO: «la creación de productos informáticos que ayuden en la realización de tareas a sus usuarios atendiendo a la facilidad de uso, al tiempo de ejecución, a evitar los posibles errores y, en consecuencia, a su satisfacción» (Marcos 2004*b*: 24). Considerando además que la mayoría de los trabajos hoy día se realizan mediante la interacción de las personas con aplicaciones informáticas, es por ello, como recalca Mari Carmen Marcos, que son muchos los ámbitos laborales interesados en mejorar la interacción con las máquinas, entre ellos la documentación.

Está claro pues que la documentación va a servirse de las herramientas y conocimientos aportados por otras disciplinas como la IPO para acercarse al estudio de las interfaces de los sistemas de recuperación de información. No por ello la documentación se está alejando ni mucho menos de su esfera, sino todo lo contrario. Se está acercando con ello al estudio de cuestiones que repercuten directamente sobre una recuperación efectiva de la información, principal finalidad de nuestra disciplina.[214]

Continuando con el ámbito concreto que aquí nos ocupa —el de la recuperación de imágenes fijas—, hemos subrayado ya la importancia que ha de tener en el caso

[213] V. Anexo «Glosario de términos», *Interfaz de usuario.*

[214] Una muestra de la importancia creciente acerca de los aspectos de diseño en la documentación son, por ejemplo, los congresos de ISKO, entre cuyos temas de interés se encuentran precisamente el del diseño centrado en el usuario de sistemas de organización del conocimiento. También nuestros profesionales españoles llevan ya unos años desarrollando estudios en esta línea, como los relativos a accesibilidad y usabilidad en los sitios web de las bibliotecas públicas catalanas (López, Méndez y Sorli, 2002), interfaces de OPAC (Rodríguez y Alvite, 2004;

de los sistemas CBIR la mejora de sus elementos de interacción. Esta afirmación se puede contrastar a partir de los escasos estudios existentes que analizan de una u otra forma la eficacia de los sistemas CBIR desde una perspectiva de usuario. Es nuestro deber extraer aquí las conclusiones principales a las que han llegado dichos estudios, pues hemos de tenerlas presentes para poder avanzar en nuestra sugerencia de mejoras.

Empezaremos comentando el de Venters y otros (2001), que viene a materializar las intenciones manifiestas en Venters, Eakins y Hartley (1997). El proyecto realizado entre la Universidad de Northumbria *(Newcastle Upon Tyne)* y la de Manchester exploró los requisitos de usuario para determinar la interfaz que mejor habría de convenir a un sistema CBIR concreto, el sistema ARTISAN ya expuesto en el capítulo 3.

No podemos extrapolar las conclusiones de este estudio a cualquier sistema CBIR, pero desde luego tampoco se han de desdeñar en absoluto. La principal aportación que supone este trabajo es que podemos extraer de él un método a seguir a fin de diseñar una interfaz adecuada al usuario para un sistema CBIR dado. Y no podemos decir que sean muchos los trabajos que responden a esta perspectiva. Ya en el capítulo 1 aludimos al método en cuestión, pero lo remarcamos de nuevo aquí:

1. Determinar qué tipo de sistema se va a implantar y a qué colectivo de usuarios se va a destinar.
2. Realización de entrevistas con el/los colectivo/s propuesto/s para extraer los elementos de interacción que consideran relevantes.
3. Diseño de la/s interfaces que integren los elementos considerados por los usuarios.
4. Evaluación de las interfaces resultantes en términos de:
   a) usabilidad
   b) utilidad
   c) control
   d) eficacia
   e) satisfacción del usuario, utilizando técnicas distintas: cuestionarios, observación y entrevistas.

Marcos, 2003, 2004*a*, 2004*b*), interfaces de bases de datos web (Rodríguez Yunta y Giménez, 2004) y evaluaciones heurísticas sobre directorios temáticos (Navarro y Tramullas, 2005), entre otros.

En el estudio realizado por estos autores, los usuarios propusieron cuatro tipos básicos de herramientas para soportar la interrogación por atributos visuales: una herramienta para escanear las imágenes, una de dibujo, otra para la construcción de formas y otra de navegación. Para satisfacer estas propuestas, se diseñaron dos interfaces distintas: una que integrase solo la opción de navegación, y otra compuesta por todas las herramientas pensadas por los usuarios (incluida también la navegación). Pues bien, respecto a las conclusiones particulares a las que se llegó, las principales muestran que los usuarios consideraron ambas interfaces rápidas y fáciles de manejar. No obstante, la interfaz de herramienta única (navegación) fue la preferida por la mayoría de los participantes. También ese rasgo de consulta fue el preferido en la otra interfaz. Sin embargo, la eficacia de la herramienta de dibujo fue la más cuestionada por los usuarios. De todas formas, el estudio sugiere que se requiere de un cambio de paradigma si se quiere adoptar la tecnología CBIR como herramienta de recuperación viable. Los autores destacan que la interfaz es el elemento aún menos investigado y desarrollado en lo referente a sistemas CBIR.

Sobre la buena opinión de los usuarios respecto al método de interrogación basado en la navegación, también otros estudios habían llegado a una conclusión similar en las mismas fechas. Es el caso del trabajo de Lai, Tait y McDonald (2001), que planteaba una evaluación centrada en el usuario sobre las herramientas de búsqueda del sistema de propósito general CHROMA. Concluyeron que el usuario —estudiantes universitarios— mostraba una gran capacidad para manejarse con distintos tipos de herramientas de recuperación visual, pero que, sin duda, la posibilidad de navegar y ojear las imágenes del sistema[215] era de gran ayuda para iniciar consultas sin un objetivo determinado, aportando mayor rapidez y eficacia que otras herramientas como la de dibujo. La metodología seguida por este estudio consistió en grupos de discusión y la realización de tareas cronometradas que planteaban dos escenarios diferentes: la búsqueda de imágenes concretas y la búsqueda de imágenes a partir de un tema dado. Otras conclusiones que también recabó este estudio apuntan hacia la necesidad de desarrollar herramientas diferentes que puedan alternarse en el proceso de búsqueda. Y un aspecto de gran interés que subrayan los autores es que se precisa de trabajos encaminados a determinar cómo llevar a cabo evaluaciones centradas en el usuario para sistemas CBIR, porque son muy diversos los métodos que pueden escogerse y, en con-

[215] En el caso de CHROMA, la herramienta de navegación permite ojear las imágenes organizadas de acuerdo con una jerarquía de colores.

secuencia, sería conveniente establecer qué contribuciones aportan unos y otros, y de qué forma se pueden complementar.

Por su parte, recientemente, Broek, Kisters y Vuurpijl (2004)[216] han establecido algunos principios de diseño en relación con un elemento de las interfaces de consulta para sistemas CBIR. El elemento en cuestión que estos autores han analizado es la paleta de selección de colores que muchos de estos sistemas ofrecen en caso de permitir la recuperación de imágenes a partir del color como atributo visual. Realizaron un test a diez usuarios que experimentaron el uso de la selección de color sobre otros tantos motores web con esta característica —no todos los motores eran CBIR, puesto que la usabilidad de los selectores de color puede probarse sobre cualquier otra herramienta de diseño gráfico—. Llegaron a la conclusión de que en la mayoría de los casos el usuario ha de estar familiarizado con el espacio de color empleado, que las variaciones de color son excesivas y provocan confusión. Por todo ello, los usuarios describieron estas interfaces como no intuitivas y demasiado complejas. Basándose en estudios cognitivos sobre el color,[217] los autores proponen como solución a estos problemas el diseño de interfaces que empleen tan solo once categorías de color.[218] Tales colores serían: negro, blanco, rojo, verde, azul, amarillo, gris, marrón, morado, rosa y naranja.

Por otro lado, existe la teoría de que los objetos a manejar en una interfaz han de ser lo más grandes posible para evitar dificultades de movilidad. Esto significa que, cuantos más colores se emplean, disminuye el tamaño de su región interactiva y, en consecuencia, el usuario dispone de menor espacio para actuar. Recordando que la velocidad y precisión de movimiento han de ser consideraciones importantes en el diseño de sistemas interactivos,[219] los autores apelan también a esta causa para decantarse por la reducción del número de colores propuestos al usuario.

[216] Este trabajo es una versión del de Broek y otros (2002). Todos estos autores pertenecen al Instituto *Nijmegen* de Cognición e Información de Holanda y participan, junto con varias instituciones académicas holandesas más, en el proyecto EIDETIC, que finalizará el año 2007 y cuyo objetivo principal es el estudio y desarrollo de herramientas de recuperación CBIR en el contexto de las colecciones digitales de bibliotecas, museos y archivos históricos. El diseño de estas herramientas ha de surgir fruto de la sinergia entre grupos de investigadores expertos en CBIR y en ingeniería cognitiva. Información acerca de este proyecto en <http://www.onderzoekinformatie.nl/en/oi/nod/onderzoek/OND1292597/>.

[217] Los estudios principales que citan estos autores son: J. C. Meadows (1974): «Distributed perception of colours associated with localized cerebral lesions», *Brain* 97, pp. 615-632; O. Sacks (1995): *An anthropologist on Mars*, Nueva York: Knopf; R. L. Goldstone (1995): «Effects of categorization on color perception», *Psychological Science 5 (6)*, pp. 298-304.

[218] Las investigaciones muestran que los colores que pueden nombrarse en todas las culturas se limitan a 11. La referencia principal que sostiene esta afirmación es el trabajo citado en nota anterior de Goldstone (1995).

[219] De acuerdo con Dix y otros (1998): «Human computer-interaction», Pearson Education England, 2.ª ed.

Por último, otro aspecto también considerado es la relación entre el atributo «color» y el atributo «forma». Los estudios cognitivos han concluido que el color influye de manera determinante en el reconocimiento humano de los objetos, y por este motivo los autores deciden también incluir en el diseño de su interfaz una herramienta de dibujo junto con la de selección de colores. En definitiva, podemos decir que el estudio de Broek, Kisters y Vuurpijl se centra en uno de los principales componentes de un sistema CBIR: la definición del espacio de búsqueda, recurriendo para ello tanto a tests de usuarios para evaluar la usabilidad de una serie de interfaces como a investigaciones cognitivas relevantes. De nuevo, podemos encontrar en estos autores una llamada de atención más hacia los estudios sobre interfaces CBIR, advirtiendo que la investigación sobre este tema ha estado ausente mucho tiempo.

Respecto al trabajo de Bird, Elliot y Hayward (1999) enmarcado en el proyecto europeo ELISE, y al que hemos aludido en varias ocasiones, también se proponía evaluar un sistema CBIR desde la óptica del usuario. En esta ocasión, se eligió una adaptación del sistema QBIC que incorporaba la opción de búsqueda mediante ejemplos visuales dados y la opción de expresar un patrón mediante una paleta de colores a partir del cual iniciar la consulta. El método empleado fue el del test de usuario. El objetivo era evaluar la usabilidad supervisando las respuestas de los usuarios. Se llevó a cabo un pequeño número de sesiones de evaluación específicas con un evaluador que registraba los resultados de forma manual mientras el sujeto estaba utilizando el sistema. Se trataba de concentrarse en los siguientes aspectos: cómo reaccionaban los usuarios frente a la interfaz, cómo utilizaban las opciones de búsqueda y sus expectativas al formular las preguntas. Evidentemente, aquí los resultados obtenidos están vinculados a la tecnología de recuperación empleada en este caso, así como a las características de las imágenes de la colección.

Un total de veinticinco usuarios tomaron parte en la evaluación, de los cuales todos estaban familiarizados con la recuperación de información en mayor o menor medida, pero solo cinco estaban familiarizados con el CBIR.

Respecto a las conclusiones de este estudio, los autores las dividen en aquellas que afectan a aspectos genéricos de la tecnología CBIR y las relativas a cuestiones del diseño de las interfaces. En cuanto a los aspectos genéricos, el estudio demostró que:

1. A los usuarios acostumbrados a la recuperación lingüística de la información les resulta difícil expresar un concepto a partir de áreas de color sobre un lienzo.

2. Algunos usuarios tendían a utilizar preferentemente un método de búsqueda de los dos ofrecidos por el sistema, mientras otros utilizaban ambas opciones indistintamente. La opción de búsqueda de similares a partir de un ejemplo dado se consideró más útil en el proceso de exploración, mientras que la distribución de colores para componer un patrón de consulta resultó más eficaz a los usuarios cuando se trataba de buscar algo concreto. Según avanzaba el experimento, algunos usuarios aprendieron a utilizar las dos herramientas en combinación, partiendo del dibujo y refinando los resultados mediante similares.
3. La comprensión del efecto que el fondo de la imagen puede tener sobre los resultados depende fuertemente de la experiencia previa del usuario en el trabajo con imágenes.
4. El uso de una herramienta de dibujo relativamente abstracta, como la ofrecida por este sistema (que utilizaba bloques rectangulares), tiene ventajas al superar la propia percepción del usuario sobre su habilidad artística. La mayoría de los usuarios aprenden a utilizarla rápidamente.
5. Teniendo en cuenta que los usuarios están familiarizados con los navegadores Web, estos tienen la expectativa de que al pinchar sobre un área activa del lienzo visual aparecerá más detalle de la imagen o información relativa a la misma. Es por ello que algunos usuarios no supieron en principio utilizar la herramienta de búsqueda de similares a partir de ejemplos dados, pues cuando pulsaron sobre una imagen esperaban encontrar una ampliación de la misma.

En cuanto a las conclusiones que afectan al diseño de las interfaces CBIR, este estudio extrajo que:

1. Al usuario le gusta poder visualizar simultáneamente las opciones de consulta de que dispone, aunque esto puede causar problemas con la gestión de las ventanas.
2. El usuario puede tener dificultad para comprender los porcentajes de aspecto cuando el lienzo de la herramienta de dibujo tiene un tamaño distinto al de la imagen deseada, por ejemplo si el lienzo es cuadrado y la imagen buscada presenta formato retrato o paisaje.
3. Se considera beneficioso incluir también como opciones la posibilidad de ojear una selección de imágenes al azar y un *bookmark* o historial para recordar el proceso de consulta.

Los estudios que se realizan de forma previa a la implantación definitiva de la interfaz son un buen modelo a seguir, en tanto y cuanto permiten convenir con los usuarios los elementos de interacción más adecuados que se han de contemplar. De todas formas, y aunque la evaluación se lleve a posteriori, es necesario acordar una metodología que incluya siempre los mismos pasos. Precisamente, si hemos de sugerir un método, diríamos que el dispuesto en Venters y otros (2001) es el que nos resulta más completo y lógico. No obstante, también hemos de ser realistas: un método así supone el respaldo de programas que apoyen y financien estas actividades.

Hemos visto en el capítulo anterior que, efectivamente, existen programas que incluyen entre sus objetivos el desarrollo de nuevas técnicas que mejoren la recuperación de las imágenes, pero eso no siempre supone que acepten la inversión en actividades de evaluación tan completas como la que se está sugiriendo. Tal vez si hubiese una garantía previa de que los sistemas CBIR son adecuados para el usuario, se llegara a invertir más en su investigación.

Una solución al problema anterior es desarrollar métodos de evaluación que resulten menos costosos y más rápidos, y que, en consecuencia, puedan aportar un conjunto más voluminoso de resultados relevantes en menos tiempo. En este sentido, tenemos como ejemplo el trabajo de Venters y Cooper (2000*a*). Obviamente, el hecho de que volvamos a repetir al mismo grupo de investigadores deja patente la escasa representatividad existente en el ámbito de los estudios sobre eficacia de sistemas CBIR desde una perspectiva de usuario.

Aunque el estudio de Venters y Cooper se encuentra inserto en el proyecto de viabilidad sobre la tecnología CBIR financiado por destacados organismos británicos,[220] lo cierto es que aplican un método más fácil de asimilar por cualquier estudio de finalidad semejante.

En concreto, nos referimos a la evaluación heurística[221] realizada sobre dos sistemas comerciales, *ImageFinder* e *IMatch*. Recordemos que la evaluación heurística implica el examen de la interfaz de usuario para juzgar su cumplimiento con principios de usabilidad reconocidos y ampliamente aceptados, principios que en el caso de este estudio fueron los establecidos por Nielsen (1993), destacado experto en usabilidad. Dichos principios son los siguientes:

[220] Véase información al respecto en capítulo 1, apartado 1.4.3.

[221] También dijimos que Urcid Pliego (2003) había empleado este método en la evaluación del sistema CBIR diseñado por él para el programa U-DL-A.

1. Visibilidad del estado del sistema. El sistema siempre debería mantener informados a los usuarios sobre el estado de las operaciones mediante la retroalimentación apropiada en un tiempo razonable.
2. Relación entre el sistema y el mundo real. El sistema debe hablar el lenguaje de los usuarios, con palabras, frases y conceptos familiares al usuario, en lugar de términos orientados al sistema. Es conveniente que siga convenciones del mundo real haciendo que la información aparezca en un orden natural y lógico.
3. Control y libertad del usuario. Los usuarios a menudo escogen funciones del sistema por error y necesitarán una salida de emergencia marcada claramente para abandonar un estado indeseado, sin tener que pasar por un diálogo extenso.
4. Consistencia y estándares. Los usuarios no deberían tener que preguntarse por el significado de las palabras, situaciones o acciones. Tampoco se debe dudar si dos elementos significan lo mismo. Para evitarlo, se aconseja seguir una plataforma de convenciones aceptada.
5. Prevención de errores. Se trata de determinar si el sistema ha sido diseñado para prevenir errores desde que aparecen por primera vez.
6. Reconocer mejor que recordar. Hacer visibles los objetos, acciones y opciones. El usuario no debería tener que recordar información de una parte del diálogo a otra. Las instrucciones de uso del sistema deberían ser visibles o fácilmente recuperables, a la vez que apropiadas.
7. Flexibilidad y eficacia de uso. Es adecuado que el sistema distinga entre usuarios inexpertos y expertos, así como que permita el diseño a medida de acciones frecuentes.
8. Diseño estético y minimalista. Los diálogos no deberían contener información que sea irrelevante o raramente necesaria. Cada unidad de información extra en un diálogo compite con las unidades relevantes de información y disminuye su visibilidad relativa.
9. Ayuda a los usuarios a reconocer, diagnosticar y recuperarse de los errores. Los mensajes de error deberían expresarse en un lenguaje llano, indicando de forma precisa el problema y sugiriendo una solución constructiva.
10. Documentación de ayuda. Lo ideal sería que el sistema pudiera utilizarse sin documentación pero, en la mayoría de los casos, será necesario ofrecer ayuda y documentación. Cualquier información de este tipo deberá ser fácil de buscar, centrada en la tarea del usuario, con una lista concreta de pasos a llevarse a cabo y no demasiado amplia.

Venters y Cooper enumeran en su informe estos criterios, al tiempo que directamente ofrecen los resultados obtenidos por uno y otro sistema de acuerdo con el esquema de puntuación propuesto, basado en una escala de ocho valores centrados en el 0 como valor neutral: -3, -2, -1, 0, +1, +2, +3, NA (sin valorar). Una de las principales diferencias con respecto a los métodos vistos en los trabajos anteriores es que, en este caso, se prescinde de la participación directa del usuario, pues la evaluación consiste en el análisis de los criterios expuestos por parte de evaluadores que recorren las interfaces durante varias sesiones de conexión. Ahora bien, esos criterios han sido elaborados a partir de las observaciones sobre los aspectos de interacción más determinantes en la valoración de la eficacia de cualquier tipo de sistema automatizado por parte de un usuario genérico. Son criterios basados pues en la experiencia de uso.[222]

Los resultados del trabajo de Venters y Cooper advierten de la existencia de problemas de eficacia en ambos sistemas analizados —particularmente destacable es el caso de *ImageFinder*, que registra valores negativos en todos los criterios— e incitan al desarrollo de controles de funcionamiento y marcos de evaluación adecuados para sistemas CBIR. Y es que, como hemos dado a entender, el análisis de usabilidad no es de ningún modo un método de evaluación exclusivo de este tipo de sistemas.

El propósito de las evaluaciones heurísticas no es distinto al de los estudios de evaluación previos a la implantación y diseño de una interfaz para un sistema CBIR. Tal vez la diferencia radica en el momento en que se realiza dicha evaluación.[223] No obstante, y como bien nos recuerda Abad García (1997: 29 y ss.), la evaluación de los sistemas de recuperación de información debe estar presente en todas las fases de su ciclo vital (planificación, viabilidad, diseño, implantación y funcionamiento). Esta misma autora señala entre los fines que persigue la investigación evaluativa en relación con los sistemas de información, el de determinar en qué medida se ha entrenado a los usuarios para la utilización del sistema, afirmando además que la relación usuario-sistema es un aspecto muchas veces olvidado al idear un nuevo sistema de información.

[222] Lo que hace que de alguna manera se asemeje al estudio de Broek, Kisters y Vuurpijl (2004), quienes acudían a principios cognitivos establecidos por estudios previos.

[223] Que, de todas formas, también puede coincidir, aunque en el caso del estudio de Venters y Cooper (2000*a*) se realizara sobre dos sistemas comerciales en explotación. De hecho, Adarraga y Zaccagnini (1994: 262) explican que, en realidad, la evaluación de la usabilidad de la interfaz por evaluadores ajenos al sistema sería en buena lógica un método previo a la explotación de cualquier aplicación.

La herramienta de evaluación más nombrada para establecer precisamente las relaciones usuario-sistema son los tests de usuarios. Sin embargo, y dado el coste que esta clase de tests supone a menudo, se considera que una evaluación heurística previa —en el caso de sistemas interactivos— puede llegar a detectar los mismos problemas de forma más barata y rápida (Manchón, 2002*b*).

Por tanto, creemos que se podría llegar a extraer un cuerpo sólido de principios de diseño a partir de evaluaciones heurísticas. Con ello se podría ahorrar dinero en la detección de problemas, al tiempo que, como hemos dicho, se contribuiría de forma más rápida a aportar datos que serían aprovechados en el desarrollo de posteriores sistemas. En la medida en que se corrigieran al menos los problemas detectados por estas evaluaciones, probablemente, y solo con eso, se mejoraría la concepción de los usuarios acerca de la eficacia de los sistemas CBIR. Y a partir de ahí, se podría favorecer una investigación sobre esta tecnología más nutrida en todos los sentidos.

No vamos a decir que las evaluaciones heurísticas sean la panacea para detectar todos los errores de interacción,[224] pero nos parece claro que en el caso de los sistemas CBIR permitirían al menos desarrollar muchos más estudios enfocados desde la óptica de la relevancia que juega una buena interacción usuario-sistema, problema que reiteradamente estamos señalando como el más importante a nuestro juicio de los que atraviesan los sistemas CBIR.

Es por ello que, a continuación, vamos a prestar atención al diseño de un modelo de evaluación que tenga en cuenta la percepción del usuario sobre los elementos del sistema, que pueda aplicarse fácilmente y que, al mismo tiempo, intente ajustarse a las características y condiciones que impone un sistema CBIR.

4.3. Propuesta de requisitos mínimos de usabilidad para interfaces en sistemas CBIR

En el apartado anterior hemos observado cuál es la tendencia de los escasos estudios sobre interfaces CBIR que se han llevado a cabo. Aunque podemos haber dejado en el camino algún estudio por señalar, no son muchos más los existentes al respecto. En general se comprueba que se tiende a analizar situaciones concretas, resultando difícil extrapolar las conclusiones que se extraen en cada caso a

[224] Entre otras razones, porque el mismo Nielsen (1993) así nos lo advierte, aunque el método mejorará a medida que aumente el número de evaluadores participantes.

otros contextos. Asimismo, también hemos subrayado la ausencia de un método de evaluación suficientemente consensuado.

Acerca de este paradigma tan genérico de estudios que se centran en el análisis del contexto en que se ha de implantar un sistema, tienen mucho que decir Caro-Castro, Cedeira y Travieso (2003), quienes han realizado un estupendo trabajo relativo a la investigación sobre recuperación de información desde la perspectiva centrada en el usuario. Uno de los aspectos que estos autores comentan es que la etiqueta «centrada en el usuario» ha servido para agrupar una serie de enfoques diversos que tienen en común la presencia del «factor humano» y, por ende, la oposición a la perspectiva tradicional. Esta variedad de enfoques tiende a reunirse bajo dos corrientes: la sociológica y la cognitiva. La primera sería la que se centra en el análisis de las influencias del contexto sobre el comportamiento de los usuarios de sistemas de recuperación de información. Por su parte, la corriente cognitiva supone el estudio de los aspectos emocionales y cognitivos de esta conducta, que son independientes del contexto en el que se realiza la búsqueda. Desde este último enfoque, entender la búsqueda de información significa comprender cómo las categorías conceptuales de los usuarios —su modelo del mundo— afectan a la interacción y se modifican durante la misma.

El ámbito de los sistemas CBIR no queda al margen de esta dicotomía, al menos en lo que se refiere al estudio de sus interfaces, pues hemos encontrado ejemplos que responden a ambos planteamientos: el estudio de la interfaz teniendo en cuenta las consideraciones de sus futuros usuarios es una clara muestra del tipo de estudios sociológicos, mientras que su análisis a partir de criterios de usabilidad se situaría bajo el enfoque cognitivo.

En el apartado anterior, hemos defendido el empleo de evaluaciones heurísticas por otros motivos ajenos a la distinción aquí presentada, pero, obviamente, también podríamos decantarnos en esta bifurcación por el enfoque cognitivo atendiendo al interés que rinde por llegar a conclusiones que puedan reutilizarse independientemente de la situación que se dé.

Caro-Castro, Cedeira y Travieso llegan en su estudio a la conclusión de que, en cualquier caso, y a pesar del interés que han suscitado en los últimos años los trabajos circunscritos a la perspectiva centrada en el usuario, todavía no se ha consolidado un grupo de medidas normalizadas que permitan comparar los resultados de la investigación. De nuevo, constatamos que esta conclusión afecta también a los pocos estudios sobre sistemas CBIR orientados en esta dirección, pues tampoco parecen compartir una metodología unificada.

En este punto del discurso, nos vemos obligados a detenernos un momento para sintetizar los motivos que nos inducen a acercarnos a los estudios sobre usabilidad:

En primer lugar, queremos precisar que no es nuestra intención decantarnos por un tipo de estudios únicamente dejando al margen otros. Como hemos dicho antes, la metodología propuesta en Venters y otros (2001) nos parece sumamente adecuada para llevarla a cabo en cualquier proyecto de implantación de un sistema CBIR. Quede claro, asimismo, que dicho método aúna las corrientes sociológica y cognitiva que hemos comentado en los párrafos anteriores, pues integra en su último punto la evaluación de las interfaces atendiendo a criterios como la usabilidad o la satisfacción del usuario que, aunque evidentemente están influidas por el contexto específico de que se trate, también han de considerar otra serie de aspectos psicológicos elementales que cualquier usuario pone en juego durante su interacción con el sistema. En definitiva, creemos que no se trata de decidir si es más determinante en la interacción el contexto, la experiencia o la cognición humana. Todos estos aspectos son decisivos y complementarios.

Nuestro propósito, no obstante, es el de incidir aquí en el método de las evaluaciones heurísticas para examinar la usabilidad que presentan las interfaces de sistemas CBIR. Lo hacemos porque consideramos que, para el futuro éxito en la implantación de sistemas CBIR, se necesita precisar qué errores comunes se están cometiendo y, a partir de ellos, diseñar un conjunto de principios o requisitos mínimos de usabilidad que pueda tener en cuenta cualquier sistema CBIR como garantía inicial. A medida que ese conjunto de principios se contraste en sucesivas evaluaciones podrá corregirse, ampliarse y ofrecer cada vez mayores garantías de éxito. Pensamos que esta situación incentivará el desarrollo de investigaciones sobre esta tecnología centradas en el usuario.

4.3.1. DISEÑO DE UN MODELO DE EVALUACIÓN DE USABILIDAD

El modelo de evaluación que diseñemos tiene que tener en cuenta aspectos aportados por otras disciplinas, como la psicología cognitiva y la IPO, pero también los resultados de estudios de necesidades informativas y comportamiento de búsqueda de los usuarios de imágenes, así como los resultados de los estudios sobre interfaces CBIR que ya hemos comentado. Esto es así porque a partir de estas diversas aportaciones estaremos capacitados para establecer qué es lo que podría hacer exitoso a un sistema CBIR en términos de interfaz y, en consecuencia, estaremos en disposición de conocer qué debemos medir, es decir, en qué indicadores hemos de fijarnos para analizar la situación actual de los sistemas CBIR con respecto a tales indicadores.

Las características primordiales que ha de reunir nuestro modelo son:

— Facilidad en su ejecución.
— Posibilidad de realizarse en cualquier fase de la aplicación.
— Flexibilidad.
— Ajustado a las propiedades de un sistema CBIR.
— Razonado.

Sus objetivos han de ser:

— Permitir analizar la situación de los sistemas CBIR en lo que a su interacción con el usuario se refiere. A priori, consideramos que esta situación es de:
  • Diseño inadecuado de interfaces
  • Heterogeneidad en las formas de interrogación
— Extraer un conjunto de requisitos mínimos de usabilidad que puedan sumarse a los establecidos por otros estudios.

Como hemos dicho, nuestro modelo ha de reunir cuestiones y criterios de usabilidad generales que afectan a la interacción de las personas con cualquier aplicación, pero también aspectos concretos que atañen al usuario de sistemas de recuperación de imágenes y que se deducen de los estudios al respecto. Comencemos viendo qué cuestiones sobre usabilidad hemos de incorporar a nuestro modelo.

4.3.1.1. Cuestiones sobre usabilidad

El criterio fundamental de evaluación de las interfaces es la usabilidad (Adarraga y Zaccagnini, 1994: 262). Estamos ante un término traducido del vocablo inglés *usability* que la Organización Internacional para la Estandarización (ISO) define como: 1) «Capacidad de un software de ser comprendido, aprendido, usado y resultar atractivo para el usuario, en condiciones específicas de uso». El sintagma «en condiciones específicas de uso» se añadió para dejar claro que un producto no tiene una usabilidad intrínseca, sino que esta es una capacidad en relación con el contexto de uso (ISO/IEC[225] 9126). 2): «Efectividad, eficiencia y satisfacción con la que un producto permite alcanzar objetivos específicos a usuarios específicos en un contexto de uso específico» (ISO/IEC 9241).

Es pues un término que se aplica para hablar tanto de las características de uso como de las prestaciones de un software o un producto. Hemos de entender que todo software requiere de un hardware y, en consecuencia, forman un sistema informático; así mismo, todo sistema informático no deja de ser un producto humano, por tanto, la distinción entre software y producto que parece haber en estas definiciones no es tal. En un primer momento, la ISO quiso ofrecer una definición de usabilidad aplicada al campo de la ingeniería del software, donde el término se asociaba más al diseño de interfaces de usuario. En el año 2000, el estándar ISO/IEC 9126-1 utiliza la misma definición para hablar de la usabilidad de un software que la dada en la norma ISO/IEC 9241 para referirse a la usabilidad de un producto en sentido genérico. De este modo, la usabilidad alude a la utilidad, facilidad de uso, facilidad de aprendizaje y satisfacción —tanto de un software o sistema como de un producto—, para conseguir unos objetivos específicos en un determinado contexto de uso. Igualmente, valora la influencia del diseño en el logro de dichas cualidades.

En la actualidad, la usabilidad es un objetivo perseguido por todo sistema interactivo de información. Facilitar al usuario la consulta al sistema y satisfacer oportunamente sus necesidades en el menor tiempo posible son dos factores clave que, entre otras ventajas, mejoran la productividad y la calidad de las acciones y las decisiones. Son también dos propósitos que el profesional de la comunicación ha de buscar siempre en su tarea de resolver necesidades de información.

Para detectar y poder solventar posteriormente problemas de usabilidad, se aplican distintos métodos conocidos como *métodos de ingeniería de usabilidad*. De entre ellos, cabe destacar el de la *evaluación heurística* por ser barato, rápido y eficaz. Se trata de un método para encontrar problemas de usabilidad en un diseño de interfaz de usuario. Presta atención al diseño, localización e implementación de los elementos del sistema con vistas a determinar si existe o no una adecuada interacción usuario-máquina. Implica examinar la interfaz y juzgar su cumplimiento con principios de usabilidad reconocidos, tales como los establecidos por Jakob Nielsen (1993), que como ya citamos al hablar del estudio de Venters y Cooper (2000*a*), es el principal gurú de la usabilidad. Los diez principios

[225] International Electrotechnical Commision.

heurísticos que Venters y Cooper siguieron en su análisis aparecen enunciados en casi todos los trabajos de Nielsen. Podemos encontrar ligeras variaciones en la manera de formularse; antes hemos visto cómo los nombraban Venters y Cooper.[226] En Nielsen y Molich (1990), sin embargo, se citan de la siguiente forma:

— Diálogo simple y natural
— Hablar el lenguaje del usuario
— Minimizar la carga de memoria del usuario
— Ser consistente
— Ofrecer retroalimentación
— Ofrecer salidas claramente marcadas
— Mostrar «atajos»
— Buenos mensajes de error
— Prevenir errores

Aquí estamos ante nueve principios que, no obstante, están perfectamente contenidos en el desarrollo anteriormente expuesto al comentar el trabajo de Venters y Cooper (2000*a*). Una explicación detallada de estos principios se encuentra en Molich y Nielsen (1990). Comentan estos autores que, a medida que grandes compañías, como IBM, se dieron cuenta de la importancia que tiene que el diseño de la interfaz alcance una buena puntuación respecto a esos criterios de utilidad, satisfacción, facilidad de uso y de aprendizaje, se empezaron a desarrollar guías para construir interfaces centradas en el usuario. Aunque el cumplimiento de las recomendaciones aportadas en estas guías no sea condición suficiente para elaborar interfaces con una buena capacidad de interacción, lo cierto es que se consideran muy necesarias, a pesar de que la mayoría se extiende en documentos de cientos de páginas. Molich y Nielsen advirtieron que a los diseñadores les costaba mucho esfuerzo encontrar los aspectos relevantes de interacción en documentos tan extensos, de tal forma que, a partir de su experiencia entrevistando a diseñadores y programadores, confeccionaron una breve lista que venía a recoger los problemas de usabilidad comúnmente más aceptados. En realidad, esta lista guarda mucha relación con otras anteriores, como la de la compañía Apple.[227]

[226] Exactamente igual que lo hace el propio Nielsen en «Ten Usability Heuristics» [documento HTML], <http://www.useit.com/papers/heuristic/heuristic_list.html>.

[227] Apple Computer Co. (1987): *Apple Human Interface Guidelines. The Apple Desktop Interface,* Waltham (Mass.): Addison Wesley.

A día de hoy, los criterios de Nielsen son los más utilizados para llevar a cabo evaluaciones heurísticas, pues al parecer son más eficaces que otros principios en permitir a los evaluadores descubrir problemas de usabilidad significativos (Lai-Chong y Thora, 2004: 241). También la evaluación heurística sigue siendo en la actualidad el método de evaluación de la usabilidad más socorrido (Rosenbaum, Rohn y Humburg, 2000: 344) a pesar de las críticas que ha recibido, ya que, según Lai-Chong y Thora (2004: 241) aún no podemos decir que exista un método enteramente libre de prejuicios y más competitivo que este.

Respecto a las heurísticas de Nielsen, estas también han recibido críticas por parte de muchos autores, especialmente porque se consideran demasiado generales en cuanto a su contenido, limitadas en su alcance y no incluyen aspectos cognitivos (Lai-Chong y Thora, 2004: 241-242).

Estamos de acuerdo con el hecho de que estos principios pueden ser limitados en su alcance por su generalidad, no obstante, no creemos que prescindan de aspectos cognitivos. Más bien todo lo contrario, pues si hemos considerado la usabilidad como una herramienta de la IPO, y la IPO —como nos recuerda M.ª del Carmen Marcos (2004*b*)— está en estrecha vinculación con la psicología cognitiva, ya que de ella toma las bases para el estudio del conocimiento humano, es difícil que una cualidad tan esencial para la IPO como es la usabilidad de los productos y sistemas pueda prescindir de aspectos cognitivos.

Y si se han tomado las heurísticas de Nielsen como bastante satisfactorias en evaluaciones de la usabilidad, al menos hasta la fecha, resulta aún más difícil declarar que tales principios carecen de una perspectiva cognitiva. Las evaluaciones heurísticas tienen en cuenta los métodos y técnicas que nuestra experiencia nos aporta para afrontar los problemas,[228] luego es ilógico deducir que los principios derivados de la observación de nuestro modo de proceder a través de la experiencia no mantengan ninguna relación con nuestra cognición. Asimismo, queremos remarcar —como hicimos antes—, que es evidente que el entorno social, organizacional, etcétera, en el que el usuario utiliza el ordenador influye en su modo de interacción, y que por tanto es prácticamente imposible mantener desvinculadas ambas parcelas: la social y la cognitiva.[229]

[228] En concreto, y como diría Joan Costa (1998: 60) en relación a nuestra conducta visual, los individuos constituimos hábitos que llamaríamos «universales de la cotidianidad» cuyo funcionamiento ha de conocer todo diseñador de esquemas si quiere organizar el trabajo conforme a la manera más natural, espontánea y sencilla de captarlo.

[229] También en M.ª del Carmen Marcos (2004*b*: 57) encontraremos argumentos en este sentido.

Para nosotros, lo evidente es que el análisis de usabilidad es una forma de evaluación de la eficacia de las interfaces; que la interfaz es una característica de todo sistema CBIR que actúa como variable independiente y se relaciona con el rendimiento que obtiene el usuario y con las características del proceso de búsqueda, luego no puede estar exenta de contemplar cómo son esos elementos del proceso y cómo el usuario se relaciona con ellos. También resulta evidente que en esa interrelación influyen aspectos psicológicos propios de la condición humana, así como circunstancias particulares de cada individuo y del contexto en cuestión que estemos analizando.

Dicho esto, en este apartado vamos a diseñar un modelo de evaluación de la usabilidad de las interfaces CBIR, no desde la perspectiva real del funcionamiento del sistema —pues como ya hemos visto, esta perspectiva sí ha encontrado buenos cauces a través del desarrollo de protocolos que permiten medir y comparar entre sí los algoritmos y procesos internos del sistema—, sino desde la percepción que el usuario tiene sobre dicho funcionamiento. Por esta razón, hemos decidido acudir a los criterios de usabilidad, siguiendo además la idea de Gudivada y Raghavan (1995: 21), quienes nos decían que los métodos de usabilidad son útiles para medir y evaluar el funcionamiento humano y la preferencia al utilizar los sistemas CBIR, y que por ello deberían desarrollarse medidas adecuadas para caracterizar estos factores.

Nuestro propósito es intentar determinar qué ha de caracterizar el éxito de un sistema CBIR en términos de interfaz. Y en este sentido, hemos podido comprobar que los principios generales establecidos por Nielsen se siguen de forma muy extendida. Marcos (2004*b*: 114 y ss.) nos da a conocer también a otros autores que igualmente han desarrollado principios similares, tan similares que no suponen prácticamente ninguna aportación nueva a los de Nielsen. Nos referimos a Shneiderman (1998)[230] y Mandel (1997).[231] En concreto, Shneiderman propone ocho reglas derivadas de la experiencia, aunque considera que todos los principios deben siempre interpretarse y adaptarse a cada entorno. Sus «reglas de oro» son:

— Coherencia: Diseño similar en situaciones similares.
— Posibilidad de usar «atajos» por medio de abreviaturas, combinaciones de teclas y macros que serán de utilidad para usuarios expertos.

[230] B. Shneiderman (1998): *Designing the User Interface*, Boston: Addison Wesley, 3rd ed. Primera edición de 1987.

[231] T. Mandel (1997): *The elements of user interface design*, Nueva York: Wiley & Sons.

— Información de retroalimentación en cada acción importante que se ejecute.
— Interacción organizada en grupos con un principio y un fin que ayuden al usuario a conocer en qué estado de la operación se encuentra.
— Prevención de errores y ayuda para solucionarlos si se han cometido.
— Acciones fácilmente reversibles que den al usuario mayor tranquilidad al saber que puede deshacer una acción cometida por equivocación.
— Control por parte del usuario: Él ha de ser quien inicie las acciones y el ordenador quien responda.
— Reducción de la carga cognitiva para evitar la memorización de comandos y opciones: Esto se consigue ofreciendo la información necesaria en pantalla.

Por su parte, Mandel reorganiza estos criterios en tres reglas en lugar de ocho; cada una de ellas se detalla de tal forma que incluiría varios de los criterios vistos en una sola. Las especificaciones de Mandel las ofrece también Marcos (2004*b*: 115-117), de quien tomamos literalmente la siguiente síntesis:

Regla 1: Control por parte del usuario
— Evitar los cambios de modo (ej.: de dibujo a texto) si se puede diseñar una alternativa. Los cambios son muchas veces innecesarios, ya que podrían ofrecerse todas las opciones desde la misma pantalla. Asimismo, se ha de indicar en todo momento en qué modo se encuentra el usuario.
— Ofrecer la posibilidad de usar el teclado y el ratón indistintamente en todas las acciones, a elección del usuario.
— Poder interrumpir la tarea en cualquier momento para retomarla más tarde o guardarla tal y como está.
— Ofrecer textos descriptivos y comprensibles al usuario, utilizando un lenguaje fácil y lo menos técnico posible.
— Favorecer la ejecución de las acciones de forma inmediata, reversible y con retroalimentación sobre lo que el sistema hace en cada momento. Está demostrado que las personas admitimos mucho mejor los errores y la espera si conocemos el motivo que los provoca y se nos va informando del estado de la situación.
— Ofrecer una navegación guiada por toda la interfaz.
— Posibilitar diferentes niveles de uso —usuarios noveles y usuarios avanzados— para que a los primeros les resulte sencillo y a los segundos no se les haga lento y pesado.

— Hacer que la interfaz sea transparente al usuario, que la recorra interactuando con los objetos sin percibir el sistema que subyace debajo; una pieza clave para lograrlo es diseñar objetos que funcionen igual que lo hacen en el mundo real mediante metáforas.
— Posibilitar la personalización de la interfaz en cuanto a la presentación (colores, fuentes...), al comportamiento (acciones, botones, macros...) y a las técnicas de interacción (combinación de teclas, atajos, reglas mnemotécnicas, funciones de los botones del ratón...)
— Permitir al usuario manipular los objetos directamente y adaptarlos a su estilo natural de interacción.

Regla 2: Reducir la memorización
— Evitar que el usuario recurra a menudo a la memoria a corto plazo para recuperar información que más tarde necesitará.
— Proveer métodos de reconocimiento de información. Está demostrado que resulta mucho más sencillo reconocer un ítem de entre un grupo que expresarlo con las propias palabras. En este sentido se está apostando por el *browsing*.
— Proporcionar claves visuales. Disponer textos e iconos que indiquen al usuario qué programa está usando, qué documento, en qué parte de él se encuentra, qué opciones tiene disponibles, etcétera.
— Ofrecer la posibilidad de volver a la configuración inicial, al igual que anteriormente se decía que debía poderse modificar el estilo para personalizarlo. Disponer igualmente de las opciones de deshacer la acción y rehacerla de nuevo.
— Ofrecer atajos a los usuarios expertos para aligerarles el trabajo. Existen dos métodos: el mnemotécnico (pulsar una letra, normalmente la inicial, de cada opción para ejecutarla) y el de combinación de teclas para ejecutar una acción.
— Promover la sintaxis de objeto-acción. Se refiere a la manipulación directa de los objetos, que deben indicar en sí mismos si están o no disponibles en cada momento.
— Usar metáforas de la realidad para que el usuario transfiera su conocimiento al manejo del sistema sin necesidad de aprender nada nuevo. Una vez elegida la metáfora adecuada se debe seguir con ella de forma coherente.
— Divulgación progresiva. Esta expresión viene a significar que no es preciso ni aconsejable mostrar al usuario todas las funciones que ofrece el programa,

sino solo aquellas que vaya necesitando, e incluso puede hacerse en varios niveles (básico y avanzado).

— Aplicar los principios de la percepción visual de las personas:[232] elegimos mejor en menús breves, si la pantalla no está llena de datos, si dentro de los grupos de información hay un orden y si lo más importante se presenta en primer lugar.

Regla 3: Coherencia de la interfaz

Antes de aclarar las consideraciones que agrupa esta regla, Marcos (2004*b*: 116 y 117) hace mención al hecho de que la coherencia suscita un intenso debate entre sus defensores y detractores, pues para algunos resulta incluso una meta imposible de conseguir al ser muy difícil de identificar, al tiempo que un exceso de preocupación por esta cuestión puede poner en riesgo otros aspectos de interacción tan importantes como la satisfacción del usuario. Este elemento incluiría las siguientes consideraciones:

— Mantener el contexto con puntos de referencia que indiquen al usuario dónde se encuentra.

— Dar claves para que se pueda predecir el resultado de las acciones (por ejemplo: cuando se copian ficheros en Windows se ven unas hojas volando de la carpeta de origen a la de destino).

— Ofrecer ayuda contextual sin tener que abandonar la pantalla de trabajo.

— Mantener la coherencia dentro del sistema y con otros sistemas de manera que los conocimientos adquiridos en el manejo de un programa sean transferibles a otros, reduciendo así el tiempo y el esfuerzo de aprendizaje. Esta coherencia se debe dar en tres niveles: *presentación, comportamiento* y *técnicas de interacción.* En cuanto a la presentación, el usuario debe ver la información y los objetos siempre con el mismo aspecto, siguiendo una misma lógica y ubicados en sitios iguales. La coherencia en el comportamiento se refiere a que los objetos deben actuar siempre de la misma manera y así no sorprender al usuario. Por último, las técnicas de interacción deben ser las mismas: las teclas de atajo en distintas pantallas o en diferentes pro-

[232] Este criterio, que por supuesto también es considerado por Nielsen al hablarnos del orden lógico y natural que ha de seguir el sistema en su lenguaje, del diseño minimalista también en cuanto a la cantidad de información a presentar, etcétera, supondría de nuevo un contraargumento para oponernos a los que tachan los principios de Nielsen de no cognitivos.

> gramas, la utilidad de los botones del ratón, la regla mnemotécnica aplicada a los menús, etcétera. Es más fácil recordar hábitos aprendidos que aprender otros nuevos. Además, si una misma acción produce diferentes resultados en distintos momentos, el usuario puede desconfiar de sus conocimientos y crear supersticiones sobre las acciones.

Tras estas reglas de oro que Marcos nos recuerda y explica, la autora advierte además que otro principio para garantizar el éxito de una interfaz es que permita adaptarse a todos los idiomas. Si bien los sistemas CBIR que aplican exclusivamente un modelo de recuperación visual no habrían de sufrir a priori este inconveniente,[233] sí es una importante cuestión a considerar cuando se quiere combinar con la recuperación lingüística.

También Marcos añade después otros dos factores de extrema relevancia: los tiempos de movimiento y de respuesta; y los mensajes del sistema, especialmente los de error. Ambos criterios estaban incluidos en los principios de Nielsen, quien señalaba que el sistema debía informar al usuario en un tiempo razonable, así como ayudar al usuario a diagnosticar y recuperarse de los errores. De hecho, acerca de los tiempos de respuesta, escribe Nielsen (1993)[234] que hay tres límites importantes: 0,1 segundos sería el tiempo que el usuario consideraría como reacción instantánea del sistema; 1 segundo sería un límite que provocaría la opinión de que no se está operando directamente, aunque el flujo cognitivo del usuario sobre su tarea no se verá interrumpido; hasta 10 segundos el usuario puede mantener su atención a la espera del resultado que ofrezca el sistema, pero tiempos superiores implican que el sistema ha de mantener informado al usuario del proceso, al tiempo que ha de ofrecerle la oportunidad de continuar trabajando en otra tarea.

Marcos (2004*b*: 121) matiza estas consideraciones señalando que multitud de experimentos han demostrado que los usuarios prefieren rapidez en la respuesta del sistema, pero también se sabe que a mayor rapidez de respuesta mayor número de errores comete el usuario, ya que lee con premura y con menor comprensión, lo que le lleva a tomar decisiones equivocadas. Por tanto, el punto ideal sería aquel en el que las tareas se ejecutaran de forma rápida, el porcentaje de errores fuera mínimo y la satisfacción del usuario alta. Para la autora no hay un

[233] Excepto en el idioma escogido para nombrar los botones y presentar la documentación de ayuda.
[234] En el capítulo quinto de Nielsen (1993).

número mágico de segundos de espera, sino que depende fundamentalmente de dos factores: el tipo de tarea de que se trate y la experiencia del usuario, que le hace por un lado preferir mayor rapidez (si es usuario experto) o menor rapidez (si es novel) y por otro, tener unas expectativas del tiempo que debería tardar el sistema en responder.

Todos estos principios de diseño y usabilidad son perfectamente aplicables a los sistemas CBIR. Sin embargo, también pueden resultar limitados por su generalidad, haciendo necesario que, según el tipo de sistema que estemos estudiando, debamos acudir a principios más específicos. Así como, por ejemplo, para diseñar interfaces de OPAC contamos —entre otros— con los principios de organizaciones como la IFLA, en el caso de los sistemas CBIR tenemos que acudir a los resultados de los estudios parciales que van surgiendo en relación con el tema. Ya hemos visto en el apartado 4.2 cómo son estos estudios, entre cuyas principales desventajas se encuentra la dificultad de extrapolar sus conclusiones, pero nosotros vamos a intentar extraer de ellos algunos criterios que consideramos como factores con incidencia en el éxito de las interfaces CBIR:

Una de las primeras cuestiones que debemos tener presente es que el usuario acostumbrado a la recuperación lingüística de las imágenes —es decir, la inmensa mayoría— va a necesitar una completa guía y orientación para manejarse correctamente con el sistema, y esto es así porque las herramientas que habitualmente le ofrece un sistema CBIR no le resultan conocidas. De entre las herramientas que puede ofrecerle el sistema encontramos el *browsing* o navegación como la más asequible y exitosa, especialmente cuando el usuario no tiene una idea precisa de la imagen que está buscando. La navegación le permitirá familiarizarse con el conjunto de imágenes que alberga el sistema. Por el contrario, cuando el usuario busca imágenes concretas, requiere de otras herramientas que le aporten mayor rapidez. A este respecto, no queda claro el éxito de la opción de dibujar un esquema o esbozo de la imagen deseada, ya que en buena medida el usuario puede achacar un mal resultado a una falta personal de destreza artística. Sin embargo, los estudios cognitivos acerca de la relación entre el color y la forma de los objetos llevan a afirmar que el color influye de manera determinante en el reconocimiento que hacemos de los objetos y, en consecuencia, podríamos deducir que la herramienta de dibujo puede verse oportunamente complementada por una herramienta de selección de colores. Por lo demás, poco se precisa sobre cómo ha de ser una herramienta de dibujo eficaz: en principio, parece que cuanta menos definición se le pida al usuario, más fácil le resultará a este manejar dicha opción.

Pero la facilidad de uso por sí sola no implica necesariamente una mejora de la usabilidad, pues si definimos poco nuestro dibujo aumenta la probabilidad de obtener resultados menos satisfactorios y, como ya sabemos, la satisfacción también es requisito de la usabilidad.

En cuanto a la opción de consulta por selección de colores, hemos podido comprobar que algunos estudios recomiendan que se reduzca el número de colores que se presenta al usuario, al tiempo que de esta forma se puede aumentar el espacio de interacción de cada color a escoger agilizando el proceso. En realidad, esta no es una cuestión que afecte o se extraiga únicamente a partir de la observación de interfaces CBIR. En este sentido, hemos de recordar que las interfaces CBIR no han diseñado una fórmula de selección de colores propia, pues la mayoría ha adoptado esquemas existentes procedentes del ámbito del diseño gráfico.

La consulta a partir de una imagen dada, ya sea interna (*browsing*) o externa, se enfrenta inicialmente con un estándar comúnmente aceptado y empleado en la navegación Web, un sistema de búsqueda al que están habituados la mayoría de los usuarios. El reto en cuestión consiste en que, en muchas ocasiones, el usuario no va a encontrar mayor resolución o información sobre una imagen pulsando sobre esa imagen, sino que hallará imágenes visualmente similares a ella. Aunque se trata de un método empleado en muchos sistemas CBIR, es evidente que rompe una convención aprendida por el usuario y, en consecuencia, hemos de suponer que todo usuario habrá de incorporar este hábito a su experiencia de búsqueda.

Comentaba Mandel que, para aumentar el control de la interfaz por parte del usuario, se recomienda que todas las opciones se ofrezcan desde la misma pantalla. Esto mismo también se ha demostrado como un criterio válido para interfaces CBIR. Igualmente, hemos de señalar la retroalimentación por relevancia como otro de los factores que mayor interés ha despertado por su contribución al aumento del grado de eficacia percibida por el usuario con respecto al funcionamiento del sistema.

Una recomendación más que puede sernos de utilidad en relación con los elementos de interacción que ha de ofrecer un sistema CBIR es la que se refiere a evitar el empleo de información numérica para indicar umbrales de similitud, siendo mejor en su caso acudir a términos como «similar», «muy similar» o «casi igual» para establecer grados de similitud o proximidad entre los resultados.[235]

[235] E. Binaghi, I. Gagliardi y R. Schettini (1994): «Image Retrieval Using Fuzzy Evaluation of Color Similarity», *International Journal of Pattern Recognition and Artificial Intelligence 8(4)*, pp. 945-968.

En última instancia, los estudios llevados a cabo sobre interfaces CBIR no abandonan el paradigma QVE y, aunque algunos autores han propuesto otras alternativas, este parece ser aún el paradigma más consolidado. No obstante, hemos de reseñar que su validez es cada vez más cuestionada: en la actualidad, existe un cierto consenso a la hora de afirmar que se necesita un cambio en las formas de interrogación planteadas para concebir los sistemas CBIR como método viable de recuperación de imágenes.

Antes de intentar integrar todos estos aspectos derivados del análisis de las interfaces de sistemas CBIR con las consideraciones genéricas sobre usabilidad anteriormente vistas, es necesario contemplar también cuáles son las conclusiones extraídas de los estudios sobre usuarios de imágenes que puedan afectar al desarrollo de las interfaces CBIR.

4.3.1.2. Estudios sobre usuarios de imágenes

La información más relevante que los estudios sobre usuarios de imágenes nos pueden aportar hoy por hoy para el desarrollo de interfaces «usables» es aquella en torno a los puntos de acceso que demanda el usuario en un sistema de recuperación. En este sentido, los estudios sobre interfaces CBIR comentados en el apartado 4.2 no dejaban de ser en su mayoría estudios sobre usuarios que han permitido conocer algunas de sus preferencias en relación con el uso de sistemas CBIR.

Ahora bien, en cuanto a la investigación encaminada a extraer otro tipo de información, como puede ser el uso que damos las personas a las imágenes, Eakins y Graham (1999) hacen algunas reflexiones. Para empezar comentan que esta investigación es escasa, al tiempo que se caracteriza por estar centrada en colecciones específicas de imágenes o en tipos específicos de usuarios o grupos. Algunos ejemplos son los estudios sobre el uso de archivos de imágenes en periódicos (Ornager, 1997; Markkula y Sormunen, 1998); los de archivos pictóricos (Enser y McGregor, 1992; Enser, 1995); bibliotecas y archivos históricos (Keister, 1994; Armitage y Enser, 1997); o los estudios sobre el uso de imágenes en museos (McCorry y Morrison, 1995; Sledge, 1995). Respecto a los grupos de usuarios que han recibido mayor atención por parte de los investigadores se encuentran los procedentes de los campos de humanidades y las artes y, en particular, los historiadores de arte —por ejemplo en Markey (1988) .

La conclusión más destacada que aporta este conjunto de estudios es que ciertos grupos de usuarios sí están acostumbrados a emplear una jerga visual en sus consultas, mientras otros usuarios no lo están (es el caso de los estudiantes de nivel medio, por ejemplo). Muchos de estos autores citados intentan categorizar los distintos usos que se hacen de colecciones particulares analizando el contenido de las preguntas que se lanzan sobre dichas colecciones, la forma de plantear las preguntas o incluso las interpretaciones orales de los intermediarios (bibliotecarios, archiveros, etcétera). Esto supone fijarse en la necesidad expresada, pero dice poco sobre la necesidad real y sobre el uso que recibirán posteriormente las imágenes recuperadas. En definitiva, todavía se sabe poco sobre cómo se pueden clasificar de manera útil los distintos tipos de usuarios de imágenes, sus necesidades informativas y las implicaciones de todo ello en el diseño de los sistemas de recuperación (Eakins y Graham, 1999).

En cuanto a los estudios centrados en el comportamiento de búsqueda de los usuarios de imágenes, Venters, Hartley y Hewitt (2004: 339 y ss.) destacan el esfuerzo que se ha llevado a cabo en los últimos años y, en concreto, citan dos trabajos al respecto: el de Batley (1988) y el de Ashford, Conniss y Graham (2000*a*). En el de Batley, la autora identificó cinco factores que influyen significativamente en las estrategias de búsqueda de información visual: la propia naturaleza de la información, la estructura de la base de datos, la tarea o necesidad de información, el usuario y la interfaz. También llegó a la conclusión de que cuando el usuario tiene una idea muy clara de lo que busca, la estrategia más empleada es la búsqueda por palabras clave, mientras que cuando no tiene una idea tan precisa se tiende a utilizar las estrategias de *browsing*.[236]

Respecto al trabajo de Asfhord, Conniss y Graham (2000*a*), se trata del proyecto VISOR, al que nos referimos ya en el capítulo 1 al hablar del IIDR. Sus conclusiones son en cierto modo similares a las apuntadas por Batley, puesto que también destacan la importancia de las circunstancias personales del usuario para escoger unas fuentes de información y no otras, así como para adoptar unas estrategias de búsqueda y una terminología concretas. Un aspecto interesante en las observaciones de este informe es el de que los usuarios tienden a modificar sus búsquedas utilizando los resultados iniciales, lo que nos llevaría a apostar por las técnicas de retroalimentación de la relevancia.

La opinión de Venters, Hartley y Hewitt sobre el conjunto de estudios en relación con los usuarios de imágenes básicamente se resume en dos ideas que nos parecen muy oportunas.[237] Por un lado, los estudios centrados en el análisis de las

[236] Esto mismo vimos que también se confirmaba en algunos de los estudios comentados sobre interfaces CBIR.

[237] Remitimos al trabajo de estos autores para profundizar en la comparativa de este tipo de estudios. También en Chen y Rasmussen (1999) o en Hastings (1999).

preguntas efectuadas por los usuarios demuestran que las tipologías de imágenes establecidas en las consultas son bastante semejantes entre sí. Normalmente se identifican tres categorías: imágenes específicas (cuando claramente una sola imagen es la que satisface la demanda hecha por el usuario); imágenes semi-específicas (cuando la demanda se resuelve a partir de un conjunto específico de imágenes que comparten principalmente una afinidad conceptual); e imágenes «vagas» o imprecisas (cuando el usuario no está seguro exactamente de lo que quiere). De otro lado, los escasos estudios centrados en el comportamiento de búsqueda parecen estar de acuerdo en el hecho de que el proceso de búsqueda de las imágenes está influido en buena medida por los factores contextuales, que contribuyen a determinar la forma en que el usuario busca, selecciona y utiliza las imágenes.

Estas conclusiones nos llevarían a negar prácticamente el interés de los sistemas capaces de recuperar por rasgos primitivos, puesto que en la inmensa mayoría de los casos los usuarios prefieren formular sus preguntas a partir de rasgos abstractos de las imágenes —con la excepción de aquellos usuarios que, por su contexto, puedan estar más acostumbrados al empleo de atributos visuales en sus demandas—. Sin embargo, para Venters, Hartley y Hewitt (2004: 342) estos estudios no tienen suficiente validez para negar el potencial de la recuperación CBIR, al no haberse llevado a cabo en situaciones donde los usuarios fueran expuestos a sistemas de este tipo.

No obstante, sí podemos reseñar algún estudio que se ha planteado analizar el tipo de preguntas realizadas por los usuarios con la finalidad expresa de determinar la utilidad de los sistemas CBIR. Es el caso del trabajo de Markkula y otros (2001), que ya citamos en el capítulo 1, consistente en la comparación de los criterios de similitud entre imágenes establecidos por las personas y los empleados por los algoritmos de recuperación CBIR.[238] Evaluaron las peticiones de diez periodistas cuyo propósito era hallar imágenes que ilustrasen ciertos artículos. Los autores observaron que los usuarios establecían semejanzas entre las imágenes recuperadas en cada consulta primeramente en función de los conceptos abstractos que pudieran compartir, y en último lugar por sus características intrínsecas o rasgos primitivos. Sin embargo, también se comprobó que cuando se trataba de determinar las semejanzas entre pequeños grupos de imágenes, entonces aumentaba la preferencia hacia la selección de criterios de bajo nivel de abstracción como rasgos de distinción entre las imágenes. Fruto de sus evaluaciones, los autores llegan a la consideración de que

[238] El sistema CBIR puesto a prueba fue la demostración CST de *Excalibur*, actualmente no disponible en línea.

los algoritmos CBIR no parecen muy útiles para bases de datos de fotografías de propósito general como método de recuperación en sí mismo, sino que sería mejor que se explotasen como parte de sistemas integrados (recuperación conceptual y visual). En concreto, advierten del potencial éxito que esta tecnología podría alcanzar para el desarrollo de herramientas de *browsing* sobre grandes grupos de fotografías recuperadas a partir de preguntas textuales, puesto que aunque los usuarios expresan a menudo sus necesidades en un nivel bastante alto de abstracción, en la fase de *browsing* parecen aplicar criterios de selección de bajo nivel.

Respecto a las conclusiones que, de todo lo expuesto, se pueden extraer en relación con el desarrollo de interfaces CBIR, claramente hemos de decir que, a priori, los sistemas CBIR serán utilizados de forma diferente según el tipo de usuario y la situación de contexto en que este se encuentre. Esto nos ha de llevar a plantear estrategias de interrogación adecuadas en función del grado de experiencia del usuario; así como también nos conduce a la idea de que serán más exitosos los sistemas diseñados para un entorno específico de usuarios acostumbrados al empleo de atributos visuales en sus demandas (por ejemplo, historiadores de arte). En cualquier caso, hoy día resulta difícil concebir la implantación de un sistema basado exclusivamente en la recuperación visual de las imágenes, puesto que la inmensa mayoría de los usuarios tiende a comenzar sus consultas recurriendo a conceptos. Mientras el desarrollo tecnológico no permita a los sistemas CBIR la explotación a gran escala de los conceptos que maneja el usuario, lo lógico es que todo sistema CBIR habilite la expresión lingüística entre sus puntos de acceso. También podemos concluir que el *browsing* y la retroalimentación por relevancia han de ser dos elementos que favorezcan a todos los usuarios en su proceso de búsqueda, especialmente a los menos familiarizados con el lenguaje visual.

Por último, los estudios sobre usuarios de imágenes nos demuestran también la dificultad de llegar a conclusiones de carácter general. Los estudios están condicionados por los métodos y sistemas empleados en cada caso. Asimismo, hemos de animar a que aumente el número de investigaciones centradas expresamente en el uso de sistemas CBIR a fin de obtener más información sobre el tipo de necesidades que plantean los usuarios y sobre su comportamiento de búsqueda al enfrentarse a este nuevo tipo de sistemas de recuperación.[239]

239 Esto mismo también recomiendan Chen y Rasmussen (1999), quienes en concreto señalan lo poco que se sabe en la actualidad sobre la utilidad de los puntos de acceso que ofrecen los sistemas CBIR, así como sobre la satisfacción que proporcionan a sus usuarios. Esta situación tampoco ha cambiado en los últimos años.

4.3.1.3. Explicación del modelo

El modelo que proponemos para evaluar la usabilidad del diseño de las interfaces en sistemas CBIR es un modelo predictivo, que pretende ayudar a predecir problemas de usabilidad. No se basa, por tanto, en la observación directa de los usuarios cuando interactúan con el sistema, como ocurre con las evaluaciones observacionales, según la clasificación de métodos evaluativos de Hilbert y Redmiles (2000: 389).

En realidad, las evaluaciones basadas en la predicción se desarrollan a partir de estudios basados en la observación, pues al fin y al cabo se componen de principios y recomendaciones deducidos de la experiencia.

Los principios y recomendaciones que vamos a utilizar para parametrizar la usabilidad en nuestro modelo son los clásicos que hemos comentado en los apartados anteriores, los más empleados en evaluaciones heurísticas. En concreto, nos vamos a fijar en las reglas de diseño establecidas por Mandel y Nielsen.

A partir de sus consideraciones podemos componer un modelo estructurado que integre, además de cuestiones generales de interacción, recomendaciones extraídas de los estudios sobre interfaces CBIR que ya hemos comentado en los apartados anteriores.

Las reglas de Mandel y Nielsen no difieren en absoluto, más bien se complementan dotándolas Mandel de una estructura que parte de tres nodos: el control del usuario, la reducción de la memorización y la coherencia de la interfaz. Esos nodos centrales se corresponderían con los principios 3, 6 y 4 de Nielsen, respectivamente, tal como los enunciamos al citar el trabajo de Venters y Cooper (2000*a*), a saber: 3. Control y libertad del usuario; 6. Reconocer mejor que recordar; 4. Consistencia y estándares. Si hemos de ser precisos, tal vez habríamos de decir que quizá tan solo el principio número 5 de Nielsen, la prevención de errores, no estaría incluido en las consideraciones de Mandel. Por otro lado, esto no nos parece un desacierto, ya que el simple recorrido de una interfaz en busca de errores de interacción hace difícil determinar si el sistema ha sido diseñado o no para prevenir problemas desde que ocurren por vez primera, pues esto es más una cuestión de ingeniería del sistema que de interacción. Tampoco hace Mandel referencia explícita a la conveniencia de un diseño estético y minimalista (principio número 8 de Nielsen), sin embargo sí se puede extraer de sus comentarios. Por lo demás, los principios de Nielsen se precisan a lo largo de las distintas recomendaciones que da Mandel.

A continuación, vamos a presentar el modelo que nosotros hemos compuesto. Podríamos decir que se trata de una adaptación de los principios y directrices de Mandel y Nielsen al ámbito concreto de las interfaces CBIR.

A diferencia de la evaluación heurística que Venters y Cooper (2000*a*) presentaron sobre los sistemas *IMatch* e *ImageFinder*, nosotros hemos querido adoptar una evaluación más estructurada y descriptiva.[240] No pretendemos ofrecer una evaluación cuantitativa, aunque se trata de un modelo susceptible de adecuarse a este tipo de medidas.

El modelo propuesto cumple con las características que adelantamos al comienzo de este apartado: es fácil de ejecutar —tanto por expertos en usabilidad como por usuarios previamente formados en el procedimiento—, al tiempo que puede realizarse en cualquier fase del desarrollo de la aplicación —antes o durante su puesta en marcha—; es flexible, pues permite integrar nuevas consideraciones; pretende ajustarse a las propiedades que ha de reunir una interfaz CBIR; y es razonado, pues se explican todos los principios y recomendaciones. En cuanto a sus objetivos, sirve para predecir posibles problemas de usabilidad y permite analizar el panorama actual en lo que al diseño de las interfaces CBIR se refiere.

Puesto que queremos comprobar la veracidad de los dos aspectos que señalábamos como problemas de las actuales interfaces —diseños inadecuados y falta de homogeneidad entre sistemas—, vamos a agrupar los criterios de usabilidad en dos tipos que respondan a tales problemas a analizar. Asimismo, los cuatro ejes en torno a los cuales se centrará nuestro recorrido por el diseño de las interfaces serán los de uso y control del usuario, información que presta el sistema, diseño y coherencia del sistema (tanto interna como externa).[241]

Veamos exactamente cómo se organiza este modelo de evaluación:

Criterios para detectar si los diseños de las interfaces son adecuados

1. Uso y control del usuario. Hemos visto que esta es una regla principal, pues el usuario es quien ha de dominar la interacción. La sensación de control y libertad no implica que el número de acciones posibles sea indeterminado, sino más

[240] En Pérez Álvarez (2003), la autora utilizó los criterios de Nielsen tal como hicieran Venters y Cooper (2000*a*) para detectar problemas de usabilidad en seis sistemas CBIR. Aquí queremos prescindir de la asignación de puntuaciones a los distintos criterios, al tiempo que estructuramos dichos principios de una forma organizada y los completamos con nuevas observaciones.

[241] Respetamos los nodos estructurales que establecía Mandel y añadimos también la consideración explícita sobre el diseño, correspondiente al principio 8 de Nielsen.

bien todo lo contrario: cuanto mayor sea dicho número, aumenta la probabilidad de que el usuario cometa un error, en consecuencia, se recomienda establecer un límite para facilitar el uso del sistema.

Para describir esta característica nos vamos a fijar en las opciones de consulta, en las opciones de control habilitadas y en el tipo de lenguaje que emplea el sistema. Consideramos que estas tres facetas son las que determinan el grado de autonomía que puede llegar a alcanzar el usuario al realizar una tarea. Debemos fijarnos en qué podemos preguntar, cómo podemos hacerlo y qué facilidades se nos ofrecen para que el proceso sea más llevadero.

Opciones de consulta: El objetivo del análisis de las formas de interrogación es determinar si el sistema ofrece un paradigma adecuado al contexto de aplicación, así como observar si permite a los usuarios especificar de forma natural preguntas selectivas e imprecisas.

Prestaremos atención tanto a las formas de interrogación planteadas como a la manera en que se presentan dichas opciones en la pantalla.

— *Formas de interrogación planteadas*. El esquema que seguiremos para evaluar las opciones de consulta se ajusta al paradigma QVE, por ser este el método de interrogación más habitual tanto en sistemas comerciales como académicos y experimentales:

a. Consulta por navegación *(browsing)*.[242] ¿Cómo es la navegación: estructurada, desestructurada o semi-estructurada? Al igual que en otros sistemas de recuperación de información, también en las interfaces CBIR se ha demostrado el éxito de esta herramienta de interrogación para iniciar consultas sin un objetivo determinado. Hay quien prefiere una navegación libre basada en la visualización de las imágenes ofrecidas al azar por el sistema, pero a nuestro juicio, resulta más eficaz la navegación estructurada en jerarquías que impidan al usuario desorientarse. En este caso, tendremos que ser críticos con el tipo de jerarquía establecido.

[242] Diversos autores ven el *browsing* como una buena estructura organizacional, ya que los ítems relacionados se encuentran unos cerca de otros. Es de especial utilidad cuando los usuarios no están familiarizados con el contenido de la colección. Resulta útil a quienes tienen dificultad para expresar su necesidad de información y favorece a los usuarios que buscan un tipo de información que es más fácil reconocer que describir (Marcos, 2004*c*).

b. Consulta por imagen (interna o externa). Suele emplearse para recuperar imágenes similares en cuanto a color y textura globales. La fórmula más extendida es la consulta por imagen interna, asimilándose al proceso de navegación. Lo habitual será pinchar sobre una imagen para hallar sus similares. A pesar de tratarse de una fórmula de fácil aprendizaje y manejo, este mecanismo de consulta se enfrenta a algunas dificultades: la primera es que las expectativas iniciales del usuario al pinchar sobre una imagen serán las de hallar información sobre la imagen o las de obtener la imagen ampliada, por semejanza con la navegación web; de otro lado, si la colección es demasiado extensa, el proceso de selección puede abrumar al usuario, y es que puede resultar difícil hallar una imagen de partida adecuada, al tiempo que es raro que una sola imagen contenga todas las características que buscamos —este problema podría solucionarse permitiendo la interrogación mediante ejemplos múltiples.
c. Consulta por iconos. La ventaja de esta fórmula es que es intuitiva, considera relaciones espaciales y permite emplear iconos que representan conceptos de alto nivel, aunque se restringe a un vocabulario de conceptos visuales muy limitado. Su utilidad aumentará en la medida en que el sistema recurra también a otras opciones.
d. Consulta por pintura (color). Prestaremos especial atención a la forma en que el sistema permite al usuario la selección de colores. Los estudios demuestran la conveniencia de prescindir de demasiadas variaciones de color a fin de evitar que el usuario perciba este modo de consulta como complejo y poco intuitivo.[243] Esta opción aumenta en eficacia en la recuperación basada en propiedades cromáticas de las regiones.
e. Consulta por esbozo (forma).[244] Habríamos de detallar cómo se muestra esta herramienta, teniendo en cuenta las dificultades manifiestas que suelen presentar los usuarios en su manejo y en la comprensión de los porcentajes de aspecto. Se recomienda desarrollar herramientas abstrac-

[243] Los colores también han de utilizarse con precaución para no dificultar el acceso a los usuarios con problemas para su distinción.

[244] Para Assfalg, del Bimbo y Pala (2000*b*) el principal inconveniente de esta opción es que los usuarios encuentran difícil crear con líneas imágenes adecuadas que encierren el concepto visual que pretenden buscar. Esto es debido a la falta de memoria visual de la mayoría de los usuarios, a la falta de habilidades de dibujo y a la dificultad de detectar los rasgos que distinguen o caracterizan realmente ese concepto buscado. Es por ello que, en la mayoría de los casos, los ejemplos se señalan a partir de la consulta por imagen.

tas y generales en las que la habilidad artística del usuario quede relegada a un segundo plano. La consulta por colores también se considera como un buen complemento a la selección de formas.

f. Selección de regiones. Se valora la posibilidad de combinar otras opciones de consulta con la selección de regiones, a fin de poder precisar qué elementos o zonas de una imagen son los que nos interesan (en cuanto a su forma, su color, etcétera).

g. Consulta por textura. En los casos en qué es posible, ¿cómo se plantea?. Aunque los estudios sobre interfaces CBIR no han prestado demasiada atención a este criterio de búsqueda, a partir de su descripción podemos deducir qué ventajas e inconvenientes presenta.

h. Manipulación de los rasgos. ¿Se puede establecer la posición de los rasgos seleccionados?, ¿el usuario ha de ponderar los rasgos?, ¿cómo?. Recordemos que en la determinación de los umbrales de similitud se recomienda evitar el empleo de información numérica.

i. Retroalimentación por relevancia. Este elemento está ampliamente aceptado en el contexto de los sistemas CBIR como un factor que contribuye a aumentar la eficacia percibida por el usuario con respecto al funcionamiento del sistema.[245]

j. Consultas lingüísticas. Se considera una posibilidad que aumenta el éxito de la recuperación, ante las limitaciones actuales de los sistemas CBIR para manejar conceptos de alto nivel.

— *Forma de presentación de las opciones de consulta.* ¿Se presentan todas las opciones en una sola pantalla? Las recomendaciones de usabilidad nos dicen que es conveniente evitar los cambios de modo. También los estudios sobre interfaces CBIR han concluido en la preferencia de los usuarios por visualizar simultáneamente las distintas opciones de consulta.

Opciones de control: Nos detendremos en el tipo de acciones que permite realizar el sistema sobre cualquier búsqueda.

[245] Hasta tal punto es importante, que autores como Breiteneder y Eidenberger (2000) llegan a proponer para incrementar la usabilidad de las interfaces CBIR el modelo *click and refine*, que prescindiría de la tediosa tarea de selección y ponderación de rasgos, limitando el proceso de consulta a pulsar sobre una o varias imágenes dadas a partir de las cuales el sistema devolverá sus similares, pudiendo el usuario filtrar los resultados cuantas veces desee.

Entre otros aspectos se puede atender a los siguientes:

a. *Ley de Fitts*. La Ley inversa velocidad-precisión de Fitts (1954) indica que el tiempo para alcanzar un objetivo con el ratón está en función de la distancia y el tamaño del objetivo. A menor distancia y mayor tamaño más facilidad para usar un mecanismo de interacción. Broek, Kisters y Vuurpijl (2004) nos advertían ya de las dificultades de movilidad que supone el empleo de botones pequeños en el caso de las paletas de selección de colores. Por tanto, debemos observar si el sistema plantea obstáculos de este tipo en alguno de sus puntos de acceso.
b. Acciones inmediatas, reversibles y con retroalimentación. Un aspecto positivo de usabilidad será el que el usuario pueda hacer y deshacer operaciones en un tiempo prudencial, informándole el sistema en todo momento del estado de la situación.
c. Salidas de emergencia. El usuario ha de poder abortar acciones indeseadas.
d. Cancelación de búsquedas. De igual forma, una vez iniciada una búsqueda, se ha de poder cancelar si así lo deseamos.
e. Guardar acciones. Se debe asegurar que los usuarios nunca pierden su trabajo.
f. Barra de navegación propia. La inclusión de este elemento se valorará positivamente.
g. Historial. En cierto modo relacionado con la posibilidad de deshacer y rehacer acciones, los usuarios de sistemas CBIR han advertido del interés de contar con un *bookmark* o historial de búsqueda que les permita recordar los pasos que han seguido en una consulta.
h. Divulgación progresiva. Posibilidad de que el sistema diferencie entre usuarios avanzados e inexpertos para que los distintos procesos puedan asumirse paulatinamente según nuestro conocimiento acerca del sistema. Esta distinción es especialmente recomendable cuando el sistema ofrece opciones de consulta que requieren la manipulación de los atributos visuales.
i. Ayuda contextual. Se recomienda que esta se muestre en cualquier momento sin necesidad de abandonar la pantalla de trabajo.
j. Opciones de personalización:

- En el comportamiento de las acciones. Observaremos, entre otros aspectos, si existe posibilidad de diseñar a medida acciones frecuen-

tes para ejecutarlas de forma más rápida —por ejemplo, almacenando información sobre el comportamiento previo del usuario.
- En la presentación (colores, fuentes...)
- En la interacción. Posibilidad de alterar las funciones de los botones de según nuestro estilo natural de interacción, combinar teclas, etcétera.

Lenguaje empleado por el sistema: Al lenguaje empleado por un sistema CBIR debemos pedirle que cumpla especialmente las siguientes recomendaciones: que sea claro y esté orientado al usuario; que presente un orden de instrucciones lógico y natural; que, en caso de establecer categorías de imágenes a partir de las cuales pueda navegar el usuario, estas respondan a tipos lógicos con los que el usuario esté familiarizado; que si ha de recurrir a metáforas, estas sean adecuadas al usuario para facilitarle el aprendizaje del sistema, pues un uso inadecuado puede dificultar esta tarea. En síntesis:

a. Orientado al usuario y claro.
b. Orden de instrucciones lógico y natural.
c. Categorías lógicas de imágenes.
d. Uso de metáforas reconocibles y comprensibles por cualquier usuario.

2. Información que presta el sistema. Los estudios sobre interfaces CBIR han puesto de manifiesto la importancia que ejerce la información, la ayuda y la documentación que presta el sistema para que el usuario pueda hacerse fácilmente con el control de las operaciones. Esto es así fundamentalmente debido a la inexperiencia de la inmensa mayoría de los usuarios en el manejo de sistemas que recuperan por atributos visuales de las imágenes. El usuario, acostumbrado a los sistemas de recuperación textuales, se enfrenta aquí a nuevas acciones y terminología. Es lógico por tanto que prestemos especial atención a este elemento.

Navegación guiada: Lo ideal será que el sistema ofrezca la información necesaria sin saturar al usuario. Algunos aspectos potencialmente exigibles serán:

a. Instrucciones apropiadas y fácilmente recuperables. Entre otros elementos informativos, nunca deben faltar instrucciones sobre el procedimiento de búsqueda ni explicaciones sobre los distintos criterios visuales que puede manejar el usuario.

b. Visibilidad de los objetos, acciones y opciones. La caracterización de estos elementos debe indicar su estado (visitados, activos...). Se deben evitar elementos invisibles de navegación que hayan de ser inferidos por los usuarios (menús desplegables, indicaciones ocultas, etcétera).
c. Iconos para tiempo de espera. La reducción del tiempo de latencia hace posible optimizar el tiempo de espera del usuario, permitiendo la realización de otras tareas mientras se completa la previa e informando al usuario del tiempo pendiente para la finalización de la tarea.
d. Búsquedas sin resultados. Si el usuario realiza una búsqueda de la que no obtiene resultados, el sistema ha de informarle.
e. Mensajes de error. Deben indicar el problema y sugerir una solución.
f. Información sobre las operaciones internas. Mantener informado al usuario de las operaciones que ejecuta el sistema.
g. Presentación de los resultados. Hemos de fijarnos en si los resultados se presentan al usuario ordenados por relevancia, si se muestran ponderados, etcétera.
h. Información sobre las imágenes. Se debería indicar la procedencia de las mismas, así como otros datos que puedan ser de interés para el usuario (vía de adquisición en caso de fotografías, página web donde fueron localizadas, etcétera).
i. Información sobre el modo de consulta en que se encuentra el usuario.

Documentación de ayuda: Se recomienda que sea:

a. Fácil de buscar.
b. Centrada en la tarea del usuario.
c. Guía con pasos a seguir.
d. Concisa.

3. Diseño. Lo deseable es que el diseño sea al mismo tiempo estético, para atraer al usuario, y minimalista, aportando la información estrictamente necesaria y evitando todo tipo de ruido visual. Se recomienda claridad, orden, simplicidad y concisión (brevedad en los menús, controlar la longitud de las páginas evitando en la medida de lo posible el desplazamiento con las barras horizontales y verticales, pantallas sin sobrecarga informativa, mantener una jerarquía visual presentando la información importante en primer lugar, etcétera). También es fundamental guiarse

por los principios de la percepción visual humana. En este sentido, Chang, Li y Li (2000), en su trabajo sobre la recuperación de imágenes basada en la percepción, nos llaman la atención sobre las discrepancias existentes a menudo entre la percepción de la máquina y la del ser humano. Destaca el hecho de que las personas no podemos percibir pequeñas diferencias, por ejemplo entre colores (de ahí la invalidez de algunos porcentajes o medidas de ponderación), al tiempo que tan solo percibimos esos once colores que citamos al repasar el estudio de Broek, Kisters y Vuurpijl (2004).

4. Coherencia interna. El sistema debería ser consistente con las expectativas de los usuarios, es decir, con su aprendizaje previo. Asimismo, ha de mantener una coherencia en sus pasos evitando al usuario toda clase de dudas sobre el significado de las palabras, situaciones o acciones en momentos diferentes. Nos fijaremos en el grado de coherencia que presenta el sistema atendiendo a su presentación, su funcionamiento o comportamiento y su interacción:

— *Presentación*: Coherencia en cuanto a la información presentada y los objetos mostrados (facilidad para deducir las acciones que realizan dichos objetos), coherencia en las estructuras y colores, en los iconos, la terminología, etcétera.
— *Comportamiento*: Coherencia en cuanto al funcionamiento de los botones, acciones, metáforas, etcétera, es decir, que el funcionamiento y significado de dichos elementos no se altere de una pantalla a otra.
— *Interacción*: Las reglas y técnicas de interacción tampoco deben variar de una parte a otra de la interfaz.

Criterios para averiguar la homogeneidad entre sistemas

De la misma forma que a un sistema se le ha de exigir coherencia interna, también los sistemas deberían mantener una coherencia entre ellos. En este sentido, se recomienda seguir una plataforma de convenciones aceptada tanto en la presentación de la interfaz y en la terminología empleada para denominar los atributos y funciones de recuperación, como en el comportamiento de los distintos mecanismos de interacción. Con ello se pretende estar a la altura de las expectativas que un usuario tendrá debido a los conocimientos que previamente ha adquirido al manejar otro sistema similar.

Evidentemente, no todos los problemas de usabilidad que puedan detectarse revisten la misma gravedad. Así, por ejemplo, algunos repercuten directamente en una mayor carga cognitiva sobre el usuario, mientras otros no inducen a error ni a contradicción. Nuestra intención no será la de comparar cuantitativamente el grado de incidencia que presentan unos errores respecto a otros, aunque como hemos advertido en un principio, este modelo evaluativo podría limitarse a chequear la presencia y ausencia de las recomendaciones que integra y puntuar cada una de ellas.[246] Sin embargo, lo que vamos a hacer a continuación es mostrar un análisis descriptivo utilizando el modelo propuesto como guión para orientar nuestros comentarios (figura 28). Nuestro objetivo es presentar un diagnóstico de la situación general de las actuales interfaces CBIR con respecto a los indicadores de usabilidad que hemos seleccionado.

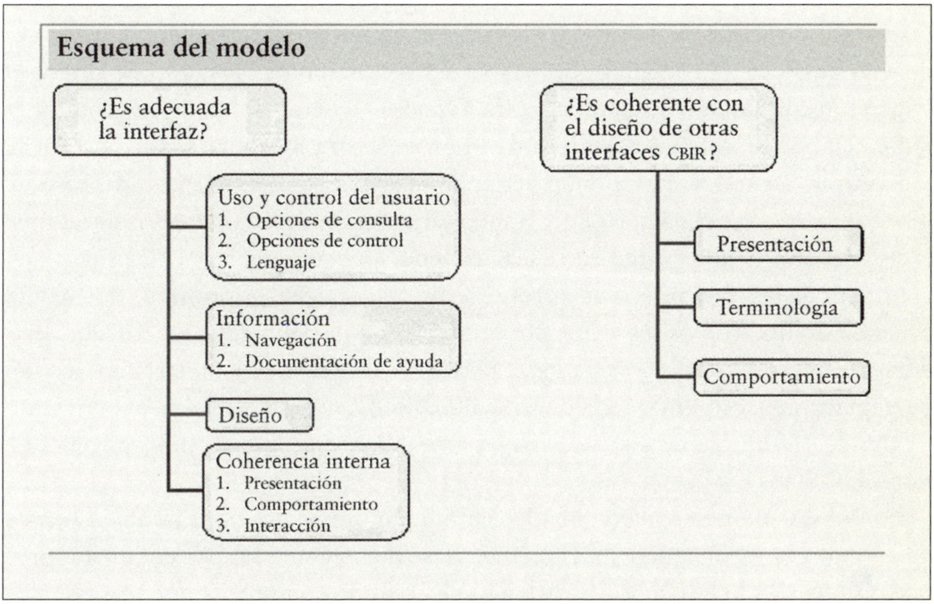

Figura 28. Esquema del modelo de análisis propuesto

4.3.2. PROBLEMAS DETECTADOS Y SUGERENCIA DE MEJORAS

Hemos dicho en varias ocasiones que uno de los problemas que afectan a las interfaces CBIR es un diseño inadecuado.

[246] En última instancia, el grado de dificultad que un problema de usabilidad detectado por una evaluación predictiva puede suponer hay que contrastarlo con situaciones reales de interacción.

De acuerdo con las pautas de usabilidad establecidas, vamos a ver si esta afirmación cobra veracidad en términos generales:[247]

Respecto al *uso y control* que los sistemas CBIR ofrecen a sus usuarios, no cabe duda de que el aspecto más destacado es el paradigma de interrogación que manejan en su inmensa mayoría. Las formas de interrogación que responden al tipo QVE han sido y son criticadas muy a menudo. Entre las desventajas que se le achacan se encuentra su dificultad para permitir recuperar escenas conceptualmente complejas. De otro lado, así como la herramienta de navegación se considera de gran utilidad para ayudar al usuario a descubrir qué busca, cuando este tiene una idea clara de su consulta tiende a emplear las herramientas de manipulación de rasgos que el sistema le pone a su disposición. El intento de establecer correspondencias entre la idea mental que tenemos y los atributos visuales que ofrece el sistema puede resultar sumamente difícil, pues el usuario se ha de enfrentar a la tediosa labor de seleccionar y ponderar rasgos para alcanzar sus expectativas semánticas. La selección y ponderación de rasgos se convierte en un proceso de prueba-error que obliga al usuario a intentar comprender el tipo de similitud que el sistema está estableciendo entre las imágenes. Si el usuario no tiene práctica en el manejo de las características intrínsecas de una imagen, es probable que tienda a asumir como propios los fallos por la obtención de resultados indeseados. Evidentemente, si partimos de esta base, podemos afirmar que los sistemas CBIR han de intentar salvar de entrada la enorme dificultad que supone el desconocimiento y falta de costumbre de los usuarios en general para preguntar por imágenes en términos de rasgos primitivos.

Este obstáculo no se puede olvidar en ningún momento, pero también hemos de admitir que es inmanente a cualquier clase de sistema CBIR por definición propia. Y aún así, a lo largo de este trabajo se ha podido comprobar que son diversos los motivos para apostar por este tipo de sistemas.

A pesar de que el paradigma QVE sea el más extendido, y a pesar de que tiende a una interacción basada en la manipulación directa de los objetos —siendo este uno de los métodos que incide en un mayor control por parte del usuario (Marcos, 2004*b*: 103 y ss.)—, lo cierto es que en muchos casos no contribuye suficientemente bien a superar los problemas de partida que tenemos los usuarios en lo que

[247] La mayoría de los sistemas que citamos como ejemplos en nuestro diagnóstico han sido ya referenciados a lo largo de este trabajo. En total son vintiuno los sistemas que hemos empleado: *Artisan, Todai,* LCPD, *Istorama, WebSeek, ImageScape, eVe, Quicklook, Smurf, Ikona, Hermitage, Simplicity,* IRS, ESSB, *Clue, C-bird, Blobworld, Chroma, Cires, Simba* y *Sculpteur.* Fecha del análisis: septiembre de 2005.

a la interpretación de los rasgos primitivos de las imágenes se refiere. La subjetividad de la percepción humana es un reto fundamental que los sistemas tendrán que intentar superar de forma constante.

En nuestra opinión, en la actualidad se debería ahondar en el tema de las interfaces CBIR basadas en realidad virtual, donde el usuario no tenga que asumir la carga cognitiva de establecer ponderaciones sobre los rasgos y, en definitiva, pueda proceder a una manipulación del entorno representado mucho más intuitiva y natural.

En cualquier caso, no queremos abandonar a su suerte el popular paradigma QVE, pues si este se adecua a unos principios mínimos de usabilidad, combinado con las opciones de recuperación textual, puede ser de gran ayuda para que el usuario genérico se habitúe de forma amigable a tratar con aspectos intrínsecos de las imágenes.

Sin embargo, en la actualidad, no podemos decir que sean muchos los sistemas que se ajustan íntegramente a criterios de usabilidad en la forma de plantear al usuario sus *opciones de consulta:*

Si empezamos analizando la *consulta por navegación*, observaremos que es la opción más recurrida. Habitualmente se tiende al empleo de una navegación desestructurada, donde el usuario ha de escoger entre imágenes ofrecidas al azar por el sistema. Esta es una fórmula de interrogación adecuada para preguntas imprecisas, sin embargo, ya dijimos que en nuestra opinión es más eficaz la navegación estructurada en categorías de imágenes, pues, por imprecisa que sea nuestra consulta, posiblemente seremos capaces de determinar un punto de partida desde las clases establecidas, evitando así tener que recorrer enteramente toda la base de datos. Las jerarquías pueden declararse por relación conceptual entre las imágenes o por otro tipo de asociaciones, como en el caso de *Chroma,* donde se organizan en función del predominio de unos u otros colores. En ocasiones, las categorías textuales que se establecen no resultan demasiado lógicas: así por ejemplo en *Istorama,* donde encontrábamos *flores, paisajes, espacio, varios* y *coches.* Incluso una taxonomía más elaborada como la propuesta por *WebSeek*, tampoco puede calificarse precisamente de lógica o esperable: *animales, gatos, horror, naturaleza, arquitectura, celebridades, humor, deportes, arte, perros, películas, transporte, astronomía, comida, música* y *viajes.* Una de las navegaciones dirigidas más acertada es la que presenta el sistema del *State Hermitage Museum,* pues se corresponde con las distintas colecciones de objetos que alberga el museo real, pasando por la posibilidad de escoger subtipos dentro de una categoría y establecer filtros temáticos (país de procedencia, título o artista) para precisar aún más el conjunto de imágenes ofrecidas, si así lo deseamos. Es una clasificación muy sencilla y oportuna. Otras herramientas de navegación por conceptos más extensas son las de *Quicklook* y, muy especialmente, la de *Sculpteur*. En este último caso, se ofrece un mapa conceptual que puede resultar una opción compleja para un usuario medio (figura 29). Tal es así, que el sistema se dota de una demostración dinámica para intentar enseñar su utilidad.

Lo normal y más recomendable es permitir al usuario escoger la opción de navegación como alternativa a cualquier otra mostrada por el sistema. Sin embargo, encontramos casos restrictivos como *WebSeek*, que obliga al usuario a iniciar su consulta navegando por la clasificación lingüística para escoger una imagen de partida —a no ser que conozca de antemano una palabra clave que coincida con uno de los términos jerárquicos.

En varias ocasiones se ha apelado en este trabajo a la conveniencia de habilitar siempre cuantas opciones de búsqueda sean posibles para satisfacer la enorme diversidad de necesidades informativas. En este sentido, y respecto a la herramienta de navegación, nos atreveríamos a apostar por una navegación basada tanto en tesauros conceptuales como visuales. Es decir, creemos que el usuario debería poder escoger si quiere navegar por las imágenes en función de criterios textuales o bien en función de criterios visuales (como en *Chroma*). Un paso más sería la posibilidad de combinar ambos criterios en cualquier momento que el usuario desee. Estaríamos ante un tipo de navegación dirigida, apta para resolver preguntas imprecisas pero también para evitar que el usuario se pierda, aumentando con ello el control percibido. En última instancia, la personalización sería aún mucho mayor si el usuario pudiera configurar las distintas categorías de acuerdo con su propia percepción.[248]

Las *consultas por imágenes internas* se asimilan a la navegación por las imágenes de la/s base/s de datos del sistema. Muy pocos sistemas no cuentan con esta opción de consulta —es el caso, por ejemplo, de *Todai* o de *ImageScape*. Sumando a este procedimiento de búsqueda los comentarios anteriores, hay que mencionar también una cuestión importante. Se trata de la falta de coherencia entre sistemas a la hora de habilitar la forma de interacción que permite recuperar imágenes similares a una hallada por navegación interna. Si una de las características prin-

[248] El caso de *eVe* sería un buen ejemplo en este sentido, pues como ya vimos, permite al usuario asociar etiquetas textuales a cada imagen representante de un grupo, de manera que dichas etiquetas se extiendan al resto de imágenes del grupo. Igualmente, un grupo seleccionado de resultados recuperados podrá ser etiquetado de forma conjunta con un grupo de palabras clave definidas por el usuario.

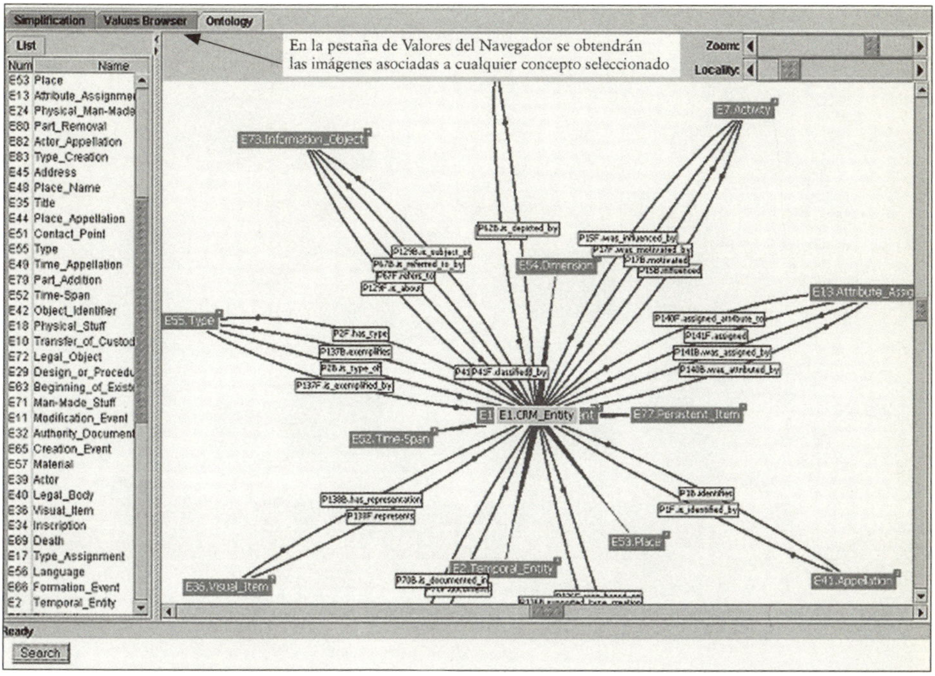

Figura 29. Pantalla de visualización de la ontología de Sculpteur

cipales por las que se conoce el paradigma QVE es por la de «pinchar sobre una imagen y obtener sus similares», resulta que, en la práctica, no siempre es este el método seguido.

Puesto que es un problema relativo a la incoherencia entre sistemas, será entonces cuando lo precisemos mejor. Por otro lado, en su momento consideramos como desventaja de este procedimiento de consulta el hecho de que es raro que una sola imagen contenga todas las características que buscamos y que, en este sentido, sería bueno solventar el problema permitiendo iniciar la búsqueda a partir de ejemplos múltiples. Un sistema que implementa esta posibilidad es *IRS*, pues podemos seleccionar más de una imagen de partida. En estos casos se entiende que no se habilite la opción de pulsar sobre una imagen para hallar sus similares, pues si queremos considerar varias imágenes, primero tendremos que seleccionarlas todas. Por ello, en el caso de *IRS* encontraremos una casilla de selección debajo de cada imagen (figura 30).

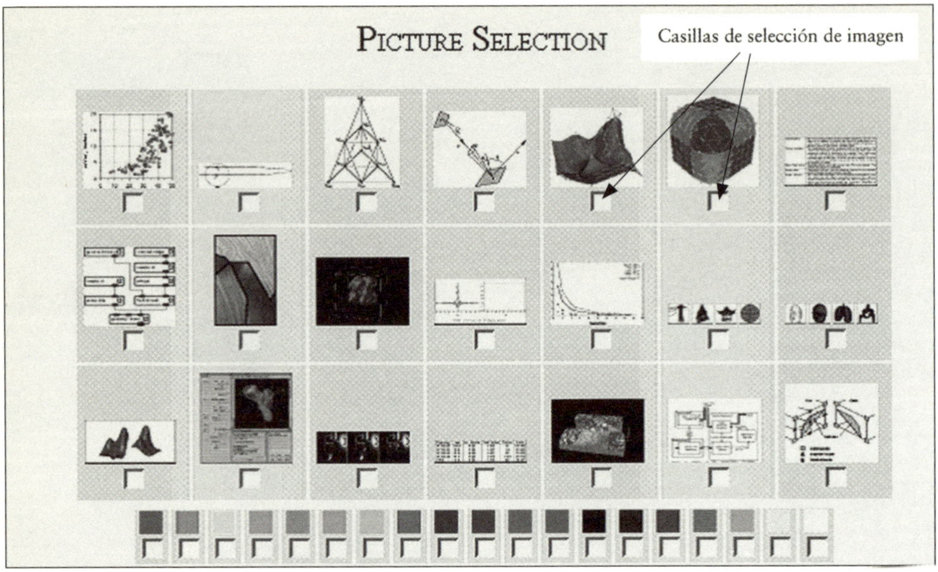

Figura 30. Consulta por imagen interna en IRS

El sistema comercial *eVe* va incluso más allá al permitir al usuario seleccionar elementos de imágenes distintas a fin de componer con ellos su imagen-consulta. Sin embargo, el recurso más habitual para enfrentarse al inconveniente de contar con una sola imagen-ejemplo consiste en iniciar la consulta a partir de una única imagen, permitiendo después retroalimentar el proceso con la selección de ejemplos positivos y negativos. En nuestra opinión, lo ideal sería la incorporación simultánea de todas las soluciones expuestas, dado que no son en modo alguno excluyentes.

Respecto a la *consulta por imágenes externas*, se puede permitir la búsqueda de una imagen procedente de un fichero propio o la introducción de una URL donde reside una imagen. No es habitual encontrar implementadas ambas opciones, y entre ambas es más corriente la posibilidad de reseñar una URL limitando normalmente el tipo de formato aceptado por el sistema. Una u otra opción será más o menos acertada en función de los objetivos que pretenda cubrir el sistema. Por ejemplo, en el caso de *Istorama,* no tiene demasiado sentido que no se permita la búsqueda por URL cuando estamos ante un sistema con arquitectura de motor web. En otras ocasiones, como en *IRS*, sería más adecuado incluir también la opción de consultar por una imagen de fichero, ya que el usuario podría querer recuperar un cierto documento a partir de una imagen que tenga almacenada en su ordenador —puesto que los documentos que alberga IRS comparten una afinidad temática, el usuario será un experto o interesado en dichas materias y, en consecuencia, no será raro que pueda tener material relacionado guardado en su ordenador—. En definitiva, si no se pueden implementar ambas opciones, nos parece más lógico mantener la posibilidad de consulta por fichero en sistemas de propósito específico, mientras que será más esperable poder cotejar imágenes de la Web en sistemas que funcionan como motores web.

Si las anteriores opciones de consulta son bastante frecuentes, la *consulta por iconos* es todo lo contrario. Creemos que este método debería explotarse más, pues es muy sencillo e intuitivo; sin embargo, en los pocos sistemas que puede apreciarse, como es el caso de *ImageScape,* los resultados que muestra no son demasiado satisfactorios. El problema reside en el hecho de que los iconos que maneja *ImageScape* (rostros humanos, cielo, piedras, árboles y agua) no son muy representativos del tipo de imágenes que contiene el sistema. Además, el usuario no puede hacerse una idea previa de las imágenes, ya que no dispone de herramienta de navegación. Puesto que este sistema aún se encuentra en fase experimental, podemos entender que se trata de una cuestión susceptible de mejora en un futuro próximo. En todo caso, es importante mantener esa correlación entre las categorías de iconos que se ofrecerán al usuario y las categorías de objetos que predominan en las imágenes. Así como también es muy relevante que el usuario pueda disponer, no obstante, de otras opciones que le ayuden a precisar sus consultas.

Otra de las herramientas disponibles para satisfacer preguntas selectivas es la *consulta por pintura (color).* Este tipo de consulta implica que el usuario cuenta con la posibilidad de escoger este criterio como elemento de similitud visual entre las imágenes. La mayoría de los sistemas tiende a emplear el rasgo de color, aunque en el caso de sistemas de dominio muy concreto —como *Artisan, Todai* o LCPD— se recurre a elementos distintivos más determinantes entre imágenes del mismo tipo como son la forma o la textura. En los casos en que el sistema sí tiene presente el rasgo de color, solo o en conjunción con otros rasgos, se puede optar por ocultar los atributos al usuario, de manera que este no tenga que manipularlos y tan solo deba señalar las imágenes de las que quiere hallar sus similares —como en *Simplicity* o *Simba*—.[249] También se puede dotar de mayor libertad al usuario siendo él quien seleccione los criterios que intervendrán en el proceso de asociación de rasgos —como en ESSB. Mayor sensación de control y libertad se consigue mediante la manipulación de los rasgos

249 <http://simba.informatik.uni-freiburg.de/cgi-simba/SIMBA.cgi>. [Consulta: 01/04/06.]

estableciendo umbrales de participación e incluso escogiendo los colores específicos que deseamos se consideren en el proceso. Como ya dijimos en otra ocasión, cuantas más posibilidades se ofrezcan, mayor sensación de control y libertad, pero también será mayor la probabilidad de cometer algún error por parte del usuario. Para evitar los errores posibles, el sistema debería contemplar todas las explicaciones necesarias; sin embargo, uno de los aspectos de usabilidad más negativos en este sentido lo sufren las consultas que permiten la manipulación del rasgo de color. Algunos sistemas utilizan varios aspectos de color entre los que el usuario puede escoger sin contar con una documentación de ayuda que le simplifique la tarea de selección y, en consecuencia, recayendo sobre él toda la carga cognitiva. Podríamos pensar que esto ocurre cuando estamos frente a sistemas de dominio muy específico para los que se presupone un usuario experto preparado en estas cuestiones técnicas, pero lo cierto es que ocurre con sistemas destinados a un usuario medio, como pueda ser *C-bird*[250] o *Quicklook*. En el caso de *Quicklook*, el usuario dispone de hasta once atributos visuales de los que no tiene ningún elemento informativo más que su nombre (figura 31).

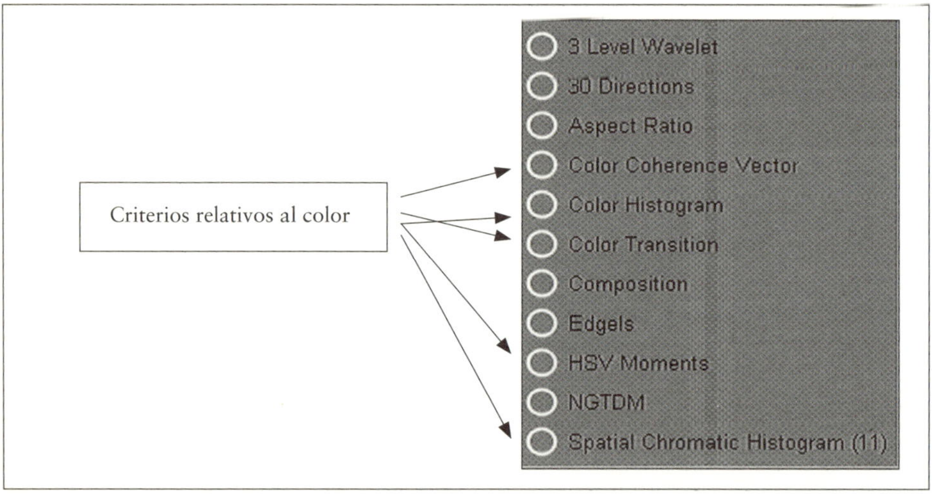

Figura 31. Atributos visuales de Quicklook

WebSeek es un buen ejemplo de lo negativo que resulta prescindir de explicaciones y emplear un espectro o histograma para seleccionar los colores. El usuario puede manipular el histograma de color de una imagen para componer a partir

[250] <http://www.cs.sfu.ca/cbird/java/>.

de él un patrón de consulta (figura 32). No existen explicaciones de los botones que ofrece el panel; de otro lado, ya nos hemos referido a la dificultad humana para distinguir entre tantos colores, al tiempo que resulta tremendamente impreciso para el usuario establecer la densidad de los colores moviendo las barras del histograma, pues estas pueden alcanzar cualquier altura. La distancia y tamaño de las barras atentan contra la ley de Fitts, ya que están demasiado juntas y son demasiado delgadas para movernos con precisión por ellas.

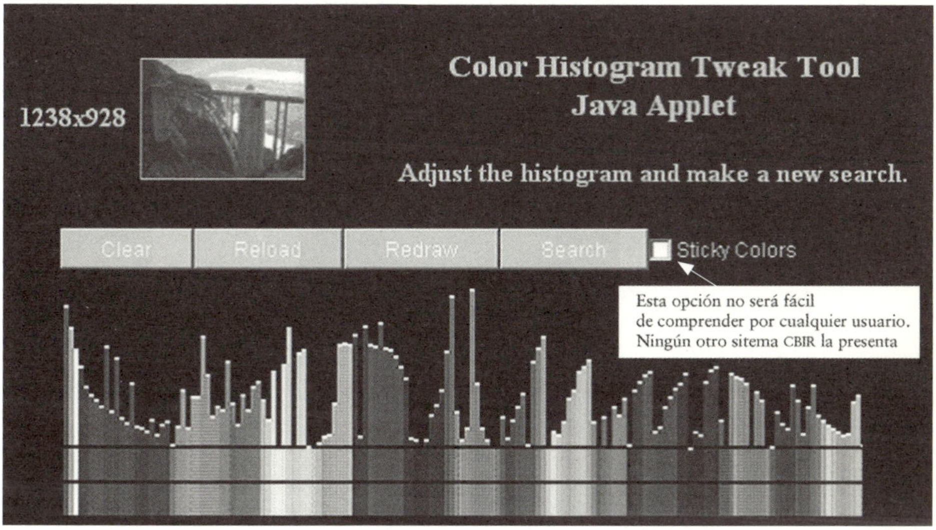

Figura 32. Manipulación de histograma de color en WebSeek

También el sistema del museo *Hermitage* emplea un espectro para seleccionar los colores (figura 33). De nuevo, sería un ejemplo contradictorio con las recomendaciones de usabilidad dadas a favor de un número reducido de hasta once colores y un sistema de botones de gran tamaño para facilitar su acceso. Por su parte, sistemas como *Sculpteur,* aunque dispone de botones en lugar de histogramas o espectros, sigue recurriendo a un número demasiado elevado de colores, resultando difícil percibir diferencias entre muchos de ellos (figura 34).

Como podemos observar, son distintas las formas de presentar la opción de consulta por colores. Cuando se ofrece la posibilidad de manipular este rasgo, tampoco se sigue una tendencia clara. Lo habitual es permitir establecer la densidad de los colores seleccionados, aunque los paneles y botones habilitados al respecto son variados. Se incurre en el error de emplear demasiados colores

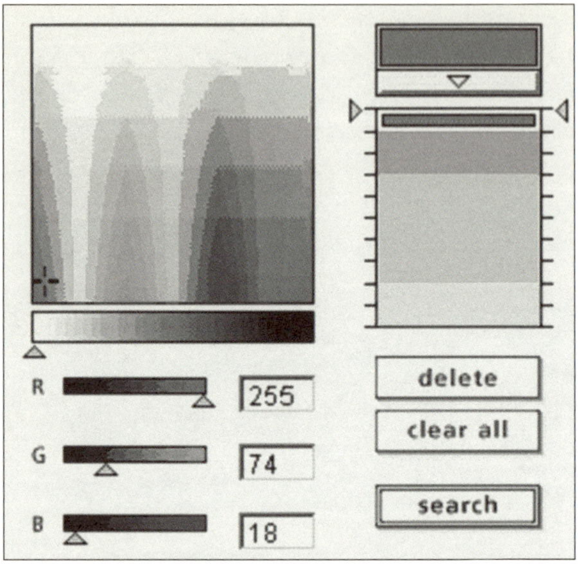

Figura 33. Espectro de selección de colores en Hermitage

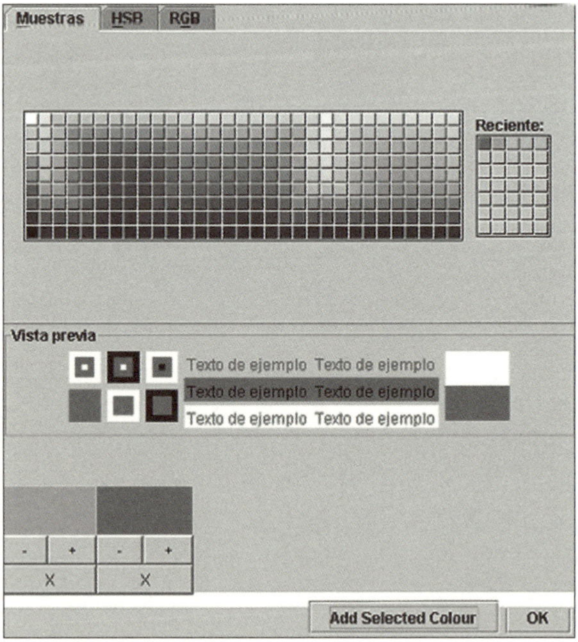

Figura 34. Panel de selección de colores en Sculpteur

creando al usuario una sensación de excesiva responsabilidad, pues ha de intentar distinguir entre pequeñas variaciones.

La manipulación de los espacios de color es muy poco recomendable si no se acompaña de una buena documentación de ayuda que explique al usuario no solo los componentes de la pantalla en cuestión, sino los conceptos y razones que puedan motivar al usuario a emplear estas herramientas en su búsqueda de imágenes. En otras palabras, un usuario medio necesita entender de qué forma influirá la manipulación de estos espacios en los resultados que va a obtener, pues no es un aspecto con el que esté familiarizado a priori. Un ejemplo negativo de plantillas de manipulación de espacios de color lo ofrece *Sculpteur,* que carece de elementos informativos sobre las dos pestañas que acompañan al panel de selección de muestras de color (figura 35).

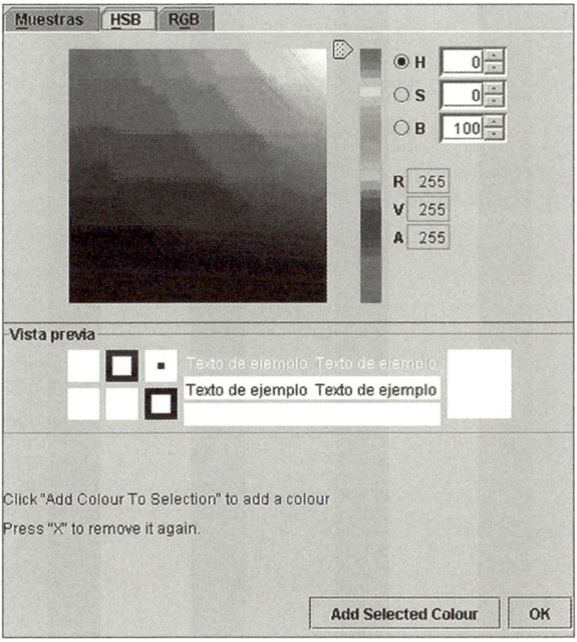

Figura 35. Pestaña para la manipulación del espacio de color HSB (tono, saturación y brillo) en Sculpteur

En ocasiones, también se puede manipular la distribución de los colores sobre un lienzo liso —como en *Hermitage*— o sobre un lienzo dividido en zonas —como en *C-bird* o *Quicklook*. El caso de *Hermitage* es reseñable porque puede inducir al usuario a error: en *Hermitage* se pueden seleccionar áreas geométricas de color, pero el empleo de estos elementos puede hacerle pensar al usuario que está configurando un dibujo (figura 36). Puesto que *Hermitage* está destinado a cualquier usuario que quiera consultar en línea los fondos del museo, no sería una herramienta demasiado aconsejable, o al menos debería quedar mejor precisada.

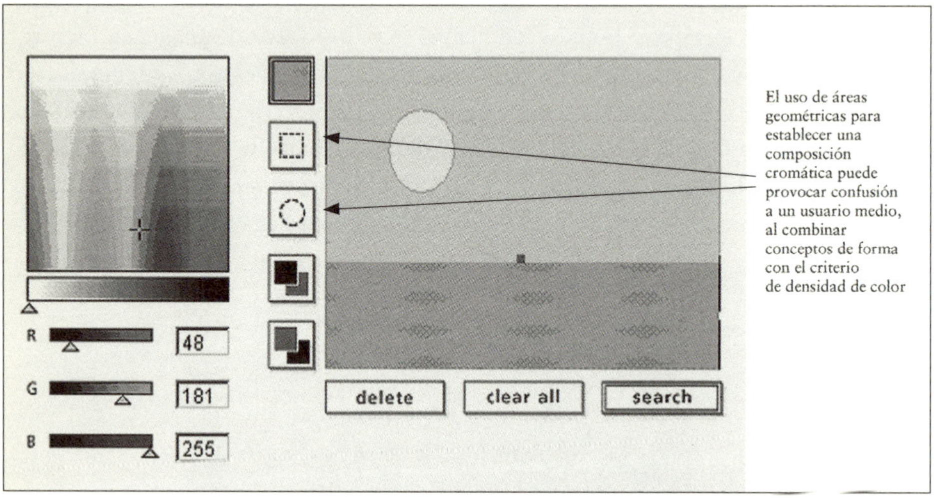

Figura 36. Panel de distribución de colores en Hermitage

El uso de áreas geométricas para establecer una composición cromática puede provocar confusión a un usuario medio, al combinar conceptos de forma con el criterio de densidad de color.

También existe una tendencia cada vez más clara a combinar las propiedades cromáticas con regiones concretas que podemos escoger de una imagen dada —como en *eVe* o en *Blobworld*. Este es un aspecto de usabilidad positivo, pues con ello nos aproximamos a la búsqueda de regiones que identificamos por su color y que estarán muy próximas a nuestra idea de un objeto concreto.

En general, consideramos que un sistema CBIR que presente la opción de consulta por colores debería disponer simultáneamente de la posibilidad de prescindir de la manipulación de este criterio (usuarios noveles); de seleccionarlo mediante una casilla si queremos tener en cuenta este rasgo y no otros que pueda presentar el sistema (usuarios medios); y también permitir, en su caso (usuarios avanzados), manipular la densidad y la distribución cromática recurriendo a porcentajes expresados con texto, o bien mediante paneles gráficos que se adecuen a las principales características que venimos sosteniendo a este respecto: número reducido de colores, botones grandes y explicaciones claras. Ningún sistema se ajusta exactamente a estos requisitos de usabilidad.

Respecto a la *consulta por esbozo (forma)*, la frecuente ausencia de esta opción nos hace pensar en su escaso éxito. En su momento, ya comentamos la dificultad que supone para el usuario medio crear con líneas imágenes adecuadas que encierren el concepto visual que pretende buscar. En *ImageScape* podemos apreciar la veracidad de esta afirmación, pues si la herramienta de dibujo debería ser un complemento para precisar una consulta, lo cierto es que el manejo de esta opción dependerá en buena medida del pulso que muestre el usuario empleando el ratón, con lo que, muy probablemente, su dibujo será mucho más impreciso de lo que él hubiera deseado. Pero no solo eso, sino que los resultados que obtendrá serán de lo más variopinto. Combinando esta opción con la consulta por iconos se consiguen resultados más precisos, pero aun así la eficacia de la herramienta de dibujo sigue estando en entredicho a pesar de que resulte, como en el caso de *ImageScape,* muy sencilla de emplear. En realidad, el problema reside en el método de detección de bordes al que recurre el sistema, pues si este fuera más preciso, los resultados ofrecidos serían menores en número pero más acertados en relación con el dibujo del usuario (figura 37).

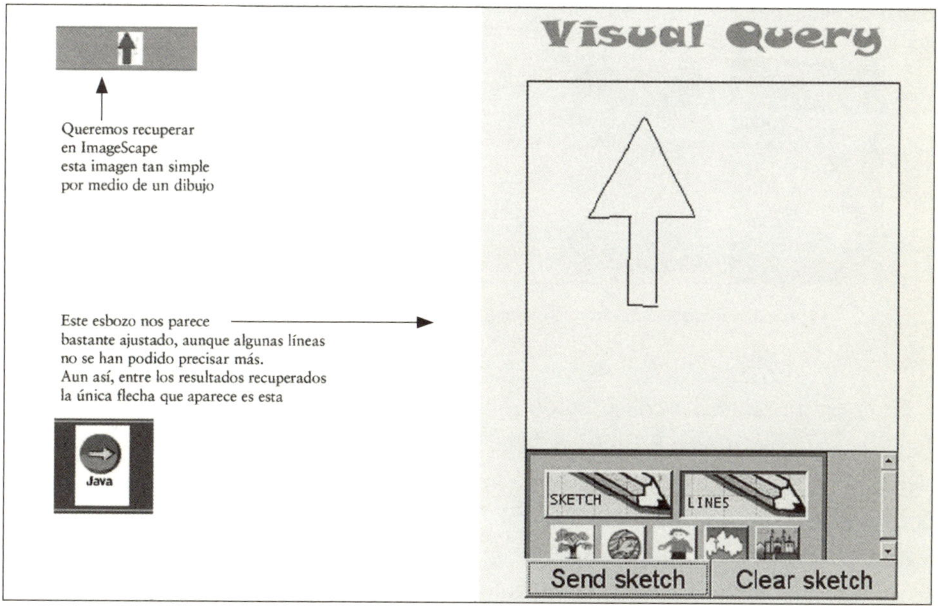

Figura 37. Interfaz de composición de consultas en ImageScape

Si la consulta por dibujo no resulta muy eficaz tal como la hallamos implementada en la actualidad —y debido sobre todo a cuestiones de funcionamiento interno—, la *selección de regiones* combinada con otras opciones sí puede conseguir que el usuario perciba buenos resultados. No es, de todas formas, una posibilidad de búsqueda ampliamente extendida. Lo habitual es que se permita seleccionar tan solo una región de la imagen respecto a la cual estableceremos los criterios de similitud que deseemos en función de los permitidos por el sistema. *Blobworld* es un buen ejemplo de la eficacia de este procedimiento.

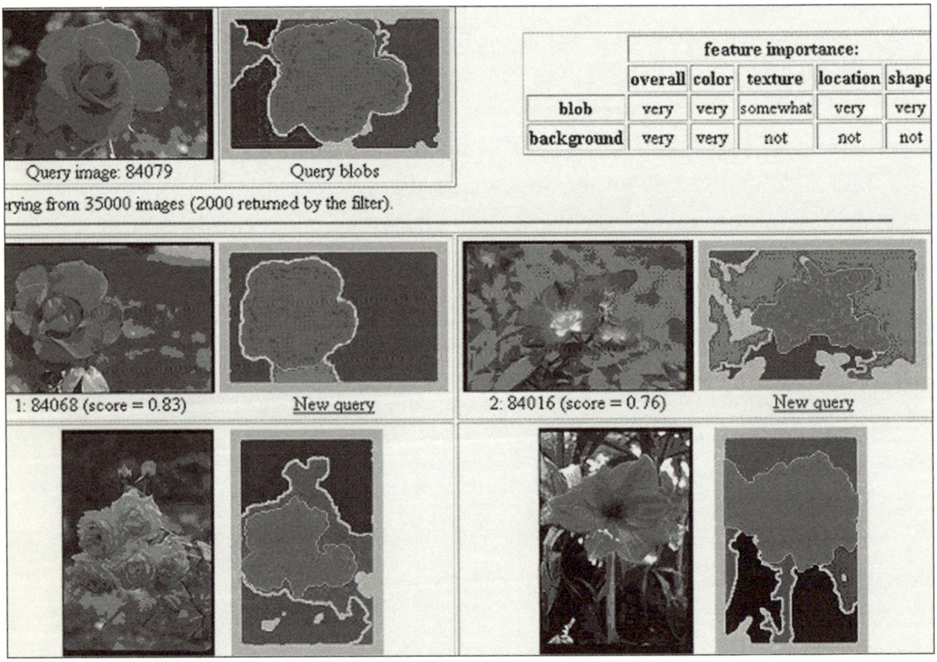

Figura 38. Resultado de una búsqueda por selección de región en Blobworld

En la figura 38, se ha considerado muy relevante el color, la posición y la forma de la región seleccionada. *Blobworld* es un buen ejemplo de sistema CBIR prácticamente a todos los niveles de usabilidad, aunque tampoco se salva de cometer errores. Entre otros, creemos que no debería obligar al usuario necesariamente a escoger una región o a introducir una palabra clave, pues convendría dar soporte igualmente a preguntas más imprecisas con la consulta por imagen interna sin manipulación de rasgos, pulsando directamente sobre una imagen para obtener sus similares. También en *Istorama* veíamos el carácter obligatorio de la selección de una región para comenzar la búsqueda por asociación de rasgos. De otro lado, *Blobworld* sí acierta al combinar la selección de región con una previa determinación de la categoría de imágenes. Asimismo, la posibilidad de que al seleccionar una región obtengamos objetos similares se refuerza por el hecho de que *Blobworld* asocia conceptos a las regiones extraídas, de manera que cuanto mayor sea su coincidencia en rasgos más probable será que se refieran a un mismo objeto.

En *C-bird* la selección de regiones de color también resulta satisfactoria, pues el espacio cromático se descompone en amplias áreas rectangulares cuyo número podemos personalizar y cuyo manejo es muy intuitivo (figura 39).

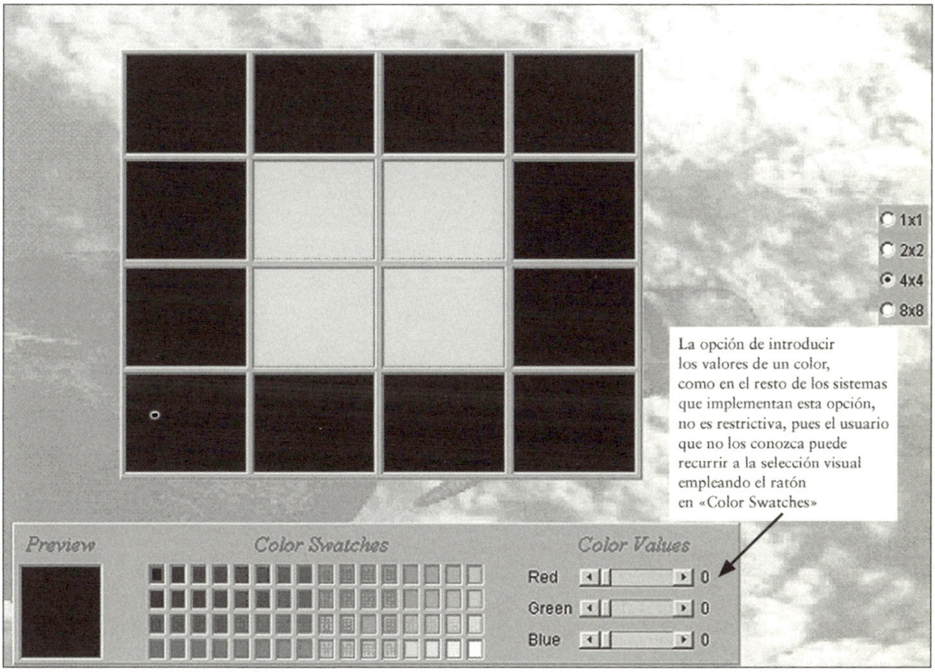

Figura 39. Selección de áreas de color en C-bird

C-bird también dispone de una opción llamada MODEL que permite localizar un objeto similar a otro hallado en una imagen seleccionada. Sin embargo, en esta ocasión, las pantallas que establece para que el usuario seleccione las áreas de interés no resultan «usables» en absoluto. El usuario puede escoger las paletas de *shape primitives* (figura 40), *color magic wand* y *snakes*. En cada caso se despliegan distintas opciones, ninguna de las cuales será previsiblemente familiar a un usuario medio. Si a esto le sumamos el hecho de que *C-bird* carece enteramente de documentación de ayuda, está claro que nos enfrentamos a un problema importante de usabilidad.

Figura 40. Paleta de «shape primitives»correspondiente a la opción MODEL de C-bird

En definitiva, la posibilidad de escoger una región como patrón de búsqueda es un elemento muy positivo. La forma que presenta *Blobworld* de implementar esta opción nos parece de las más oportunas, pues consideramos que se debe preceder de la determinación de una categoría temática y que este procedimiento se refuerza con la asociación de conceptos a las regiones. Es una solución al problema del reconocimiento automático de patrones. No obstante, sería aún más conveniente no iniciar toda consulta con la obligación de escoger una región, al tiempo que también sería interesante permitir seleccionar más de una región como ejemplos de búsqueda que pudieran aparecer conjunta o disyuntivamente en nuestros resultados.

Respecto a las *consultas por textura*, están menos extendidas que las consultas por color, pero aun así son bastante habituales. La manera de presentar esta opción responde a las mismas variantes que para las consultas de color. De nuevo, lo lógico sería ofrecer posibilidades simultáneas que el usuario escoja en función de su grado de experiencia respecto a la manipulación de un atributo visual perceptiblemente más complejo para nuestro entendimiento como es la textura. Sin embargo, muy pocos sistemas respetan esta premisa. Ejemplos positivos en este sentido son *Ikona* y *eVe* que, como ya comentamos, ocultan los atributos visuales excepto en el momento en que el usuario escoge una búsqueda por similitud de objeto, en cuyo caso se accede a un mapa representativo de la segmentación de la imagen en regiones permitiendo la selección y ponderación de los rasgos a considerar en el proceso de asociación. En realidad, para un usuario medio bastaría con aplicar el método más sencillo y cómodo: la ocultación de los atributos visuales que maneja el sistema, de manera que tan solo se tenga que pulsar sobre una imagen para hallar sus similares. Este procedimiento consigue buenos resultados en sistemas de propósito específico, como *LCPD:* puesto que todas las imágenes se hallan en blanco y negro, y responden a un mismo tipo —tarjetas de visita del siglo XIX. La probabilidad de que el usuario obtenga resultados satisfactorios es mayor que en otra clase de sistemas CBIR y, en consecuencia, también es bastante probable que el usuario no se cuestione los aspectos de similitud que tiene en cuenta el sistema. Otros sistemas de índole más genérica, como es el caso de *Simplicity* o *Simba,* ocultan los atributos al usuario pero, puesto que no existe una previa selección de categorías temáticas, en ocasiones el usuario podría preguntarse por el tipo de similitud al que atienden los resultados obtenidos, con lo que se hace necesario dotar al sistema de un método de consulta más preciso para los usuarios que llegan a este nivel de experimentación.

En la figura 41, un usuario novel de *Simba* puede hallar dificultad para entender por qué el sistema le devuelve estas imágenes como similares a un árbol. Si el sistema le indicara qué atributos considera, posiblemente entonces el usuario fuera consciente de la relevancia del elemento textura. El usuario medio no habituado a sistemas CBIR tiene la costumbre de buscar imágenes a partir del reconocimiento de objetos en ellas. En ese caso, ya vimos cómo los estudios cognitivos han concluido en que son los atributos de color y forma los más determinantes, sin embargo la textura es un elemento en principio menos intuitivo visualmente. En consecuencia, la mejor manera de educar al usuario en la búsqueda por rasgos primitivos es la de indicarle los criterios a los que se ajusta el sistema. Con ello se consigue reorientar nuestra mirada hacia conceptos visuales. Este es un motivo más para abogar no solo por la mera indicación informativa, sino por la integración de formas de consulta de dificultad progresiva que el usuario emplee a medida que descubra nuevas inquietudes acerca de los resultados que va obteniendo.

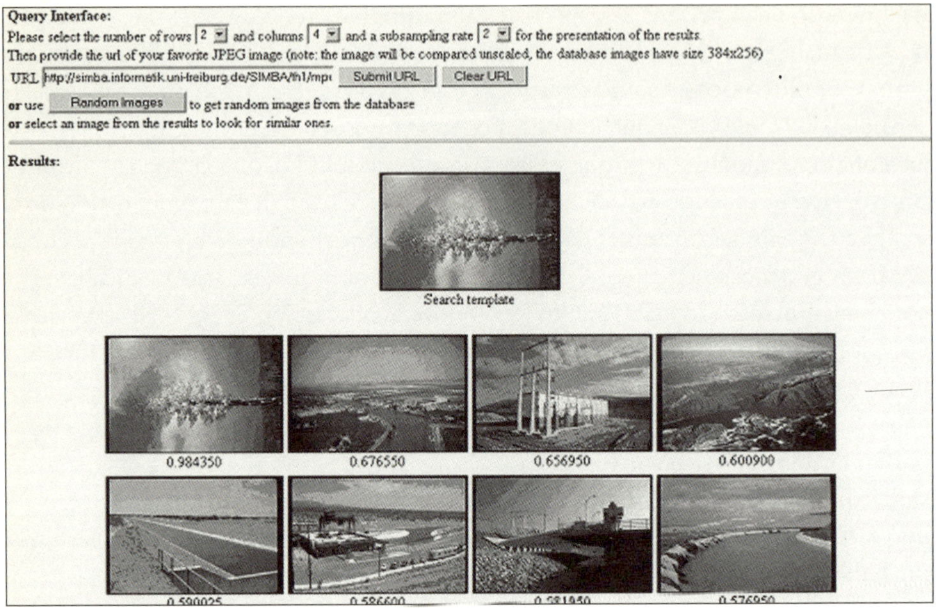

Figura 41. Resultados a una búsqueda por similitud visual en Simba

Por su parte, en los casos en que se permite seleccionar este criterio, también se puede cometer graves errores de usabilidad. El ejemplo más llamativo a este respecto es el de *Quicklook,* que del mismo modo incurría en un fallo similar en relación con la consulta por selección de color. *Quicklook* debería limitarse a indicar al usuario si quiere escoger similitud de forma, color, posición o textura (con el aspecto positivo de usabilidad de que puede combinar varios o todos los criterios simultáneamente —no como en ESSB, donde la selección de un criterio excluye al otro). En lugar de esto, *Quicklook* mostraba once atributos enunciados de manera excesivamente técnica y sin recurrir a ningún tipo de explicación. El atributo relativo a la textura aparece nombrado como:

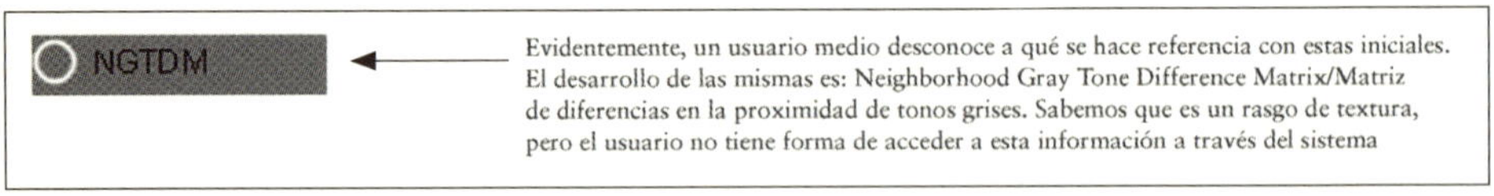

Evidentemente, un usuario medio desconoce a qué se hace referencia con estas iniciales. El desarrollo de las mismas es: *Neighborhood Gray Tone Difference Matrix*/Matriz

de diferencias en la proximidad de tonos grises. Sabemos que es un rasgo de textura, pero el usuario no tiene forma de acceder a esta información a través del sistema.

En *Cires*,[251] el usuario puede ponderar el atributo textura con un valor numérico (frente a la recomendación de emplear valores textuales), pero además ha de seleccionar entre dos valores de textura (figura 42).

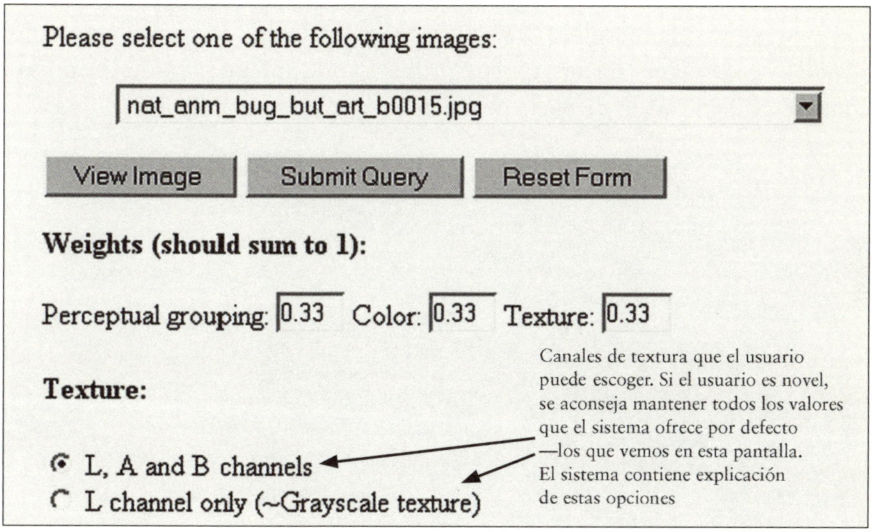

Figura 42. Opciones de consulta en Cires

Como vemos, en *Cires* también se emplea un lenguaje demasiado técnico para un usuario medio. Sin embargo, el sistema sí se acompaña de explicaciones que pueden ayudar a entender qué es lo que debemos escoger (solo luminancia[252] o luminancia y cromatismo).[253] De todas formas, no solo basta con estas referencias[254] cuando el destinatario puede ser cualquier tipo de usuario, como se presupone para este sistema.

[251] <http://amazon.ece.utexas.edu/~qasim/research.htm>.

[252] Cantidad de luminosidad o cantidad de iluminación que presenta un punto luminoso ante nuestros ojos (escala de grises). Los rayos que refleja una superficie transmiten ciertas cualidades de la misma: pulimentada o rugosa, compacta o fluida, regular o irregular, estriada, granulada, etcétera. La combinación de algunas de estas características constituye la *textura*.

[253] Conjunto o gama de colores. Tanto la luminancia como el cromatismo pueden producir ruido en la imagen, de forma que ajustando ambos canales podemos obtener mejoras en la visualización de la misma.

[254] Que, además, pueden confundir aún más al usuario, pues probablemente asocie el cromatismo de una imagen a su color y no al rasgo de textura.

La dificultad de uso puede ser aún mayor cuando se ha de manipular de forma visual el rasgo de textura. El sistema *C-bird* muestra un panel gráfico para especificar la distribución de la textura (figura 43). El principal aspecto negativo de usabilidad que registra este panel es la ausencia de explicaciones. Una ayuda a este respecto sería muy conveniente, pues como podemos apreciar se maneja un concepto nuevo: el de *densidad de textura*. Al enfrentarse a este panel, el usuario no tendrá más remedio que ir probando en qué consiste exactamente. Aunque deba salvar por sí mismo este obstáculo inicial, es muy probable que aprenda rápidamente, ya que los botones y disposición de elementos son, por otra parte, muy intuitivos:

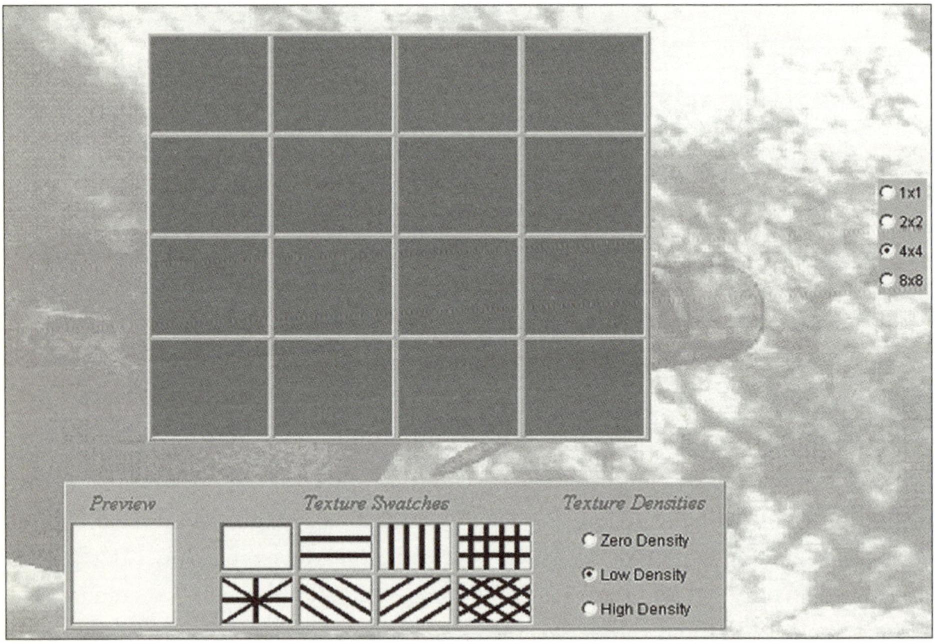

Figura 43. Panel de distribución de texturas en C-bird

De todas formas, y nuevamente, no es aconsejable que esta sea la única vía disponible para que el usuario pueda seleccionar el elemento *textura* en su patrón de búsqueda. Asimismo, también hay que dejar constancia de que no es frecuente hallar este tipo de paneles de manipulación, posiblemente debido a la dificultad que conlleva la comprensión de este rasgo frente al color o la forma. En cualquier caso, lo habitual es permitir seleccionar este criterio mediante la activación de una casilla y, como mucho, ponderarlo con valores textuales o numéricos. En nuestra opinión, es adecuado intentar implementar paneles de manipulación porque pueden ayudar al usuario a valorar la influencia de la textura en la apariencia visual de las imágenes y, en consecuencia, a utilizar más este atributo; con ellos, el usuario puede experimentar y alcanzar mayores niveles de control sobre los resultados. No obstante, también somos conscientes de que no se puede pretender implementarlos sin una documentación adecuada que cubra todos los conceptos manejados y sin que se dote incluso de demostraciones prácticas y consejos de uso.

Siguiendo con los aspectos de *manipulación de rasgos,* con lo visto hasta ahora ha quedado claro cuáles son las formas que suelen presentar los sistemas en este sentido: la ocultación de atributos se correspondería con una fórmula de búsqueda simple, la selección de algún criterio incluyendo la posibilidad de ponderarlo respondería a una formula de búsqueda de dificultad media y, por último, la manipulación de los rasgos mediante paneles gráficos es más adecuada como método avanzado de búsqueda.

En general, la tendencia más frecuente es la de permitir seleccionar un criterio simplemente accionando su casilla correspondiente, sin tener que precisar más acerca de ese elemento —como en *Istorama,* *ESSB* o *IRS*—. Sería un tipo de dificultad baja-media.

Hemos visto también que la manipulación de algún criterio de forma visual (búsqueda avanzada) no es el método más empleado, pero, de utilizarse, es más frecuente en la manipulación del rasgo de color que en el de la textura o la forma. Para manipular la forma, lo esperable es un lienzo de dibujo como en *ImageScape;* para manipular la textura, una fórmula muy intuitiva es la selección de una región como patrón, aunque en *C-bird* podemos acceder a uno de los pocos ejemplos de búsqueda más avanzada sobre este rasgo (un caso mejorable aunque no alejado en todos los sentidos de los requisitos de usabilidad exigibles); finalmente, el uso de paletas para seleccionar colores y su densidad en la imagen está más extendido, aunque se incurre en errores de usabilidad tales como la excesiva cantidad de colores entre los que escoger.

Cuando se emplea una búsqueda de dificultad media en la que se ha de seleccionar un rasgo y ponderar su importancia relativa, encontramos que algunos sistemas —como *Cires*— siguen recurriendo al empleo de números para expresar las distintas opciones. El caso de *Cires* es uno de los menos «usables», pues el usuario ha de ponderar tres rasgos (agrupación perceptible de regiones, color y textura) estableciendo en cada uno de ellos una cifra decimal, de tal forma que la suma de las tres ponderaciones sea uno.[255] Evidentemente, no es esta la forma más amigable de ofrecer una valoración. Cada vez se tiende más a emplear texto en lugar de números para ponderar los rasgos, siendo este un aspecto positivo de usabilidad, aunque no hay uniformidad respecto a los métodos utilizados (*not*, *somewhat*, *very* —como en *Blobworld*—; escalas decimales desde *not at all* a *very* —como en *Istorama*—, etcétera). Desde nuestro punto de vista, la ponderación textual de los atributos tampoco es muy adecuada, pues el usuario tendrá que experimentar con los distintos grados y combinaciones para poder apreciar las diferencias. En realidad, creemos que este método atenta contra el principio de la percepción visual humana relativo a nuestra incapacidad para distinguir pequeñas diferencias —máxime cuando estas diferencias se expresan de forma lingüística en lugar de visualizarse (empleando herramientas gráficas).

Ya hemos manifestado nuestra opinión acerca de las ventajas que supone combinar varias formas de selección, aunque no es habitual encontrar sistemas que alternen correctamente estas fórmulas: así, por ejemplo, veíamos que en *WebSeek* y en *Quicklook* el usuario puede hacer búsquedas sin necesidad de manipular rasgos, aunque también tiene la posibilidad de componer un histograma de color —en *WebSeek*— o de activar cualquiera de los atributos visuales y textuales que considera el sistema —en *Quicklook*. El problema radica en que, para estos casos de búsqueda más avanzada ambos sistemas carecen de explicaciones oportunas y resultan poco «usables». Un buen ejemplo de propuesta de integración de distintas fórmulas sería el sistema comercial *eVe,* que ajusta su interfaz al nivel de experiencia del usuario (distinguiendo hasta tres tipos de interfaz).

Y, si el método recurrente para iniciar cualquier consulta, sea más o menos avanzada, es la selección de una imagen-ejemplo o de una región como patrón, también señalamos al hablar de la navegación por imágenes internas el interés que tiene el poder escoger varias imágenes-ejemplo desde el primer momento —como en IRS, aunque en este caso cada una de ellas se considera el inicio de una consulta paralela; o el sistema *eVe* en lo referente a la elección de más de una región procedente de imágenes distintas. Sin embargo, la fórmula más extendida para permitir la selección de más de una imagen como ejemplo en el procesamiento de una sola consulta es la retroalimentación a partir de una única imagen inicial. Esto nos lleva al siguiente punto de nuestro guión, que es la reflexión acerca del método de *retroalimentación por relevancia.*

[255] Véase la figura 42.

A pesar de considerarse un factor muy positivo para aumentar la eficacia percibida por el usuario en relación con el funcionamiento del sistema, lo cierto es que muchos de los sistemas CBIR que se dan a conocer no lo implementan. Un buen ejemplo de indicación de la relevancia lo incorpora *LCPD*, porque vendría a salvar la consideración que hemos hecho en el párrafo anterior. *LCPD* habilita desde su pantalla inicial los diferentes tipos de consulta a los que puede acceder el usuario, y entre esas opciones hallamos dos (retratos o logotipos de estudios) con indicación de la relevancia a partir de una serie de imágenes al azar. Es decir, que en este caso podemos seleccionar imágenes positivas o negativas (*ok* o *bad*) desde el comienzo. La limitación reside en que el número de imágenes al azar es tan solo de doce, viéndonos obligados a seleccionar ejemplos de entre ellas puesto que no podemos activar una nueva muestra, a no ser que retrocedamos a la página inicial del sistema para escoger de nuevo esta opción de consulta (en cuyo caso se generará otra muestra diferente).

Un ejemplo más de retroalimentación permitida desde una muestra inicial de imágenes al azar es *WebSeek*. En este caso, se puede navegar por todas las imágenes de la categoría que hayamos escogido. La recuperación se realiza sobre la lista de imágenes que se muestra en pantalla o sobre todas las imágenes de la categoría en cuestión. A pesar de esta característica positiva, *WebSeek* no es precisamente un buen ejemplo de implementación de la función de retroalimentación. Comete dos errores importantes de usabilidad (figura 44): el primero es el hecho de no mantener activos los botones de selección sobre una imagen cuando realizamos una búsqueda (de forma que no recordaremos los ejemplos positivos o negativos que habíamos considerado)[256] y, en segundo lugar, no podemos seleccionar ejemplos de otras pantallas (el sistema solo tiene en cuenta los ejemplos escogidos en la pantalla activa).

Si, como hemos dicho en varias ocasiones, lo habitual no es mostrar la retroalimentación sin tener que escoger una imagen-ejemplo previa, también es cierto, como acabamos de ver, que hay casos en sentido contrario. Ahora bien, el sistema más acertado en la implementación de la función de retroalimentación es, a todas luces, *Quicklook*. Este no solo permite escoger ejemplos positivos, neutrales o negativos desde el primer momento que accedemos a una de sus ocho bases de datos, sino que podemos navegar por sus distintas pantallas seleccionando ejemplos cuyo número será recordado en el marco lateral derecho de la interfaz, al tiempo que cuando obtengamos los resultados oportunos también seguirán activos

[256] El sistema activa por defecto la opción *none* —neutral— sobre todas las imágenes resultantes.

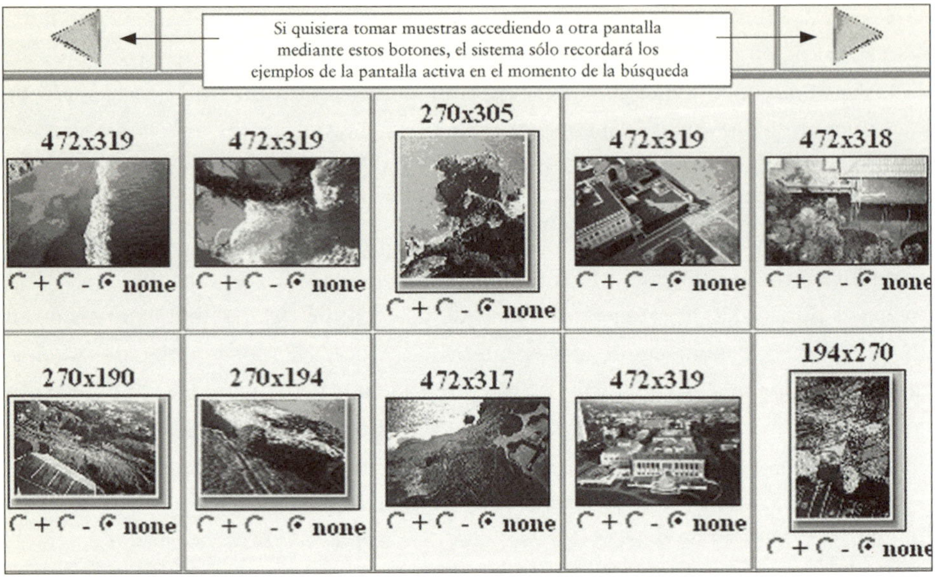

Figura 44. Resultados a una búsqueda por retroalimentación basada en el color en WebSeek

los botones de selección que pulsamos durante la consulta. Asimismo, el tipo de iconos que el sistema emplea para señalar un ejemplo como positivo, neutral o negativo es mucho más amigable que en LCPD o en *WebSeek*. En este caso, se recurre a la metáfora del semáforo (verde —positivo—, amarillo —neutral— y rojo —negativo). Esta metáfora se refuerza con el uso de rostros sonriente, serio o triste en función del color escogido (figura 45).

También la posibilidad de combinar o emplear de alguna forma *consultas lingüísticas* contribuye, igual que una buena implementación de la función de retroalimentación, a obtener resultados más oportunos a juicio de un usuario medio. Puesto que habitualmente tendemos a buscar objetos o conceptos concretos en las imágenes, no cabe duda de que una manera muy adecuada y esperable de hacerlo será mediante el recurso al texto. La mayoría de los sistemas CBIR actuales son conscientes de la necesidad de cubrir la denominada *laguna semántica* a la que hemos hecho alusión en otras ocasiones, aunque se emplean métodos de consulta lingüística distintos: navegación estructurada en categorías temáticas —*WebSeek*, *Cires*...—, formularios basados en menús desplegables —*Quicklook*, *Scuplteur*...— o la introducción de palabras clave sin asistencia —como en *Istorama*. Teniendo en cuenta la usabilidad

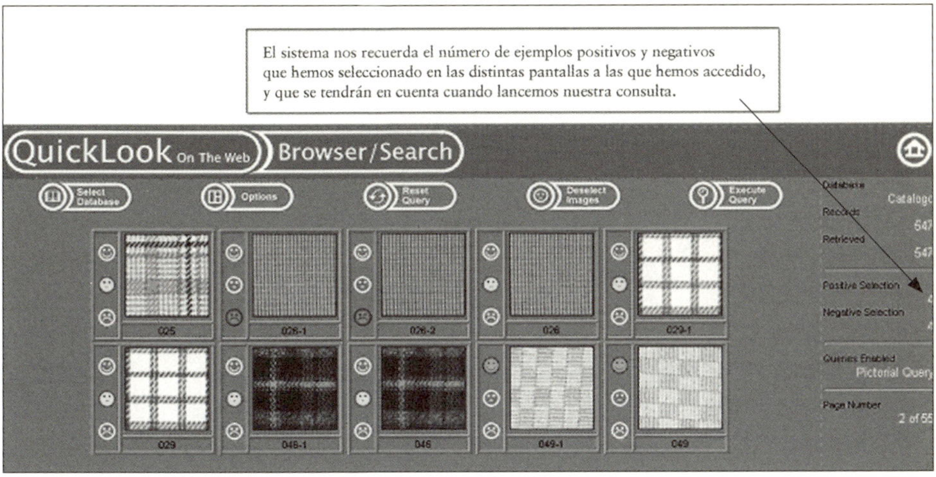

Figura 45. Pantalla de selección de ejemplos positivos, negativos y neutrales en Quicklook

del elemento *texto*, dadas las dificultades tecnológicas actuales para reconocer e interpretar escenas de forma automática —tal como comentamos en el capítulo 2—, es un aspecto positivo que muchos sistemas habiliten esta forma de consulta. Si hemos de decantarnos por alguna en particular, podríamos decir que cada opción se presta a un tipo de búsqueda distinta y que, en consecuencia, hemos de valorar la presencia de cada una de ellas en función de los objetivos del sistema: así, la navegación temática tiene como fin la ayuda en una consulta inicial de carácter impreciso, mientras que las consultas selectivas pueden satisfacerse más rápidamente acudiendo a formularios guiados. Una solución acertada para apoyar tanto consultas imprecisas como selectivas, al tiempo que emplea una estructura temática en absoluto tediosa —tanto funcionalmente como desde el punto de vista del usuario—, es el sistema del *Hermitage Museum,* que ya alabamos en páginas anteriores por este mismo motivo. Por su parte, un ejemplo negativo de recurso a la estructura temática para clasificar sus imágenes es *Cires,* no por la composición de dicha estructura —que, no obstante, es criticable—,[257] sino por la incoherencia que supone obligar al usuario a escoger inicialmente una categoría cuando los resultados de cualquier búsqueda no se ceñirán exclusivamente a dicha categoría (figura 46).

[257] Principales clases temáticas en *Cires:* cosas hechas por el hombre (edificios, puentes, misceláneo, transportes); naturaleza (animales, insectos, mamíferos, flores y paisajes); texturas.

Figura 46. Resultado de una consulta en Cires previa selección temática

La posibilidad de introducir palabras clave sin ninguna asistencia puede desorientar al usuario cuando, tras varios intentos, no es capaz de acertar con un término que el sistema contemple. En el caso de *Blobworld,*[258] aunque esto puede ocurrir, cuando acertamos asociando una palabra clave a una región concreta, ya hemos dicho que los resultados pueden ser muy oportunos. Esto pone de manifiesto el interés de trabajar en la línea de la integración de consultas lingüísticas y visuales, en lugar de permitir una u otra opción de forma aislada.

Para acabar con nuestro comentario acerca de la disposición de las opciones de consulta en los sistemas CBIR actuales, hemos de aludir a la *forma de presentar dichas opciones al usuario*. A este respecto, dijimos que se recomienda visualizar de forma simultánea todas las posibilidades de búsqueda que pueden escogerse.

[258] Véase la figura 38.

Afortunadamente, son más los ejemplos positivos en este sentido que los negativos. La mayoría de los sistemas ofrece al usuario todas las alternativas de consulta desde sus pantallas iniciales. Un ejemplo estrella porque combina este criterio con un diseño estético y minimalista, al menos en su presentación, es ESSB.[259] Otra fórmula muy adecuada consiste en visualizar siempre las opciones mediante un marco lateral disponible en cualquier pantalla de la interfaz —como en *Quicklook* o en *Todai*. Por su parte, un ejemplo negativo sería *WebSeek*,[260] pues la búsqueda por similitud visual o la manipulación de histogramas de color solo se presenta tras acceder a las imágenes pertenecientes a una categoría temática, de manera que el usuario se «topará» con esta opción, en contra del mayor control que le supondría poder contar con ella desde el principio.

Siguiendo con nuestro guión de análisis, habríamos de pasar ahora a tratar las *opciones de control* que plantean las interfaces CBIR. Fijémonos en el tipo de acciones que los sistemas permiten en relación con cualquier búsqueda. Aquí también son diversos los problemas de usabilidad detectados. Para empezar, una cuestión poco observada en muchos casos es la famosa *ley de Fitts,* pues a menudo se disponen elementos interactivos de pequeño tamaño que disminuyen la sensación de movilidad del usuario. Un ejemplo citado son las barras de la opción de manipulación de histogramas de color en *WebSeek;*[261] igualmente, en *Istorama* podemos apreciar botones de selección de umbrales poco «usables» (figura 47).

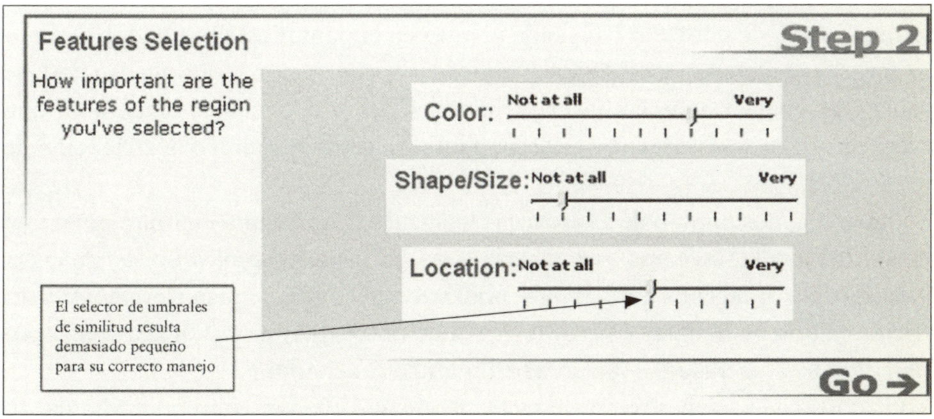

Figura 47. Selección de rasgos en Istorama

[259] Véase fig. 1.
[260] Véase fig. 10.
[261] Véase fig. 32.

También en *Blobworld* encontramos pequeñas casillas de selección de umbrales, y en general es bastante frecuente hallar botones pequeños para aumentar o disminuir la ponderación numérica de un rasgo. Probablemente sea en este tipo de acción donde se tienda más a la reducción del aspecto físico de los elementos interactivos. Por el contrario, uno de los pocos ejemplos positivos en cuanto al tamaño y proximidad de sus elementos lo encontramos en las opciones de manipulación de rasgos de *C-bird*.[262]

Respecto al control sobre las búsquedas que realizamos, no es frecuente poder abortar una consulta ni *guardar acciones*, aunque este último aspecto se contempla en algunos sistemas de propósito específico como LCPD y también en *Sculpteur*. En las consultas con retroalimentación de LCPD se permite al usuario salvar las imágenes que desee (figura 48). Las imágenes se conservarán en una página (figura 49) a la que podremos acceder incluso en sesiones posteriores a través de la opción disponible en la pantalla inicial «*Your private selection*». Este sistema es el mejor ejemplo hallado en su forma de implementar la posibilidad de guardar imágenes para ser reutilizadas en búsquedas futuras.

En el caso de *Sculpteur*, se ha habilitado una pestaña llamada *Light Box* donde aparecen las imágenes que hemos ido seleccionando en nuestras distintas conexiones con el sistema. Sin embargo, esta fórmula resulta más aparatosa que en LCPD, pues hemos de pulsar sobre cada imagen deseada para poder acceder a la pantalla que contiene la opción de añadirla a la pestaña de *Light Box*, en lugar de presentar una casilla de selección bajo cada imagen en la pantalla de resultados —como en LCPD. En definitiva, consideramos que todas las operaciones que puedan hacerse sobre una imagen deberían estar disponibles desde el primer momento en que accedemos a dichas imágenes (es decir, pantallas de navegación o de obtención de resultados).

Aunque la posibilidad de guardar las imágenes fruto de una consulta no es una opción frecuente, creemos que debería serlo. El usuario emplea un sistema CBIR para obtener imágenes con las que podría querer operar posteriormente. Esta opción habría de hallarse en cualquier sistema no experimental, junto con la posibilidad de almacenar las imágenes en nuestro ordenador.

Otro tipo de acciones tampoco es frecuente que puedan guardarse, aunque en este sentido *Quicklook* presenta un caso curioso, y es que permite salvar la personalización que hagamos en la forma de visualizar las imágenes. Podemos per-

[262] Véase por ejemplo fig. 43.

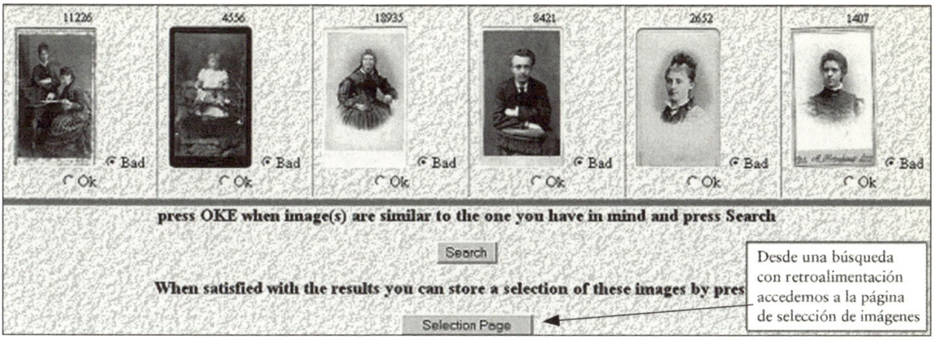

Figura 48. Acceso a la *página de selección* en LCPD

Figura 49. Página de selección de imágenes para su almacenamiento en LCPD

sonalizar el número de columnas y filas en que se presentarán las imágenes (figura 50). Si no salvamos los cambios, la visualización que hayamos indicado solo afectará a la sesión que estemos ejecutando en esos momentos.

Este ejemplo lo sería tanto de personalización en la presentación de las imágenes como de opción de salvar una acción. Sin embargo, la posibilidad de guardar esta acción para posteriores sesiones no tendrá demasiada valía si el sistema solo ofrece esta oportunidad de mantener acciones realizadas.

Respecto a otras opciones de control, por lo general pocos sistemas implementan *barras de navegación* propias, teniendo el usuario que utilizar las opciones de su navegador para poder deshacer acciones o para conocer el proceso que ha seguido, pues tampoco la opción de *bookmark* o historial de búsqueda es habitual. Las pantallas de un sistema suelen interrelacionarse de manera que podamos iniciar una consulta en cualquier momento o regresemos a la pantalla inicial, pero en algunos casos se descuidan incluso estos elementos importantes de enlace. Así, por ejemplo, en *Blobworld* no existe ningún botón que, desde el formulario de búsqueda, las páginas de resultados o la de información sobre una imagen nos lleve a la pantalla de inicio, desde la cual podríamos acceder al resto de alternativas de consulta que ofrece el sistema. Un problema similar hallamos en *Sculpteur* con la gestión de algunas de sus ventanas (figura 51).

Esta clase de problemas de navegación se resuelve bien habilitando marcos laterales que mantienen visibles en cualquier momento los puntos de acceso y elementos informativos principales del sistema —así en *Cires, C-bird* o *Todai,* por ejemplo.

Por su parte, la mejor manera de evitar desorientar al usuario es la que ofrece *Quicklook*. Este sistema dispone de una barra de navegación superior e inferior (figura 52) que permite desplazarnos hacia delante y hacia atrás en las páginas, deshacer opciones escogidas como ejemplos de relevancia para la retroalimentación, volver a seleccionar una nueva base de datos, reestablecer una pregunta (regresando al comienzo de la navegación semi-estructurada), ejecutar una pregunta, al tiempo que integra en dos botones *Options* y *Random* la posibilidad de convertir la navegación semi-estructurada con retroalimentación en un formulario de búsqueda avanzada con manipulación de rasgos o en una navegación desestructurada (imágenes al azar, no ya ordenadas por número de fichero), respectivamente.

Desde el formulario de opciones se puede volver a la pantalla anterior. Además, la ayuda contextual se despliega en el marco lateral derecho sin necesidad de

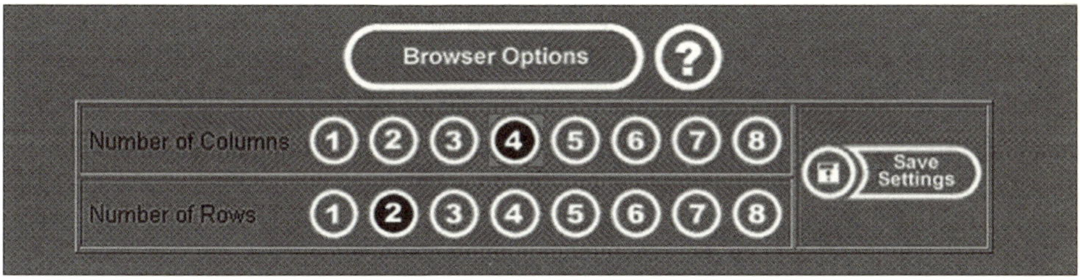

Figura 50. Opciones de personalización de la navegación en Quicklook

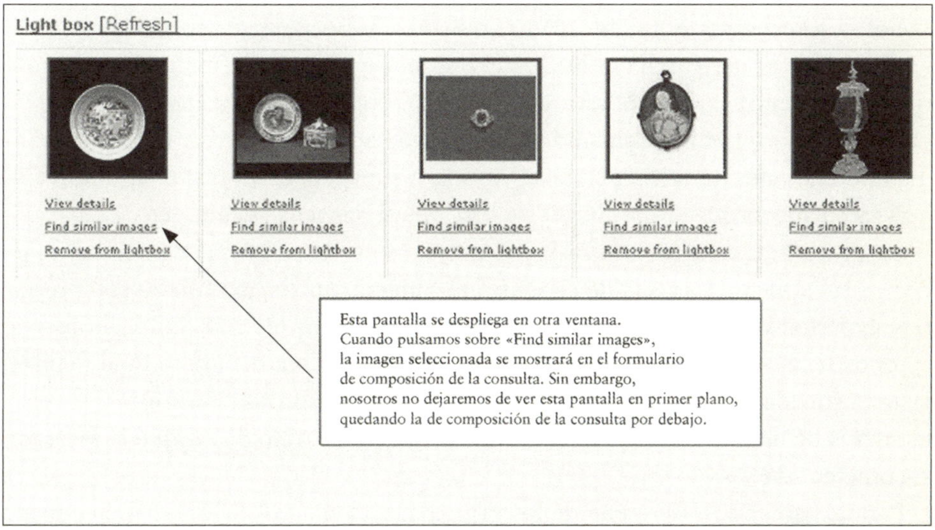

Figura 51. Problemas de interrelación entre pantallas en Sculpteur

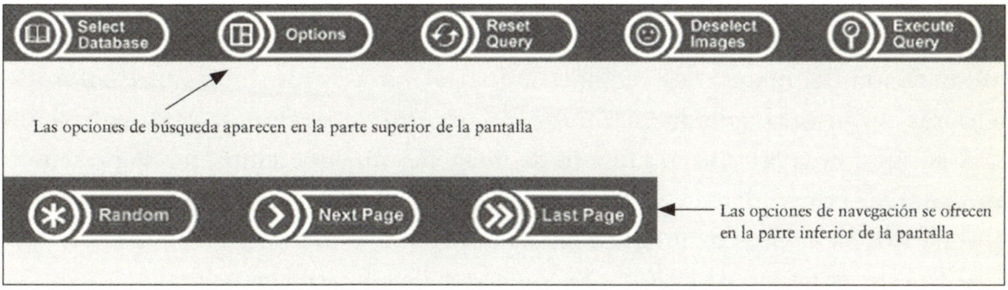

Figura 52. Opciones de navegación y búsqueda en Quicklook

abandonar la operación que estemos realizando. El usuario de *Quicklook* no tendrá que hacer uso de su propio navegador, aunque el único elemento que faltaría de acuerdo con los criterios de usabilidad vistos para sistemas CBIR sería el historial de búsqueda. Si bien *Quicklook* es un ejemplo positivo de cómo debería integrar un sistema CBIR sus elementos de control, también es cierto que no son muchos más los sistemas que pueden presumir de estas características.

En muchas ocasiones no es habitual encontrar *ayuda contextual,* en su lugar se suele establecer algún tipo de enlace a una introducción sobre el sistema donde encontramos toda la información que se ha considerado oportuna para el usuario. Algunos sistemas —como *LCPD* o *WebSeek*— ofrecen su ayuda en forma de indicaciones junto a los botones correspondientes, pero la mejor forma de hacerlo para no saturar la pantalla es mediante botones que simbolicen algo que el usuario pueda identificar con la idea de *ayuda*, tal como un interrogante —como en *Quicklook* o en *Todai*. Asimismo, la recomendación de no ofrecer la ayuda abandonando la pantalla actual, hemos visto que se respeta en *Quicklook*, aunque lo más frecuente es que se despliegue en una nueva ventana —como en *Todai.*

Respecto a la *divulgación progresiva,* esta consideración no se plantea nunca de forma explícita. Es decir, no encontramos una distinción manifiesta entre usuarios expertos y noveles. Aún así, a la hora de plantear las consultas, vimos que algunos sistemas ofrecen más de una fórmula en función del grado de dificultad de la búsqueda. También entonces señalamos que una de las soluciones más acertada es la de habilitar una interfaz distinta según sea el tipo de búsqueda escogida —como en *eVe.*

Para terminar con la reseña de los principales elementos de control, hemos de detenernos en las posibilidades de *personalización.* Hemos visto anteriormente el caso de *Quicklook* en lo que a la personalización de la visualización de imágenes se refiere, algo que se permite con cierta frecuencia —así en *Ikona* o en *SMURF,* por ejemplo. Otros tipos de personalización hallados se refieren al comienzo de sesión mediante identificación previa —*Sculpteur* y *Todai*—, o la personalización en la presentación del número de regiones a escoger para la distribución de colores y texturas —tan solo hallada en *C-bird.* En general, la opción de personalización más popular es la relativa al número de imágenes que queremos que se presenten en pantalla. Por lo demás, son pocas las posibilidades que el usuario tendrá de adecuar los elementos de interacción a su propio estilo.

Si en este apartado dedicado a las opciones de control hemos destacado el sistema *Quicklook* como ejemplo a seguir, también tenemos un ejemplo que representa todo lo contrario. Se trata de *Istorama,* que no permite guardar imágenes obtenidas en una consulta, ni dispone de barra de navegación, ni de ayuda contextual, ni de opciones de personalización —ni siquiera en lo tocante al número de imágenes a ofrecer en pantalla.

La última faceta que debemos analizar relativa al criterio de uso y control que prestan los sistemas CBIR al usuario es la del *lenguaje empleado.* En general, podríamos decir que tiende a respetar las recomendaciones de usabilidad, aunque también se detectan graves problemas que habrían de corregirse. Así, en la mayoría de los casos, las instrucciones de uso son visibles y apropiadas; no obstante, algún elemento interactivo puede quedar sin precisar con claridad. Tenemos un ejemplo en la pantalla de búsqueda de imágenes similares de *LCPD* (figura 53): en esta ocasión nos enfrentamos a un lenguaje técnico, con ausencia de elementos informativos acerca de las opciones ofrecidas y sin una disposición clara en la pantalla de dichas opciones. Aunque el usuario de *LCPD* pueda ser un usuario muy concreto aficionado a la fotografía o experto en tarjetas de visita, lo cierto es que el sistema debería corregir este panel interactivo para garantizar su comprensión y descartar cualquier duda.

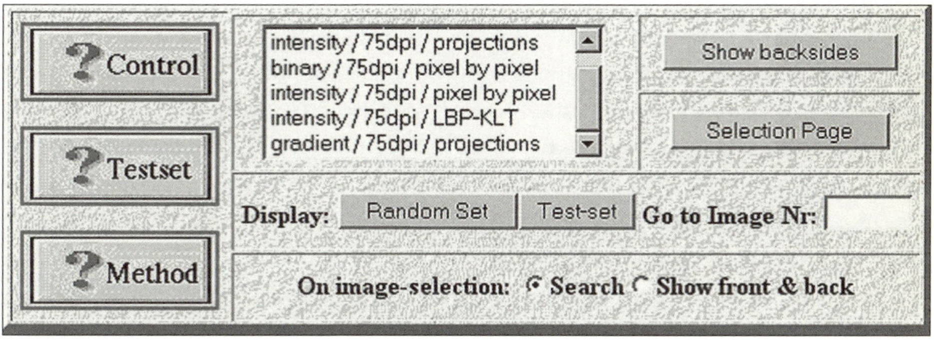

Figura 53. Panel de selección de aspectos visuales en la búsqueda de imágenes similares de LCPD

Lo deseable sería que todo sistema pudiera utilizarse sin recurrir a ningún tipo de ayuda, pero para ello es necesario no presuponer que el usuario, sea del tipo que sea, entenderá lo que queremos decirle. La presunción ha de suplirse con una adecuada y estudiada disposición y explicación de todos los elementos que intervienen en la interacción.

La ausencia de explicaciones de los conceptos técnicos ya la hemos puesto de manifiesto en otras ocasiones, por ejemplo en el caso de la manipulación de *espa-*

cios de color de *Sculpteur.*[263] Quizá uno de los representantes más evidentes de la repercusión negativa que este aspecto puede acarrear a la usabilidad de un sistema sea *Quicklook,* con el empleo de once atributos visuales enunciados de forma excesivamente técnica y sin aclaración alguna acerca de sus significados.[264]

En cuanto a las categorías de imágenes establecidas para casos de navegación estructurada, ya dijimos también que existen sistemas más adecuados en este sentido que otros. Así, las categorías propuestas en *Istorama* no nos parecen demasiado lógicas —flores, paisajes, espacio, varios y coches— ni tampoco las de *WebSeek* o *Cires* —como señalamos en su momento. Sin embargo, las clasificaciones de *Sculpteur* y *Hermitage* son perfectamente ajustadas al tipo de objetos artísticos que ambos sistemas manejan. La del *Hermitage Museum* es aún más conveniente, por su mayor sencillez.

Respecto a las metáforas empleadas, son fáciles de identificar y asociar con la acción correspondiente. La más frecuente es la del lienzo y paleta de colores en relación con las consultas por pintura. En *Hermitage* se explica este empleo diciendo que es una forma de buscar una obra de arte visualmente utilizando herramientas que emplearía un artista. Por tanto, la asociación entre la composición de una obra y la composición de una consulta recurriendo a las mismas herramientas resulta bastante extendida y comúnmente aceptada. Otras metáforas son menos frecuentes, como el recurso a los colores identificados con un semáforo para la expresión de las opciones de retroalimentación en *Quicklook,* que casi son las mismas en *Ikona* —con la excepción del uso del gris en lugar del amarillo para referirse a ejemplos neutrales. El interrogante simboliza la ayuda y el dibujo de una casa expresa la pantalla inicial de la interfaz de consulta, como en otros sistemas de recuperación de información y en todo sitio web. Por su parte, hay un símbolo empleado de distinta forma por algunos sistemas, se trata de la *lupa*: en *eVe* este símbolo se asocia con el mapa de objetos de una imagen, en *Quicklook* acompaña al botón de búsqueda, mientras que en *Sculpteur* aparece junto a los campos textuales del formulario de consulta para desplegar una nueva ventana con las distintas entradas admitidas en cada campo. Este sería más un problema de falta de coherencia entre sistemas.

Una característica de usabilidad positiva es la implementación de ayudas dinámicas —como en *Hermitage* o *Sculpteur*. Además, en *Hermitage,* las instrucciones

[263] Véase fig. 35.
[264] Véase fig. 31.

se mantienen en forma de pasos concisos[265] mientras se ejecuta una consulta. También *Blobworld* se comunica convenientemente con el usuario, pues incluso le aporta consejos de uso, algo poco habitual y muy recomendable, por otro lado. Así, si buscáramos imágenes pertenecientes al grupo *gente*, el sistema recomienda seleccionar regiones que se refieran al tono de la piel y no considerar importante el fondo de la imagen; si estamos en *flores*, se aconseja pinchar sobre la región de la flor y utilizar las ponderaciones dadas por defecto, o no considerar importante la textura, etcétera. Igualmente, *Blobworld* representa un buen ejemplo del tipo de términos que deben emplearse para acercarse al usuario: imperativos para distinguir las opciones disponibles *(Try...; Take...; Read...; Click...);* empleo de paréntesis para aclarar posibles errores de interpretación de una instrucción: por ejemplo, *How important is the background (everything outside the region)?;* uso de los pronombres *You* y *We* para distinguir entre el usuario y el sistema *(You can also type... We'll search the Corel keywords...).* Aun así no siempre impera el orden lógico en la presentación de las instrucciones. Un ejemplo lo tenemos también en *Blobworld,* pues en su pantalla inicial aparece en primer lugar la opción de iniciar una consulta, cuando lo natural sería colocar primero la visita guiada (figura 54).

Sin embargo, aquí el orden es el esperable. Por otro lado, en este marco lateral se emplean términos distintos a los del margen derecho de la pantalla para denominar las opciones (*starting images* en lugar de «*Try a blobworld query*») —esto no es recomendable, puede desorientar al usuario.

Uno de los inconvenientes principales que afecta a la práctica totalidad de los sistemas —con excepciones como *Hermitage* y *Todai,* que también se presentan en su idioma de origen (ruso y francés, respectivamente)— es que el idioma al que se recurre para expresar la funcionalidad de los botones y toda la documentación de ayuda disponible es el inglés.

Este problema influiría menos a un usuario habituado al empleo de sistemas CBIR si estos ofrecieran entre ellos mayor homogeneidad en la denominación de sus acciones.

La conclusión más destacada en lo que respecta al lenguaje empleado, es que se trata de un aspecto que puede conllevar importantes problemas de uso, especialmente cuando se orienta al sistema en lugar de al usuario.

[265] Véase fig. 21. La tendencia a la concisión y al empleo de pasos numerados en la presentación de las instrucciones de uso es cada vez mayor, siendo esta también una característica positiva de usabilidad.

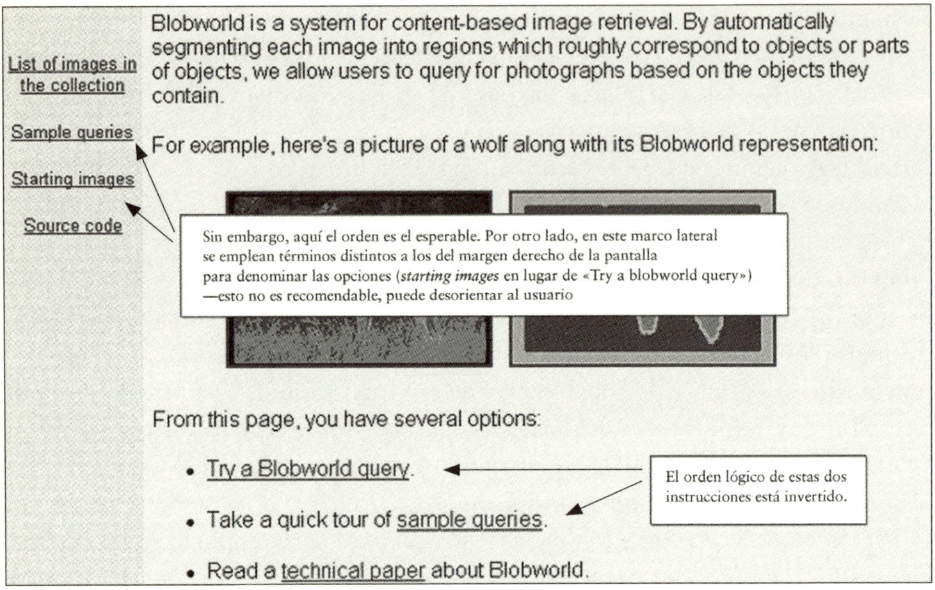

Figura 54. Pantalla inicial de *Blobworld*

El segundo criterio que establecimos seguir para realizar nuestro diagnóstico —tras el uso y control—, era el de la *información que prestan los sistemas* CBIR. Aquí distinguíamos dos indicadores básicos en que habremos de fijarnos: si la *navegación* es o no es guiada, y las características de la *documentación* de ayuda.

Respecto al primer indicador, hemos visto que en general se tiende a utilizar un lenguaje orientado más al usuario que al sistema, cada vez más conciso y apostando por fórmulas dinámicas de ayuda, pero también es cierto que no por ello la *navegación* siempre guía al usuario lo suficiente. Así ocurre cuando faltan instrucciones o explicaciones tan determinantes como las relativas a aspectos sobre el procedimiento de búsqueda o sobre los criterios visuales que el usuario puede manejar. Dos ejemplos negativos a este respecto eran *WebSeek* y *Quicklook*, donde faltaban —como vimos antes— informaciones en uno y otro sentido respectivamente. En realidad, ningún sistema es perfecto en cuanto a la información de uso que ofrece, pues siempre se echa en falta alguna aclaración; ocurre que determinadas ausencias repercuten más directamente sobre la usabilidad del sistema. Aparte de las ausencias comentadas en las líneas inmediatamente superiores, también hay otras que en nuestra opinión revisten una cierta importancia y que, sin embargo, habitualmente no suelen hallarse. Nos referimos a las indicaciones sobre los atributos empleados por el sistema cuando este se basa en el modelo *click and find similar images*, es decir, que oculta al usuario los atributos a los que recurre en su proceso de asociación y este tan solo debe pinchar sobre una imagen para hallar sus similares. En estos casos, aunque el usuario no deba manipular los atributos es recomendable que la información de uso acerca del sistema le indique el criterio de similitud visual establecido. Ejemplos negativos a este respecto son *Simplicity, Simba,* SMURF o la versión en demostración de *Ikona*. Tampoco es frecuente encontrar explicaciones sencillas sobre los procedimientos internos del sistema, así por ejemplo en *Bloblworld, Simplicity,* ESSB, entre otros, el usuario puede acceder a enlaces con información técnica sobre los distintos proyectos de creación de dichos sistemas. En realidad, creemos que bastaría con traducir estos tecnicismos a conceptos más cercanos al usuario, como se hace de forma breve, amena y didáctica en *Hermitage* (figura 55).

Figura 55. Breve explicación del modo de proceder del sistema del Hermitage Museum en sus búsquedas

Asimismo, igual que al tratar del aspecto del lenguaje empleado valoramos los consejos de uso que ofrecen algunos sistemas —como *Blobworld* o *Cires*—, lo cierto es que ningún sistema incluye, entre sus explicaciones de uso, referencias o ejemplos sobre los posibles fines de una búsqueda. En otras palabras, el usuario que se acerca por curiosidad a un sistema CBIR debería contar con una información mucho más rica y completa que le incite a repetir esta experiencia en otra ocasión. Habrían de incluirse ejemplos de situaciones de búsqueda con las que el usuario pueda sentirse identificado, así como explicaciones motivadoras sobre las posibilidades de cada sistema concreto, pero también sobre sus limitaciones —pues el usuario ha de ser consciente de qué es y no es capaz de realizar el sistema.

Puesto que la información de uso y la documentación de ayuda están estrechamente vinculadas, lo lógico es proceder a comentar este otro indicador a continuación. Creemos que la forma oportuna de ofrecer la ayuda en un sistema CBIR sería diferenciando entre instrucciones de uso y documentación sobre el sistema. Algunos sistemas, como *Blobworld,* distinguen estos dos criterios, sin embargo la puesta en práctica de estos elementos no se hace de acuerdo con las recomendaciones de usabilidad.

En nuestra opinión, lo aconsejable es que la documentación acerca de las características y limitaciones del sistema se localice desde un único enlace visible en cualquier momento; mientras que las instrucciones de uso, aunque puedan considerarse en la documentación, también habrían de estar presentes mediante botones —con un interrogante como símbolo asociado, por ejemplo—, que podremos activar a nuestra voluntad junto a las acciones disponibles en el proceso de consulta —como en *Todai* o *Quicklook*.[266] La forma de desplegar la ayuda contextual ha de hacerse sin necesidad de que el usuario abandone la pantalla de trabajo, siguiendo el modelo de *Quicklook* (figura 56).

Otro componente que facilita una navegación guiada es la información sobre las operaciones realizadas. En primer lugar, cabría esperar que los objetos fueran representativos de la acción que desencadenan, pero esto no siempre ocurre. Por ejemplo, en *SMURF* no resulta clara la funcionalidad de los botones *Submit* y *Reset* (figura 57).

A lo largo de esta exposición hemos visto ya suficientes ejemplos de falta de claridad en la interpretación que el usuario ha de hacer de algunos elementos de interacción, y esto es debido a que, para dichos casos, tampoco se adjunta la explicación oportuna.

[266] Véase fig. 50.

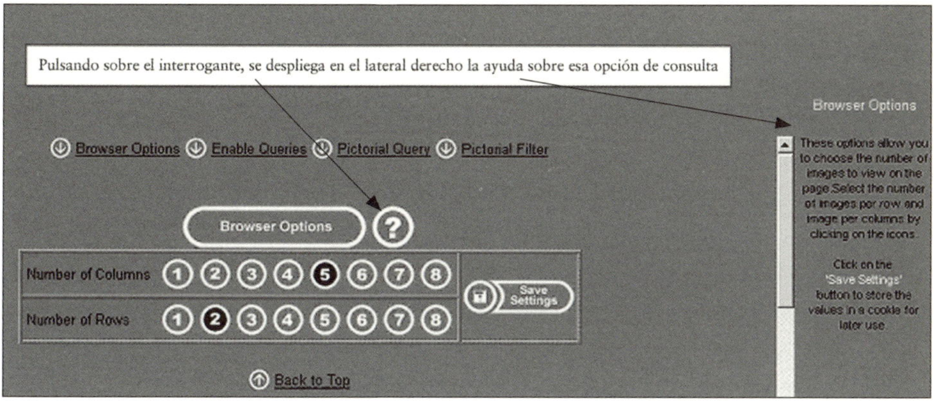

Figura 56. Ejemplo de ayuda contextual en Quicklook

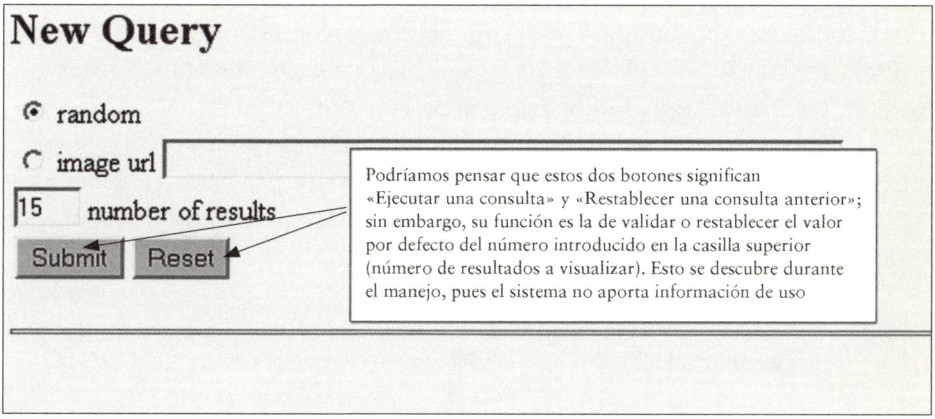

Figura 57. Pantalla de consulta en SMURF

El panel de distribución de texturas de *C-bird*[267] o el panel de selección de atributos en LCPD,[268] serían buenos ejemplos de esta afirmación.

Por otro lado, una vez efectuada una consulta, es muy poco habitual hallar iconos que indiquen el tiempo de espera —uno de los escasos ejemplos positivos es nuevamente *Quicklook*, que recurre a un reloj de arena en movimiento. Sí es

[267] Véase fig. 43.
[268] Véase fig. 53.

más frecuente que el sistema solicite al usuario que espere mientras se carga una imagen —así en *Hermitage* o *Sculpteur.*

Respecto a informaciones sobre las operaciones internas del sistema durante la ejecución de una consulta, lo normal es que solo se ofrezcan las relativas a posibles errores o a la imposibilidad de obtener un resultado. Tenemos, sin embargo, un ejemplo excepcional en este sentido, y es el de *Blobworld,* que llega a informar al usuario de los tiempos invertidos en las operaciones de indización, automatización de las puntuaciones asignadas a las imágenes y de creación de las mismas, con indicación final del tiempo total que, en consecuencia, le ha llevado al sistema ofrecer una respuesta. También *Simplicity* informa del tiempo de respuesta empleado. Pero, en relación con las operaciones internas, probablemente sean los mensajes de error y de búsquedas sin resultados los que no debería olvidar ningún sistema, pues esta información es más trascendente para cualquier usuario. Curiosamente, un ejemplo negativo en este sentido también lo aporta *Blobworld,* pues en ocasiones una búsqueda no da resultados pero el sistema no ofrece ningún mensaje al respecto, sencillamente la pantalla se queda en blanco sin informar de lo ocurrido. Sin embargo, este sistema no descuida otro tipo de mensajes que informan del error e indican al usuario la salida para abandonar ese estado. Veamos un ejemplo de este tipo de mensajes, obtenido cuando pulsamos en *Blobworld* sobre una zona de una imagen que no se corresponde a una región detectada por el sistema:

> Oops... You didn't click on a blob. (The gray border around the image and the thin gray lines are not a part of a blob). Try again-click on one of the regions in the Blobworld image.

En realidad, cuando cometen un error prácticamente todos los sistemas informan del mismo, aunque no siempre aportan una solución. A veces, estos mensajes pueden provocar incluso mayor confusión en el usuario, como en *WebSeek*. En esta ocasión (figura 58), hemos detectado un error al pulsar sobre la categoría de imágenes correspondiente a *arquitectura* e introducir en el campo de texto libre la palabra «*doors*/puertas».

Pulsamos sobre el enlace HERE, de acuerdo con la indicación del mensaje que muestra la figura 58, y obtenemos una información contradictoria (figura 59).

Una vez que obtenemos respuesta a una consulta, debemos atender a la presentación de los resultados y al tipo de información que sobre ellos se ofrece. Lo lógico sería que en un sistema donde el usuario no ha de ponderar los rasgos vi-

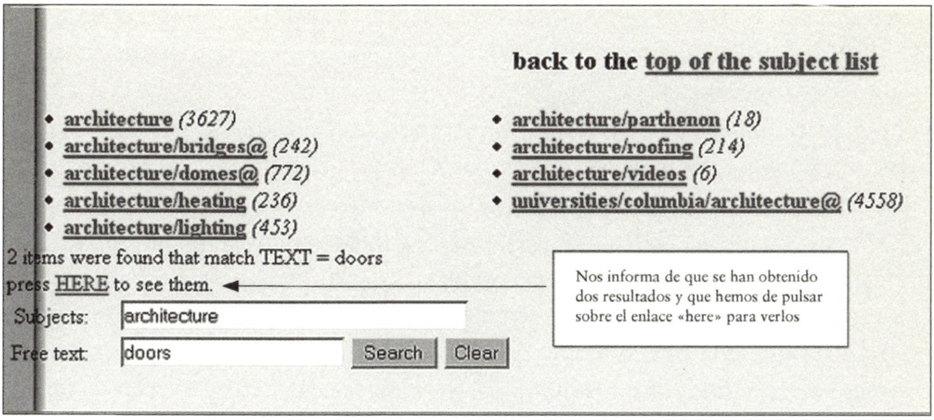

Figura 58. Mensaje ofrecido por WebSeek a una consulta

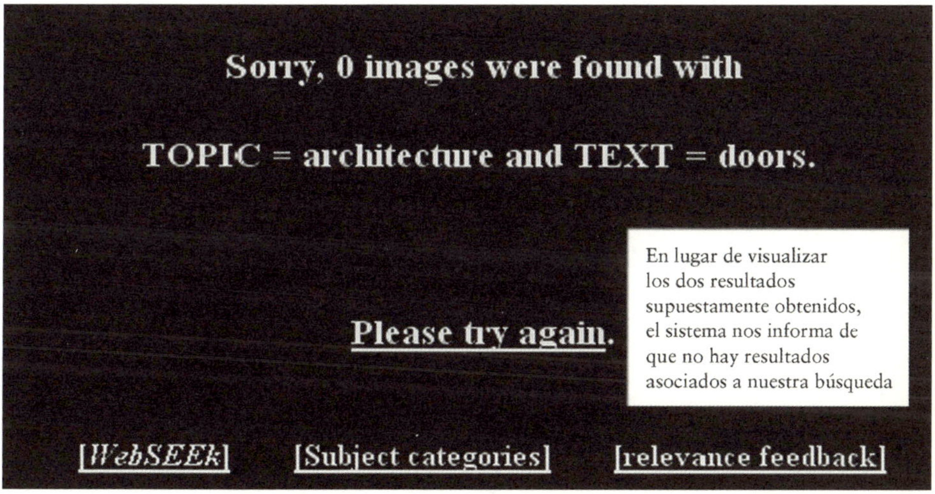

Figura 59. Mensaje de WebSeek en contradicción con el mostrado en la figura 58

suales, los resultados no se ofrezcan ponderados. Sin embargo, este tipo de contradicción se manifiesta en algunos casos, como en *Simba*, *SMURF* o en *IRS*. Encontramos además, en estos ejemplos señalados, una falta de homogeneidad en la forma de asociar el grado de acercamiento o distancia de los resultados con respecto a la imagen-consulta. Así, en *Simba* —como también en *Blobworld*—, el orden sería de 1 a 0 para señalar más y menos acercamiento, respectivamente. Por el contrario, en *IRS* y en *SMURF* el orden es el inverso, el 0 representa más acercamiento y el 1 menos.

En nuestra opinión, es preferible no recurrir a la expresión de este tipo de ponderación, pues al fin y al cabo las distancias expresadas numéricamente por valores entre dos enteros consecutivos no significan mucho para el usuario. A menudo se recurre a una larga cadena de decimales que representan pequeñas diferencias imposibles de percibir o entender por el usuario. Claramente, este tipo de indicaciones está orientado al sistema —es un reflejo de su funcionamiento interno— pero no supone una buena forma de comunicación con el usuario. Lo que sí es conveniente es numerar los resultados o, en su defecto, dejar claro en la documentación de ayuda de qué manera se ordenan. Lo normal será mantener un orden descendente de izquierda a derecha y de arriba abajo, pero aunque esta sea la interpretación que supuestamente hará el usuario, esta ordenación ha de quedar explícita.

La práctica nos demuestra que a menudo se recurre al peor de los casos: los resultados ni se numeran, ni se ponderan, ni queda explicado el orden de relación que mantienen con la imagen-consulta. Aquí, una vez más, el ejemplo positivo a seguir es el de *Quicklook,* pues sí lo indica en sus instrucciones.

Un caso poco frecuente es el presentar las imágenes agrupadas en *clusters*. Un ejemplo en este sentido es *Clue*[269] (figura 60). El sistema crea de forma automática grupos de imágenes, de tal forma que, al pinchar una primera vez sobre una imagen, lo que obtenemos son los grupos de imágenes similares asociados (figura 61). A continuación, podemos pulsar sobre cualquier imagen representante de dicho grupo para ver el resto de imágenes que lo componen (figura 62). Con esta idea, lo que se pretende es tratar de asociar imágenes con similitud semántica a partir de su similitud visual. La aplicación de esta fórmula a un sistema CBIR consigue fundamentalmente organizar los resultados agrupándolos en pocas clases. Si acompañamos esta técnica con una presentación gráfica de las clases, el usuario podrá percibir mejor las diferencias y semejanzas entre *clusters* similares, facilitándole la tarea de selección.[270]

Otro aspecto importante que debería cuidar todo sistema es el de mantener siempre visible la imagen-consulta que el usuario escogió. Puesto que ningún

[269] Demostración en <http://wang14.ist.psu.edu/cgi-bin/yixin/spectralsearch_show.cgi>.

[270] Esto no ocurre en *Clue,* pero sería una buena propuesta.

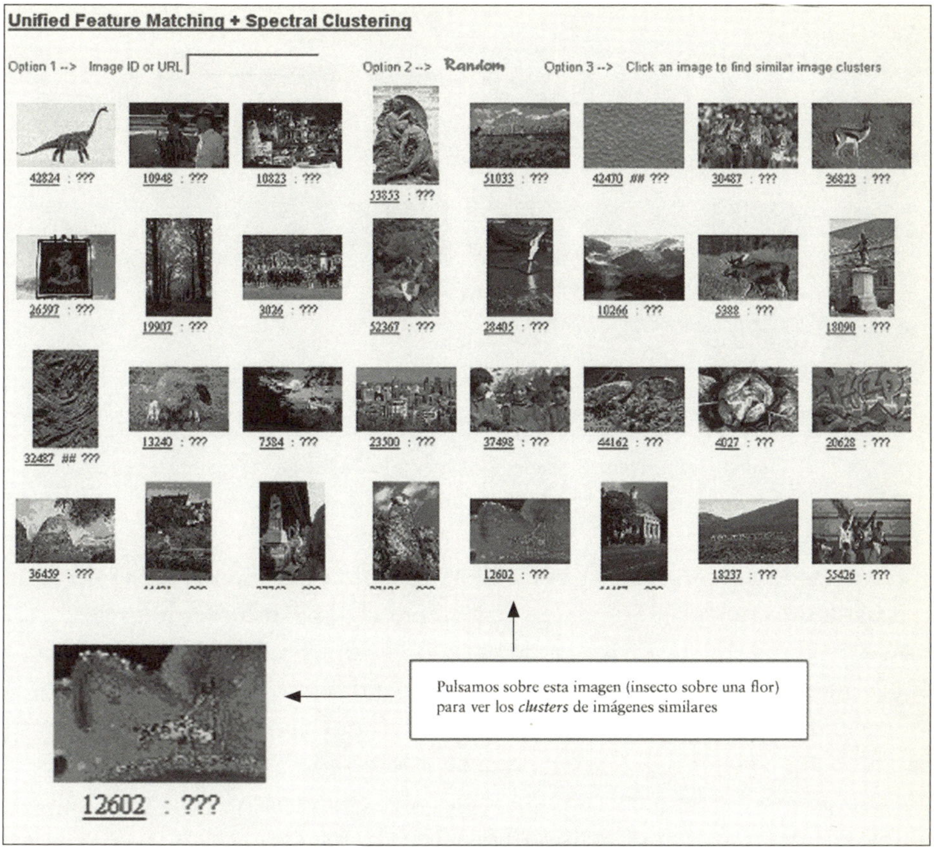

Figura 60. Interfaz de consulta en Clue

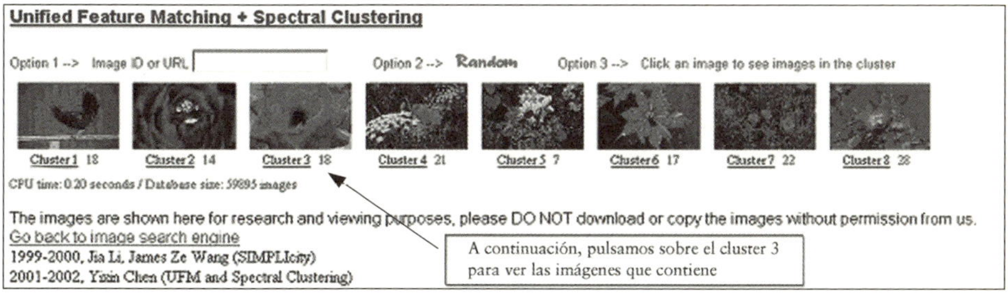

Figura 61. Agrupación de resultados en Clue

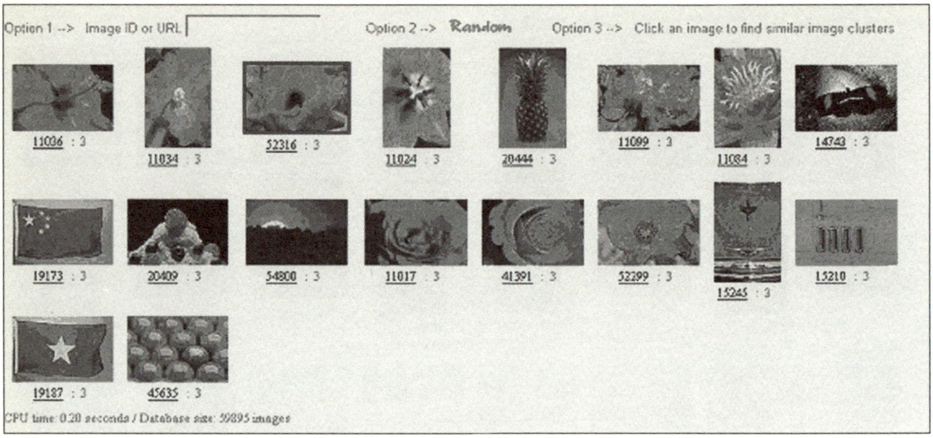

Figura 62. Imágenes asociadas al cluster seleccionado en la figura 61

sistema tiende a incorporar un historial de búsqueda y casi ninguno implementa una barra de navegación propia, se hace imprescindible recordar al usuario cuál fue su pregunta. La mejor forma de hacerlo la hemos hallado en *Blobworld*,[271] donde además de la imagen seleccionada se recuerda el esquema de ponderaciones asignado. En *Blobworld* también interesa destacar que los resultados se acompañan de la segmentación de sus regiones, de manera que aquella considerada en el proceso de asociación queda resaltada. Señalar este aspecto visualmente puede influir en una mayor comprensión por parte del usuario acerca de la relación entre los resultados recuperados y la configuración de su consulta.

Lo habitual, sin embargo, no es disponer siempre en pantalla de la configuración de la consulta, sino tan solo de la imagen-ejemplo —así en *Todai*, *SMURF*, *ESSB*, *Simba* o *Cires*—. En otros casos, ni siquiera se destaca la imagen o imágenes escogidas, como en *IRS*. En *IRS* este defecto resulta significativo, pues imaginemos que hemos señalado el modo de pregunta avanzado, que permitía indicar hasta tres imágenes que el usuario recordara de un documento a recuperar. El sistema ofrecerá una lista de resultados, cada resultado compuesto de tres imágenes que serán similares a la primera, segunda y tercera de nuestra consulta, respectivamente. Obliga al usuario a acordarse de su pregunta, o bien a volver hacia atrás para poder recordarla (figura 63).

[271] Véase figura 38.

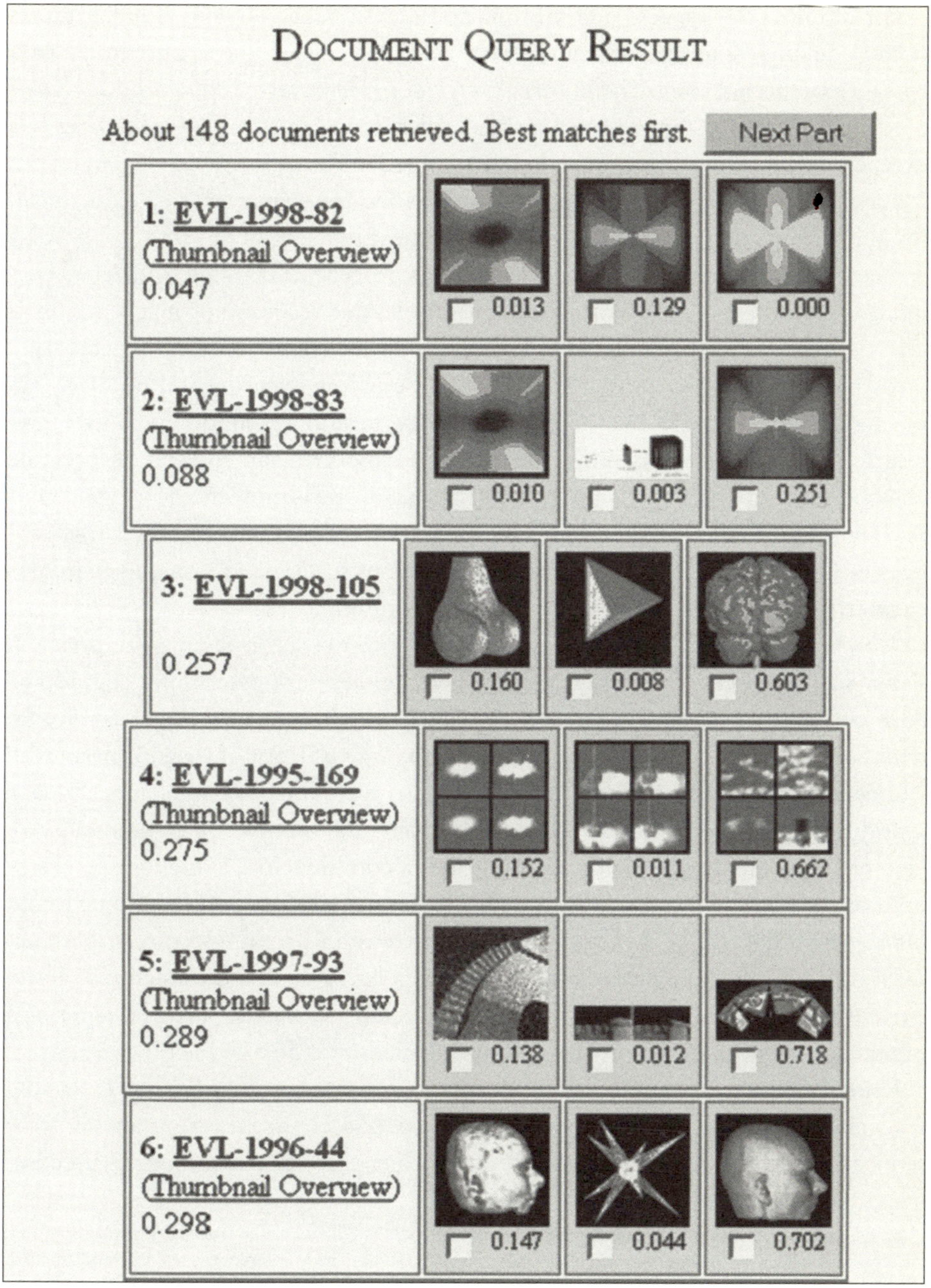

Figura 63. Resultados a una consulta avanzada en IRS

Por último, con respecto a la información que se puede obtener al hallar un resultado de interés, tenemos ejemplos muy positivos con los que el usuario quedará bastante satisfecho, como *Todai, LCPD, Quicklook, Hermitage, Blobworld, Sculpteur* o *IRS*. Todos estos sistemas sirven a colecciones de imágenes muy particulares —a excepción de *Blobworld*—,[272] con lo que su objetivo real es satisfacer demandas tan concretas como la de asociar un adorno tipográfico con su impresor y los documentos que lo contienen, saber a qué estudio pertenece una tarjeta de visita, conocer las características de objetos artísticos de distintas procedencias —en *Quicklook, Hermitage* y *Sculpteur*—, o hallar un documento del que recordamos una o más imágenes. En definitiva, su finalidad es la de explotar dichas colecciones. Sin embargo, otros muchos sistemas que actualmente son de índole experimental no ofrecerán mucha ayuda al usuario cuando este consiga llegar a un resultado que pueda interesarle. Su enfoque es distinto y de momento suponen tan solo una especie de «descubrimiento» para el usuario que los maneja: el descubrimiento de que podemos recuperar una imagen utilizando sus rasgos visuales. Un sistema de estas características es *Cires*, pues ante un resultado no podremos hacer nada más que guardarlo en nuestro ordenador con el botón derecho del ratón.

Tras las operaciones de uso y control, así como la información que presta el sistema, el siguiente criterio al que hemos de atender para determinar el grado de adecuación del diseño de la interfaz al usuario es precisamente ése, el *diseño*. En realidad, los anteriores también son aspectos que afectan al diseño, pero aquí vamos a fijarnos exclusivamente en el aspecto formal de las interfaces. En este sentido, dijimos que lo recomendable es combinar la estética con el minimalismo. Uno de los ejemplos que mejor responde a esta combinación, al menos en nuestra opinión, es *Istorama:* su distribución informativa es adecuada, el empleo de fondo blanco evita desviar la atención, los elementos están próximos entre sí pero sin saturar la pantalla, apenas se ha de recurrir a la barra de desplazamiento de nuestro navegador (el número de resultados ofrecidos se ajusta perfectamente a la pantalla, al tiempo que no revierte en un reducido tamaño de los mismos).

Evidentemente, las características de diseño por sí solas no harán que el sistema sea más eficaz a los ojos del usuario, pero cuando el sistema cumple con otros requisitos de usabilidad importantes, como en el caso de *Quicklook*, es un com-

[272] Que, a pesar de su carácter experimental, empleando para ello imágenes genéricas propiedad de Corel, lo cierto es que llega a ofrecer al usuario un registro de cada resultado muy completo —referenciando incluso el nombre del CD que lo contiene y enlazando directamente con el sitio web oficial de la compañía Corel por si el usuario estuviera interesado en solicitarlo.

ponente añadido de gran relevancia. No obstante, creemos que incluso *Quicklook* podría mejorar en este aspecto. Por ejemplo, sustituyendo el verde como color de fondo, pues es menos aconsejable que otros como el blanco, más propicios para eliminar la distracción del usuario. Además, el verde provoca menor contraste con los colores de las imágenes del sistema. Otro elemento negativo de diseño en *Quicklook* es la presencia de información innecesaria en un par de momentos. Se trata de la explicación correspondiente a la opción PICTORIAL QUERY y TEXTUAL QUERY, donde se alude a unas siglas «*AKA Pictorial Similarity*» y «*AKA Textual Similarity*» respectivamente, que ni se explican ni vuelven a aparecer en ningún otro momento. Igualmente, junto a uno de los atributos visuales que debe señalar el usuario, encontramos un número entre paréntesis en principio irrelevante: «*Spatial Chromatic Histogram (11)*».

Otros sistemas atentan de forma mucho más directa contra aspectos de diseño. Es el caso de la distribución de espacios en la interfaz de *ImageScape*,[273] que obliga al usuario a emplear la barra de desplazamiento para visualizar los resultados, al tiempo que desaprovecha prácticamente un cuarto de la pantalla en la parte superior en anunciar únicamente el nombre y creadores del sistema.

Tampoco *LCPD* disfruta de un diseño adecuado, pues también se ha de recurrir a menudo a las barras de desplazamiento, igual que en *WebSeek* —que además alterna páginas de fondo blanco con otras de fondo negro sin sentido aparente, provocando una cierta confusión en el usuario. En *Sculpteur* el diseño es demasiado complejo para un usuario medio —la información tiende a ser muy técnica, la combinación de pantallas puede no resultar demasiado intuitiva y las páginas de ayuda tardan mucho tiempo en cargarse al tratarse de presentaciones dinámicas de peso considerable—. La versión en demostración de *Ikona* condensa demasiada información en el lateral derecho (figura 64);[274] en *Simplicity* se muestran hasta treinta y dos resultados simultáneamente y, en general, se podría decir que existe un mayor cuidado en tratar de evitar la sobrecarga de información textual que en acertar con un diseño que atraiga al usuario —entre los casos más claros en este sentido tenemos *SMURF* o *Simba*, sencillos pero poco estéticos.

Por último, y respecto a la *coherencia interna de los sistemas*, habríamos de decir que también se cometen a menudo errores de este tipo. Algunos afectan a la presentación, porque se trata de problemas de *inconsistencia en el mantenimiento*

[273] Véase fig. 12.

[274] En abril de 2006 se realizó una comprobación y se ha visto corregida esta situación (URL de la nueva versión en demostración <http://www-rocq.inria.fr/cgi-bin/imedia/cbir-gen.cgi>).

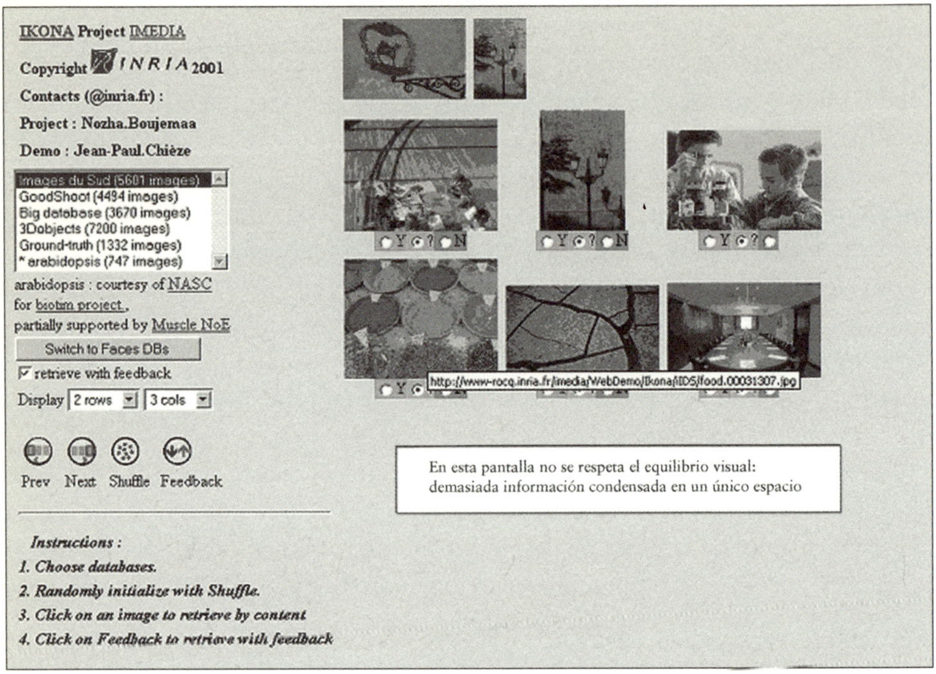

Figura 64. Interfaz de consulta en la versión en demostración de Ikona

de las estructuras —como en el caso de *Todai,* que desde los resultados enlaza con una página de consulta distinta a la que se ofrecía en la pantalla inicial—, o en el *mantenimiento de los colores* —como el caso comentado de *WebSeek,* alternando los colores de fondo sin aparente sentido—. También hay ejemplos de incoherencia en el mantenimiento de los términos empleados para designar un mismo concepto. Así, por ejemplo, ocurre en *Blobworld*[275] o en LCPD, en cuyo caso el nombre de las opciones de consulta planteadas en la página inicial no se corresponde exactamente con el nombre de las pantallas de consulta asociadas (figura 65).

En *Quicklook* existe falta de uniformidad en muchos de los valores que se introducen en el filtro textual. Podemos encontrar varias entradas similares para

[275] Véase fig. 54: Dos opciones se repiten en la pantalla de inicio —en el texto y en el índice lateral izquierdo—, y al repetirse no emplean los mismos términos. El par sería: *Sample queries-Take a quick tour of sample queries*; *Starting images-Try a Blobworld query.* Por otro lado, el título correspondiente al primer par una vez que pinchamos en esa opción es: *Start with a sample image;* el título del segundo par es: *Sample starting images.* El sistema debería haber unificado criterios para asignar el mismo término y título a opciones iguales.

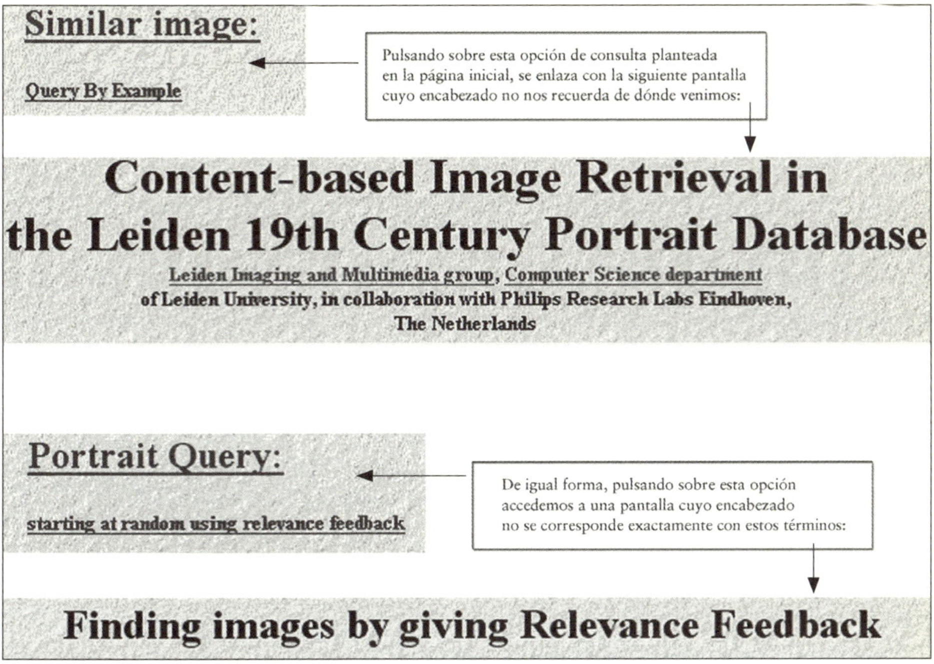

Figura 65. Ejemplos de inconsistencia en el empleo de términos que expresan una misma opción de consulta en LCPD

hacer alusión a un mismo concepto (por ejemplo, los pares *MIlanese./Milanese.* y *Mantovana/Mantovana* —con puntos incluidos). Estos casos provocan un sesgo en los resultados recuperados y obligan a incluir todas las opciones de un mismo término en líneas distintas del filtro textual. Algo que también en este sistema considerará incoherente el usuario es que las imágenes no se roten, sino que todas respondan al mismo formato de presentación —igualmente en *Simba.*

Otros errores afectan al *comportamiento* del sistema, revistiendo en consecuencia mayor gravedad. Por ejemplo, en *LCPD* hay alteración en el funcionamiento y significado de la acción *pulsar sobre una imagen:* la acción asociada variará según la pantalla de consulta en que estemos (así, podremos obtener imágenes similares o acceder a una página con el reverso y anverso de la tarjeta de visita señalada). A pesar de que este hecho quede explicado con las frases que acompañan a los botones en forma de instrucciones, sería más lógico mantener una sola acción asociada. En *Istorama* hallamos otro ejemplo similar: en esta ocasión, el botón *Find similar* localizado bajo una imagen llevaría al usuario a pensar que pulsando sobre él obtendrá directamente las imágenes similares —siguiendo además la convención mantenida por muchos sistemas CBIR—, sin embargo, lo que obtenemos es la pantalla para configurar nuestra consulta. Asimismo en *Istorama,* para alcanzar dicha pantalla de configuración de consulta tendremos dos posibilidades: pulsar sobre el botón *Find similar* bajo una imagen o «pulsar» sobre dicha imagen; ambas acciones surten el mismo efecto, cuando este tipo de situaciones debería evitarse.

Incluso en *Quicklook* el usuario tendrá que preguntarse por el significado de algunas acciones, las desencadenadas por los filtros —tanto pictóricos como textuales—, pues aunque existen explicaciones al respecto, estas pueden entrar en contradicción con otras explicaciones ofrecidas por el sistema: en principio, todas las opciones de consulta excepto los filtros conllevan una ordenación decreciente de los resultados en función de su similitud; ahora bien, para poder seleccionar un filtro tenemos que haber seleccionado previamente la opción de consulta correspondiente: *Pictorial query* o *Textual query*, que ordenan los resultados por similitud. En consecuencia, ¿qué efecto es el que prevalece: resultados ordenados o no ordenados?. El sistema no resuelve esta duda.

También en *Cires* vimos que resulta incoherente tener que seleccionar una clase de imágenes cuando los resultados que obtenemos pertenecen a cualquier clase.[276]

Y, si este tipo de contradicciones internas provocan desconcierto en el usuario, el desconcierto puede ser aún mayor cuando, una vez comprendido en toda su extensión un sistema CBIR, pasamos a enfrentarnos a otro. La *falta de homogeneidad entre sistemas* hará que el usuario tenga que «desaprender» lo aprendido y, muy especialmente, en lo que se refiere a la funcionalidad de los botones, pues la teoría de que al «pinchar» sobre una imagen obtendremos sus similares no se cumple siempre: en ocasiones la imagen enlazará con la URL de donde está tomada, en otras se ofrece información sobre dicha imagen, en otras se accederá a una página de configuración de la consulta, en otras no será posible pinchar sobre la imagen y en otras, finalmente, sí se procederá a visualizar sus similares.

Igual ocurrirá con el nombre asociado a los botones que esperamos que ejecuten una acción determinada. Los sistemas no recurren siempre a los mismos términos: así, el botón para la retroalimentación por relevancia podrá llamarse *Relevance feedback* o solo *Feedback —Ikona—*; la acción de hallar imágenes similares habitualmente se expresa con *Find similar,* pero por ejemplo en *eVe* encontraremos

[276] Véase fig. 46.

Zero In[277] y en SMURF *Take as query*; la acción de lanzar una consulta tiende a denominarse *Search*, pero en su lugar también tenemos *Execute Query* —Quicklook—, *Submit* —SMURF, *Blobworld*, ESSB o *Simba*— o *Start query* —IRS—; incluso la navegación desestructurada que se corresponde habitualmente con el botón *Random* se encuentra en *Ikona* bajo la forma *Shuffle*.

La falta de unanimidad afecta igualmente al significado asignado a algunos iconos, tal como expresamos antes al referirnos al empleo de una lupa por varios sistemas. Una de las pocas convenciones compartida por todos los sistemas es la que asocia la acción *Select* con el uso del ratón.

Evidentemente, donde más se acusa la heterogeneidad es en el tipo de preguntas permitidas por unos u otros sistemas. A pesar de recurrir a esquemas de consulta propios del paradigma QVE, hemos visto que cada sistema se decanta por unos criterios y establece sus propias normas.

4.3.3. REQUISITOS MÍNIMOS PROPUESTOS

Sin haber presentado, como es lógico, todos los ejemplos existentes de problemas de usabilidad que afectan a sistemas CBIR, hemos querido no obstante abarcar una cantidad suficiente de aspectos susceptibles de mejora. Tal como hemos intentado dejar claro, todo sistema muestra algún tipo de fallo que podría corregirse a favor de una mejor interacción con el usuario.[278] Tratando aquí de sintetizar, nos decantaríamos por las siguientes diez recomendaciones básicas cuya necesidad de cumplimiento nos parece elemental y que, sin embargo, hemos comprobado que no se practican con la generalidad que debieran:

1) Habilitar cuantas opciones de búsqueda sean posibles, abogando por una integración entre las consultas lingüísticas y visuales.
2) Facilitar una divulgación progresiva estableciendo distintos niveles de aprendizaje. Esto puede conseguirse contemplando simultáneamente búsquedas

[277] Confundiendo las instrucciones aún más al usuario sobre el significado de este botón, pues concretamente dicen que debemos pulsar sobre dicho botón si queremos refinar nuestra consulta. Por «refinar» podemos entender «retroalimentar» antes que «encontrar similares a una imagen». Sería un caso más de falta de consistencia interna.

[278] Y esta afirmación puede sostenerse aunque no hayamos incluido en nuestro diagnóstico la totalidad de sistemas CBIR creados.

simples, que ocultan al usuario los atributos visuales; búsquedas de nivel medio, que suponen la elección de uno o más criterios visuales —preferentemente sin necesidad de ponderar dichos rasgos—; y búsquedas avanzadas, que impliquen la manipulación de los rasgos disponiendo para ello de herramientas gráficas.

3) Simplificar las herramientas de manipulación de rasgos.
4) Ante el éxito de la navegación como fórmula de acercamiento a la colección, se debería atender con más cuidado a su diseño, de tal forma que en todo caso exista algún tipo de navegación estructurada que evite perderse al usuario, al tiempo que le facilita la tarea de seleccionar una imagen de partida para iniciar su consulta por ejemplo visual.
5) Desarrollar tesauros visuales y conceptuales que puedan escogerse en función del criterio del usuario.
6) Incentivar el uso de técnicas de visualización (como mapas conceptuales en la presentación de la navegación temática) y de agrupación de resultados para favorecer una mayor rapidez del usuario en la comprensión de los esquemas manejados por el sistema.[279]
7) Se ha de intentar ir más allá del modelo *click and find similar images*, permitiendo escoger desde el primer momento para la configuración de nuestro patrón de consulta más de una imagen-ejemplo, e incluso más de una región procedentes de distintas imágenes.
8) Extender el recurso a la segmentación de las imágenes por regiones cercanas a nuestra percepción de objetos, así como la aplicación de la retroalimentación por relevancia, salvando de este modo distancias con respecto a nuestras expectativas acerca del funcionamiento del sistema.
9) Tener presentes cuáles han de ser los objetivos a cubrir por el sistema para su correcto diseño.
10) Acompañar todo sistema con una completa documentación que eduque al usuario en el planteamiento de este tipo de búsquedas, que explique y ejemplifique si es preciso cualquier concepto manejado, aportando consejos de uso, especificando las posibilidades y limitaciones del sistema, incluyendo situaciones de búsqueda que puedan resultar familiares al usuario y, en definitiva, tratando de estimular el uso de esta tecnología.

[279] El hecho de que nuestra actividad visual influye en un alto porcentaje sobre nuestro aprendizaje —hasta un 40 %, según Aparici, García y Valdivia (2000: 28)— debería ser mucho más explotado en estos sistemas de lo que hallamos en la actualidad.

4.4. Conclusiones y líneas a seguir

El diagnóstico que hemos ofrecido nos permite afirmar que, hoy por hoy, cobran veracidad las dos premisas que planteábamos al comienzo de este capítulo, y es que los actuales diseños de sistemas CBIR —basados en el paradigma *QVE*— no presentan un alto grado de adecuación a las características de los usuarios, al tiempo que la falta de homogeneidad entre ellos supone un obstáculo añadido al intento de extender el empleo de estos sistemas a cualquier comunidad de usuarios.

La falta de éxito que plantean los actuales sistemas CBIR se debe fundamentalmente a que la mayoría no responde a unos objetivos claramente definidos y, de hecho, los que sirven a propósitos concretos demuestran ser los más adecuados en términos de usabilidad —*Todai, LCPD, Artisan, Hermitage, Quicklook, IRS*, por ejemplo—, a pesar de que todos tienen muchas cosas aún que mejorar. Los sistemas que no responden a objetivos claros parecen estar en fase experimental —como *Istorama* o *ImageScape*—, pero esta condición no les salva de causar una impresión indeseada debido al escaso cuidado que prestan en establecer una buena interacción con el usuario. Todo sistema que se muestre en acceso abierto a través de la Web puede ser consultado en cualquier momento por un usuario y, en consecuencia, cualquier fallo ha de corregirse cuanto antes si se quiere dar a conocer esta tecnología adecuadamente. Sin embargo, ocurre que muchos sistemas CBIR planteados como motores web se prestan a errores de funcionamiento que tardan mucho en solucionarse, al tiempo que no aplican fórmulas eficaces de comunicación con un usuario que no está familiarizado con la terminología ni los fines de estos sistemas de recuperación. Un usuario medio se «topará» antes con un sistema genérico que con uno de propósito específico, con lo cual, si se quiere extender con éxito el empleo de la recuperación por atributos visuales —en nuestra opinión, combinada con los atributos lingüísticos, al menos de momento—, debe tomarse mucho más en serio el cuidado de los aspectos de diseño.

Por otro lado, y en líneas generales, se requiere una mayor uniformidad en el paradigma de interrogación utilizado, establecer herramientas de manipulación de rasgos más simples, habilitar mecanismos de divulgación progresiva, hacer mayor uso de la navegación estructurada y la retroalimentación por relevancia, como elementos que favorecen a todos los usuarios en su proceso de búsqueda, especialmente a los menos familiarizados con el lenguaje visual. Es imprescindible contar con una completa documentación que informe al usuario sobre las características y posibilidades que ofrece este tipo de sistemas y, en definitiva, se han de tener siempre presentes unos requisitos mínimos de usabilidad tales como los que hemos propuesto.

Asimismo, se ha de investigar más acerca de las formas de interacción entre los usuarios y los fondos de imágenes para poder definir modelos de usuarios, estrategias de recuperación y funciones de manipulación durante la consulta.

Para llegar a determinar la viabilidad de la tecnología CBIR, los estudios deben llevarse a cabo en entornos de aplicación real sobre estos sistemas; sin embargo, hemos podido comprobar la escasez de trabajos existentes en esa línea. Los objetivos de instituciones como el IIDR británico pueden servir de referencia a otros países para realizar investigaciones similares en enfoque y metodología.

El cuidado de los aspectos de interacción puede hacer más creíble esta tecnología y garantizar así una mayor inversión en otras investigaciones relacionadas que, poco a poco, mejoren su rendimiento.

Así como han de mejorarse los aspectos de interacción que tienen que ver fundamentalmente con el paradigma de recuperación QVE, consideramos también que ha de estimularse el desarrollo de nuevos paradigmas, como los basados en realidad virtual, que pueden permitir personalizar dinámicamente el espacio virtual (reutilizando los datos recuperados para mejorar el entorno y refinar las preguntas), habilitar fórmulas de navegación no secuenciales e incluso ampliar la libertad del usuario, al tomar este como muestras para su consulta imágenes fotografiadas según su propio punto de vista.

Finalmente, hemos visto que son muchas las aplicaciones relevantes que pueden idearse para la integración de estos sistemas en unidades informativas. En cualquier caso, estos sistemas suponen una importante contribución al reto documental de establecer nuevos niveles de descripción de las imágenes y nuevas posibilidades de búsqueda, permitiendo así satisfacer nuevas demandas informativas. La opción de configurar redes distribuidas de información que combinen técnicas conceptuales y visuales para la recuperación de los documentos fotográficos o gráficos, la puesta en red del patrimonio cultural de una institución, la recuperación de fondos bibliográficos a partir de imágenes que recordemos de ellos, etcétera, son algunas propuestas interesantes que se han comenzado a explorar.

ANEXO

Anexo

GLOSARIO DE TÉRMINOS

Referenciamos a continuación la definición que hemos manejado de algunos términos presentes en este trabajo:

Espacios de color: Los espacios cromáticos definen los límites dentro del espectro de colores visibles. Todos los colores pueden ser ubicados en un espacio tridimensional de acuerdo con sus diferentes atributos. Actualmente, uno de los modelos de color más aceptado, por adecuarse más a la percepción humana de las diferencias de color, es el de Albert Munsell (1858-1918) basado en: Tono-Saturación-Valor (HSV). Otros modelos destacables son CMYK (basado en los colores Cyan, Magenta, Amarillo y Negro), RGB (basado en los colores primarios Rojo, Verde y Azul) y HLS (basado en Tono, Luminosidad y Saturación).

Evaluación heurística: Método de ingeniería de usabilidad para encontrar los problemas en un diseño de interfaz de usuario. Implica examinar la interfaz y juzgar su cumplimiento con principios de usabilidad reconocidos.

HCI/IPO:[280] *Human Computer Interaction/Interacción Persona-Ordenador.* Disciplina que estudia el intercambio de información entre las personas y los ordenadores. Su objetivo es que este intercambio sea más eficiente: minimiza los errores, incrementa la satisfacción, disminuye la frustración y, en definitiva, hace más productivas las tareas que envuelven a las personas y los ordenadores.

Heurística: En inglés *heuristics*[281] (aunque habitualmente este término se emplea para hacer referencia directamente a los principios heurísticos, que explicamos más abajo). Estudio de cómo usa la gente su experiencia para hallar las res-

[280] Manchón, E. (2003b).

[281] *Longman Dictionary of Contemporary English*, 3.ª ed., 1995, p. 671.

puestas a determinadas preguntas o para mejorar su actitud, comportamiento, actividades, etcétera. Según el diccionario de la Real Academia Española, la heurística es la técnica de la indagación y del descubrimiento; también, en algunas ciencias, la manera de buscar la solución de un problema mediante métodos no rigurosos, como por tanteo, reglas empíricas, etcétera.

Histograma: Término empleado principalmente en estadística que se refiere a un gráfico formado por rectángulos de la misma base y cuya altura es proporcional a la cantidad que representan. En el ámbito de los sistemas CBIR se aplican fundamentalmente a la representación de los rasgos de color y textura. Por ejemplo, los histogramas de color caracterizan una imagen en términos de las frecuencias de sus diferentes colores —el histograma proporciona una medida del número de píxeles que hay con un determinado nivel de gris.

Indicación de la relevancia: En inglés *relevance feedback*.[282] También podemos encontrarlo traducido literalmente como «retroalimentación por relevancia», término que hemos utilizado indistintamente. En cualquier caso, se trata de una técnica empleada hace más de treinta años en la recuperación de información por la que se utiliza la información del usuario sobre la relevancia de los documentos recuperados para volver a formular la pregunta original y, de este modo, perfeccionar el sistema de recuperación.

Interfaz de usuario:[283] Es uno de los componentes más importantes de cualquier sistema computacional, pues funciona como el vínculo entre el humano y la máquina. La interfaz de usuario es un conjunto de protocolos y técnicas para el intercambio de información entre una aplicación computacional y el usuario. La IU es responsable de solicitar comandos al usuario, y de desplegar los resultados de la aplicación de una manera comprensible, pero no es responsable de los cálculos de la aplicación, ni del almacenamiento, recuperación y transmisión de la información.

Principios heurísticos: Criterios o principios abstraídos y tomados como referencia para intentar explicar problemas de usabilidad detectados en diseños de interfaces.

Psicología cognitiva:[284] Estudia las estructuras y procesos psicológicos comprometidos en nuestro conocimiento del mundo y de nosotros mismos. De esta forma, sus temas centrales son la percepción, la memoria, el lenguaje, el pensamiento y el aprendizaje.

[282] Ibídem, p. 292.

[283] Rivera Loaiza (2000).

[284] Santamaría (2004).

Query by visual example (QVE)**:** Paradigma de interrogación habitual en los sistemas CBIR que consiste en permitir al usuario iniciar una consulta por similitud visual a partir de una imagen dada o creando una representación mediante atributos según el lenguaje visual que ofrezca el sistema.

Usabilidad: La Organización Internacional para la Estandarización (ISO) dispone de dos definiciones de usabilidad: 1) ISO/IEC 9126 «La usabilidad se refiere a la capacidad de un software de ser comprendido, aprendido, usado y ser atractivo para el usuario, en condiciones específicas de uso»; 2) ISO/IEC 9241 «Usabilidad es la efectividad, eficiencia y satisfacción con la que un producto permite alcanzar objetivos específicos a usuarios específicos en un contexto de uso específico».

BIBLIOGRAFÍA[285]

A modo de introducción para este apartado, resumimos algunas consideraciones que hemos hecho fundamentalmente en el capítulo 1, dedicado a la investigación en sistemas CBIR.

En primer lugar, hay que resaltar que los trabajos del profesor Kato y sus colegas de la Agencia de Ciencia Industrial y Tecnología japonesa entre los años 1991 y 1992 son de obligada lectura para conocer los orígenes de los sistemas CBIR. Respecto a los estudios que abordan desde una perspectiva general cuestiones sobre la tecnología CBIR, como sus características y limitaciones, consideramos imprescindibles los siguientes trabajos:

— Enser (1995), por su revisión crítica de los métodos existentes de acceso a la información pictórica.
— Gudivada y Raghavan (1995), por la reflexión que hacen acerca de los problemas y posibles soluciones para mejorar la tecnología CBIR.
— Aigrain, Zhang y Petkovic (1996), donde se apuntan los retos que permanecen sin resolver, señalando la necesidad de mejorar significativamente las interfaces de usuario.
— Eakins (1996), trabajo en el que se recurre al análisis de los estudios de usuarios de imágenes para responder al interés que pueden llegar a tener los sistemas CBIR.

[285] Incluye tanto la bibliografía referenciada en el texto, como otra bibliografía consultada aunque no referenciada. Todos los recursos electrónicos que se han manejado y a los cuales aludimos en este listado bibliográfico y en las notas a pie de página a lo largo del trabajo se han revisado por última vez el 24 de septiembre de 2006. Por ello, no se reseña la fecha de consulta, como es prescriptivo. Solo si el recurso ya no está operativo es cuando se ha consignado la fecha original de consulta.

— Gupta y Jain (1997), donde se enfatiza el problema de consensuar criterios de evaluación que permitan comparar el rendimiento de los sistemas.
— Rui, Huang y Chang (1997), por su revisión sobre las características de la recuperación CBIR y su interés en promover una mayor integración de disciplinas en el estudio de la recuperación de imágenes, una mayor relación sistema-usuario y la unión de la búsqueda conceptual y visual.
— Eakins y Graham (1999), donde se aborda el tema de las barreras técnicas y humanas para progresar en la adopción de las técnicas CBIR.
— Goodrum (2000), donde se demanda más investigación que analice la eficacia de cualquier sistema de recuperación de imágenes.
— Smeulders y otros (2000), trabajo que revisa doscientas referencias sobre sistemas CBIR y por el que se llega a subrayar la importancia que está teniendo el desarrollo de algoritmos de aprendizaje para solucionar el problema del vacío semántico que afecta a esta tecnología y el énfasis que empieza a cobrar la interacción como núcleo central de la recuperación.
— Venters y Cooper (2000*b*), donde se resalta la necesidad de comprobar los métodos de interrogación planteados para sistemas CBIR sobre poblaciones reales de usuarios.
— Urcid Pliego (2003), que expone su propio concepto de recuperación CBIR, al tiempo que apoya sus ventajas frente a la recuperación textual, descartando la utilidad de los metadatos cuando el usuario no busca una imagen específica.
— Venters, Hartley y Hewitt (2004), donde los autores ofrecen un excelente estado de la cuestión en lo que a estudios sobre interfaces de usuario CBIR se refiere, detectando precisamente la escasez de los mismos.

A nivel nacional, los trabajos del profesor Robledano Arillo (1999; 2002), donde establece el panorama relativo a la tecnología aplicable a la recuperación de imágenes. Su trabajo nos acerca a la definición, funcionamiento y tipología de sistemas automatizados para la recuperación de imágenes desde la óptica del profesional de la documentación.

En el ámbito de los trabajos descriptivos sobre sistemas CBIR destacamos los dos siguientes:

— Johansson (2000), que presenta una ficha descriptiva comentada sobre veintitrés sistemas, centrándose especialmente en el proceso de extracción de los rasgos de recuperación que emplea cada uno.

— Veltkamp y Tanase (2002) recogen una descripción sistematizada acerca de la funcionalidad de cincuenta y ocho sistemas CBIR.

Por último, para el capítulo 4 son fuentes de referencia fundamentales los trabajos siguientes centrados en la evaluación de las interfaces CBIR:

— Bird, Elliot y Hayward (1999), que evalúan un sistema CBIR recurriendo al método del test de usuario.
— Venters y Cooper (2000*a*), que realizan una evaluación heurística aplicando los principios de usabilidad de Nielsen (1993) sobre los sistemas comerciales *Imatch* e *Imagefinder.*
— Venters y otros (2001), cuya principal aportación es la propuesta de un método a fin de diseñar una interfaz adecuada al usuario para un sistema CBIR dado.
— Lai, Tait y McDonald (2001), planteando una evaluación centrada en el usuario sobre las herramientas de búsqueda del sistema de propósito general *Chroma*.
— Broek, Kisters y Vuurpijl (2004), donde se establecen algunos principios de diseño para las paletas de selección de colores en interfaces de consulta CBIR.

Se ofrece a continuación la relación de trabajos que constituye esta bibliografía.

ABAD GARCÍA, M.ª F. (1997): *Investigación evaluativa en Documentación: Aplicación a la Documentación Médica*, Valencia: Universitat (Biblioteconomía y Documentació, 2; Educació; Materials, 23).

— J. D. GARCÍA-CONSUEGRA y A. MARTÍNEZ (2000): «Una introducción a las bibliotecas digitales geográficas» [documento PDF], *I Jornadas de Bibliotecas Digitales*, <http://imhotep.unizar.es/jbidi/jbidi2000/ 16_2000.pdf>.

ADARRAGA, P., y J. L. ZACCAGNINI (eds.), (1994): *Psicología e inteligencia artificial*, Madrid: Trotta, (Estructuras y procesos. Cognitiva).

AGUSTÍ I MELCHOR, M., y J. M. VALIENTE GONZÁLEZ (2001): «Bases de datos para multimedia: recuperación por contenido» [documento PDF], <http://www.disca.upv.es/magustim/publicaciones/docents/Intermedia2001/TEC_01.pdf>.

AIGRAIN, P., H. ZHANG y D. PETKOVIC (1996): «Content-based representation and retrieval of visual media: a state-of-the-art review», *Multimedia Tools and Applications*, vol. 3 (3), pp. 179-202.

ALMADA DE ASCENCIO, M., J. O. ALONSO GAMBOA y F. R. REYNA ESPINOSA (2002): «Las bibliotecas y la cooperación en el futuro digital: conclusiones y recomendaciones» [documento PDF], *Biblioteca Universitaria: Revista de la Dirección General de Bibliotecas de la UNAM*, 5(2), pp. 144-150, <http://dgb.unam.mx/servicios/dgb/publicdgb/bole/fulltext/ne-2-2002/144-150.pdf>.

ANGELES, M. (1998): «Information Organization and Information Use of Visual Resources Collections», *VRA Bulletin*, 25 (3), pp. 51-58.

APARICI, R., A. GARCÍA MATILLA y M. VALDIVIA SANTIAGO (2000): *La imagen*. 2.ª reimp., Madrid: UNED, 351 pp.

ARANDA, M. C., J. GALINDO y A. URRUTIA (2002): «Museos digitales en Internet: Modelo EER difuso y recuperación de imágenes basada en su contenido» [documento PDF], en *Actas del IV Congreso Nacional de Turismo y Tecnologías de la Información y las Comunicaciones (TuriTec 2002, Málaga, 23-25 octubre)*, pp. 411-425, <http://www.turismo.uma.es/turitec/turitec2002/actas/Microsoft%20Word%20-%2027.GALINDOARANDA.pdf>.

ARMITAGE, L. H., y P. G. B. ENSER (1997): «Analysis of user need in image archives», *Journal of Information Science*, 23 (4), pp. 287-299.

ASHFORD, J. A., L. R. CONNISS y M. E. GRAHAM (2000*a*). «Information seeking behaviour in image retrieval: VISOR I final report», *(Library and Information Commission Research Report 95)*, Newcastle-upon-Tyne: University of Northumbria at Newcastle, Institute for Image Data Research.

— (2000*b*): «The User in Image Retrieval: a Developing Framework», en J. P. EAKINS y P. G. B. ENSER (eds.): *CIR-2000: The Challenge of Image Retrieval: 3rd UK Conference on Image Retrieval, Brighton, 4-5 May.*

ASSFALG, J., A. DEL BIMBO y P. PALA (2000*a*): «Image retrieval by positive and negative examples», *Proc. of the 15th International Conference on Pattern Recognition*, vol. 4, (3-7 sept.), pp. 267-270.

— A. DEL BIMBO y P. PALA (2000*b*): «Using multiple examples for content-based image retrieval», *IEEE International Conference on Multimedia and Expo (ICME 2000)*, vol. 1, (30 julio-2 agosto, Nueva York), pp. 335-338.

— A. DEL BIMBO y P. PALA (2000*c*). «Virtual reality for image retrieval», *Journal of Visual Languages and Computing*, 11 (2), pp. 105-124.

— A. DEL BIMBO y P. PALA (2002): «Three-dimensional interfaces for querying by example in content-based image retrieval», *IEEE Transactions on Visualization and Computer Graphics*, vol. 8 (4), oct.-dic., pp. 305-318.

— y P. PALA (2000): «Querying by photographs: a VR metaphor for image retrieval», *IEEE Multimedia*, vol. 7 (1), enero-marzo, pp. 52-59.

ATHITSOS, V., y M. J. SWAIN (1997): «Distinguishing photographs and graphics on the World Wide Web» [documento PDF], *Proc. Of the IEEE Workshop on Content-based Access of Image and Video Libraries (San Juan, Puerto Rico)*, pp. 10-17, <http://cs-people.bu.edu/athitsos/publications/athitsos_cbaivl1997.pdf>.

ATKINS, D. E., y otros (1996): «Toward inquiry-based education through interacting software agents», *Computer*, 29 (5), May, pp. 69-76.

AUMONT, J. (1992): *La imagen*, Barcelona: Paidós (Comunicación, 48), 336 pp.

BACH, J. R., y otros (1996): «The Virage image search engine: An open framework for image management», *Storage and Retrieval for Still Image and Video Databases IV*, Proceedings of SPIE, 2670, pp. 76-87.

BARLAUD, M., y otros (2002): «State of the art in content-based analysis, indexing and retrieval», [documento DOC], *IST-2001-32795 Project: Network of Excellence in Content-Based Semantic Scene Analysis and Information Retrieval, D.2.1 (v.2)*, <http://www.schema-ist.org/SCHEMA/preview.html?file_id=67>.

BARNARD, K., y D. FORSYTH (2001*a*): «Exploiting image semantics for picture libraries» [documento PDF], *Proceedings of the first ACM/IEEE-CS joint conference on Digital libraries (Roanoke-Virginia, EE. UU.)*, <http://kobus.ca/research/publications/JCDL-01/JCDL-01.pdf>.

— y D. FORSYTH (2001*b*): «Learning the Semantics of Words and Pictures» [documento PDF], *Proc. 8th Int. Conference on Computer Vision*, vol. 2, pp. 408-415, <http://www.cs.berkeley.edu/~daf/WAP-fin.pdf>.

— y N. V. SHIRAHATTI (2003): «A method for comparing content based image retrieval methods» [documento PDF], *Internet Imaging IX, Electronic Imaging 2003, Proceedings of SPIE*, <http://kobus.ca/research/publications/SPIE-03-bench/SPIE-03-bench.pdf>.

— P. DUYGULU y D. FORSYTH (2001): «Clustering Art» [documento PDF], *Compu ter Vision and Pattern Recognition*, <http://vision.cs.arizona.edu/kobus/research/publications/CVPR-01/clustering-art.pdf>.

BATLEY, S. (1988): «Visual information retrieval: Browsing strategies in pictorial databases», *Proceedings of the 12th International Online Information Meeting, Londres (6-8 diciembre)*, pp. 373-381.

BAUER, C. (1997): *Relevance judgements for images: pilot study*, Instructor: Bryan Heidorn, LIS450MIS.

BEAULIEU, M. (2003): «Approaches to user-based studies in information seeking and retrieval: a Sheffield perpsective», *Journal of Information Science*, 29(4), pp. 239-248.

BEIGI, M., A. B. BENITEZ y S.-F. CHANG (1998): «MetaSEEk: A content-based metasearch engine for images», *Storage and Retrieval for Image and Video Databases (SPIE)*, pp. 118-128.

BENÍTEZ, A. B., y John R. SMITH (2001): «New Frontiers for Intelligent Content-Based Retrieval» [documento PDF], *Proceedings of the SPIE 2001 Conf. on Storage and Retrieval for Media Databases (San Jose CA, enero 2001)*, <http://www.ctr.columbia.edu/papers_advent/01/SPIEjan01_ana.pdf>.

BERMAN, P., y L.G. SHAPIRO (1999): «Efficient content-based retrieval: Experimental results», *IEEE Workshop on Content-based Access of Image and Video Libraries (CBAIVL'99), Fort Collins, Colorado, EE. UU., 22 junio*, pp. 55-61.

BESSER, H. (1995): «Getting the picture on image databases: The basics», *Database*, (abril-mayo), 18 (2), pp. 12-19.

BIMBO, A. del (1999): *Visual Information Retrieval*, San Francisco: Morgan Kaufmann, 270 pp.

— y otros (1998): «Visual Querying by Color Perceptive Regions» [documento PDF], *Pattern Recognition*, 31 (9), pp. 1241-1253, <http://viplab.dsi.unifi.it/~pala/Download/Visual_Querying_by_Color_Perceptive_Regions_PR1998.pdf>.

BIRD, C. L., P. J. ELLIOT y E. GRIFFITHS (1996): «User interfaces for content-based image retrieval», *Proceedings of IEE Colloquium on Intelligent Image Databases*, IEE, Londres, 8/1-8/4.

— P. J. ELLIOT y P. M. HAYWARD (1999): «Content-based retrieval for European Image Libraries» [documento PDF] (Applied Science & Technology Group, IBM UK Laboratories, Hursley Park, Winchester, Hampshire), *The Challenge of Image Retrieval: CIR99, The 2nd UK Conference on Image Retrieval*, Newcastle upon Tyne, United Kingdom (25-26 febrero), <http://ewic.bcs.org/conferences/1999/imageret/papers/paper2.pdf>. [Consulta: 21/09/05.]

BLACK, J. A., G. FAHMY y S. PANCHANATHAN (2002): «A Method for Evaluating the Performance of Content-Based Image Retrieval Systems Based on Subjectively Determined Similarity between Images», *CIVR 2002*, pp. 356-366.

BLANDFORD, A., y otros (2004): «Analytical Usability Evaluation for Digital Libraries: A case study» [documento PDF], *ACM/IEEE Joint Conference on Digital Libraries (7-11 junio)*, <http://www.cs.mdx.ac.uk/research/idc/papers/IDC-TR-2004-002.pdf>.

BLATTNER, M. M. (1994): «In our image: interface design in the 1990s», *IEEE Multimedia*, vol. 1(1), pp. 25-36.

BORLUND, P., y P. INGWERSEN (1997): «The development of a method for the evaluation of interactive information retrieval systems», *Journal of Documentation*, vol. 53 (3), junio, pp. 225-250.

— y Peter INGWERSEN (1999): «The Application of Work Tasks in connection with the Evaluation of Interactive Information Retrieval Systems: Empirical Results», en S. W. DRAPER, M. D. DUNLOP, I. RUTHVEN y C. J. van RIJSBERGEN (eds.): *Mira 99: Evaluating interactive information retrieval*, Glasgow, 4-16 abril.

BOUJEMAA, N., y M. FERECATU (2001): «Mining Multimedia Documents by Visual Content» [documento HTML], *ERCIM News (online edition)*, n.° 47, octubre, <http://www.ercim.org/publication/Ercim_News/enw47/boujemaa.html>.

BRADSHAW, B. (2000): «Semantic based image retrieval: a probabilistic approach», *Proc. of the 8th ACM International Conference on Multimedia* (Marina del Rey, California), pp. 167-176.

BREITENEDER, C., y H. EIDENBERGER (2000): «Content-based Image Retrieval in Digital Libraries» [documento PDF] *Proceedings of Digital Libraries Conference, Tokyo (Japan)*, <http://www.ims.tuwien.ac.at/media/documents/publications/dl2000.pdf>.

BROCKER, L., M. BOGEN y A. B. CREMERS (2001): «Improving the retrieval performance of content-based image retrieval systems: the GIVBAC approach», *Proc. of the 5th International Conference on Information Visualization (25-27 julio, Londres)*, pp. 659-664.

BROEK, E. L. van den (2005): *Human-centered Content-Based Image Retrieval* [documento PDF], 330 pp., <http://eidetic.ai.ru.nl/egon/PhD-Thesis.pdf>.

— y otros (2002): «Content-based image retrieval: Color-selection exploited» [documento PDF], en M.-F. MOENS, R. de BUSSER, D. HIEMSTRA, y W. KRAAIJ (eds.): *Proceedings of the 3rd Dutch-Belgium Information Retrieval Workshop (University of Leuven, Belgium, diciembre)*, vol. 3, pp. 37-46, <http://hwr.nici.kun.nl/~vuurpijl/publications/dir02.pdf>.

— P. M. F. KISTERS y L. G. VUURPIJL (2004): «Design guidelines for a content-based image retrieval color-selection interface» [documento PDF], en B. EGGEN, G. van der VEER, y R. WILLEMS, (eds.): *Proceedings of the conference on Dutch directions in HCI, ACM International Conference Proceeding Series (Amsterdam)*, <http://www.sigchi.nl/papers/2004-Broek-EtAl.pdf>.

BROLIO, J., y otros (1989): «ISR: a database for symbolic processing in computer vision», en W. I. GROSKY y R. MEHROTRA (eds.): *Image Database Management, COMPUTER (special issue)*, vol. 22 (12), diciembre, pp. 22-30.

BUCKLEY, C., y G. SALTON (1995): «Optimization of relevance feedback weights», *Proceedings of the 18th annual international ACM SIGIR conference on Research and development in information retrieval* (Seattle-Washington), pp. 351-357.

CAPODIFERRO, L. (2003): «Evaluation criteria and evaluation report» [documento DOC], *IST-2001-32795 Project: Network of Excellence in Content-Based Semantic Scene Analysis and Information Retrieval, D.2.3*, <http://www.schema-ist.org/SCHEMA/preview.html?file_id=84>.

CARMEL, E., S. CRAWFORD y H. CHEN (1992): «Browsing in hypertext: a cognitive study», *IEEE Transactions on Systems, Man, and Cybernetics*, sept.-oct., vol. 22 (5), pp. 865-884.

CARO-CASTRO, C., L. CEDEIRA SERANTES y C.TRAVIESO RODRÍGUEZ (2003): «La investigación sobre recuperación de información desde la perspectiva centrada en el usuario: métodos y variables», *Revista Española de Documentación Científica*, 26(1), pp. 40-55.

CATARCI, T., y otros (1995): «Visual Query Systems for Databases: A Survey» [documento PDF], *Technical Report SI/RR-95/17*, Dipartimento di Scienze dell'Informazione, Universita' di Roma «La Sapienza», <http://citeseer.ist.psu.edu/catarci95visual.html>.

CAWKELL, A. E. (1993): «Indexing collections of electronic images: a review», Londres: British Library Research & Development Department, The British Library Board. [*British Library Research Review,* 15], 43 pp.

CAZORLA QUEVEDO, M. Á., y otros (1999): «Técnicas de inteligencia artificial», Alicante: Universidad (Textos Docentes).

CHANG, E. Y., B. LI y C. LI (2000): «Toward perception-based image retrieval» [documento PDF], *Proceedings of the IEEE Workshop on Content-based Access of Image and Video Libraries (CBAIVL'00),* <http://www.ics.uci.edu/~chenli/pub/cbaivl.pdf>.

CHANG, N. S., y K. S. FU (1979): «Query-by-pictorial example», *Proc. of the IEEE Computer Society's Third International Computer Software and Applications Conference (COMPSAC '79),* (6-8 nov.), pp. 325-330.

CHANG, S. F., y J. SMITH (1995): «Extracting multi-dimensional signal features for content-based visual query», *Proc. SPIE Symposium on Visual Communications and Signal Processing,* 2501(2), pp. 995-1006.

CHANG, S. K., y otros (1988): «An intelligent image database system», *IEEE Transactions on Software Engineering,* vol. SE-14 (5), mayo, pp. 681-688.

CHEN, H. L., y E. M. RASMUSSEN (1999): «Intellectual Access to Images», *Library Trends,* 48 (2), otoño, pp. 291-302.

CHEN, Z., y otros (2001): «IFind: A Web Image Search Engine» [documento PDF], *SIGIR '01 (9-12 September, New Orleans-Louisiana),* <http://research.microsoft.com/~zhengc/papers/Sigir2001Demo.pdf>.

CHOI, Y., y E. M. RASMUSSEN (2002): «User's relevance criteria in image retrieval in American history», *Information Processing and Management,* 38 (5), pp. 695-726.

CINQUE, L., y otros (2000): «Incorporating image segmentations into a visual query language for content-based image retrieval», *Proc. 2000 IEEE International Symposium on Visual Languages,* (10-13 sept., Seattle), pp. 233-234.

CLAUSEN, M., y F. KURTH (2003): «Content-based information retrieval by group theoretical methods» [documento PDF], <http://www.prometheus-inc.com/asi/algebra2003/papers/clausen.pdf>.

CODD, E. F. (1970): «A relational model of data for large shared data banks», *Communications of the ACM,* vol. 13 (6), junio, pp. 377-387.

CONSTANTOPOULOS, P., J. DRAKOPOULOS y Y. YEORGAROUDAKIS (1991): «Retrieval of multimedia documents by pictorial content: a prototype system», *International Conference on Multimedia Information Systems '91 (Jurong-Singapore),* Nueva York: McGraw-Hill, pp. 35-50.

CORRIDONI, J., A. DEL BIMBO y E. VICARIO (1998): «Image Retrieval by Color Semantics with Incomplete Knowledge», *Journal of the American Society for Information Science,* 49 (3), pp. 267-282.

COSTA, J. (1998): *La esquemática: Visualizar la información,* Barcelona: Paidós, 224 pp.

DATTA, R., J. LI y J. Z. WANG (2005): «Content-Based Image Retrieval-Approaches and Trends of the New Age» [documento PDF], *Proceedings of the 7th International Workshop on Multimedia Information Retrieval,* in conjunction with *ACM International Conference on Multimedia,* pp. 253-262, <http://www-db.stanford.edu/~wangz/project/imsearch/review/ACM05/datta.pdf>.

DEB, S. (2004): «Multimedia Systems and Content-based Image Retrieval», en S. DEB (ed.): *Multimedia Systems and Content-based Image Retrieval,* Hershey: Idea Publishing, pp. 1-12.

— y Y. ZHANG (2004): «An overview of Content-based Image Retrieval Techniques», *Proc. of the 18th International Conference on Advanced Information Networking and Applications (AINA'04),* pp. 59-64.

DELGADO LÓPEZ-CÓZAR, E. (2002): *La investigación en Biblioteconomía y Documentación,* Gijón: Trea, 254 pp.

DEMPSEY, L., y R. HEERY (1997): «A review of metadata: a survey of current resource description formats» [documento HTML], *Work Package 3 of Telematics for Research project DESIRE (RE 1004),* rev. 28 de enero de 1999,

<http://www.ukoln.ac.uk/metadata/desire/overview/>.

Dobie, M., y otros (1999): «MAVIS 2: a new approach to content and concept based navigation», IEE *Colloquium on Multimedia Databases and* MPEG-7 *(29 enero)*, pp. 9/1-9/5.

Draper, S. W., y D. A. Norman (1984): «Software engineering for user interfaces», *Proc. of the 7th International Conference on Software Engineering (Orlando, Florida)*, Piscataway: IEEE Press, pp. 214-220.

Duarte, A. (1986): «Aproximación al estudio de la cognición» [documento HTML], Buenos Aires: Centro de Estudiantes de Psicología, UBA (Universidad de Buenos Aires), <http://www.galeon.com/pcazau/resps_duart.htm>. [Consulta: 21/09/05.]

Dürsteler, J. C. (2002): *Visualización de información: una visita guiada*, Barcelona: Gestión 2000, 152 pp.

Dyson, M. C., y H. Box (1997): «Retrieving symbols from a database by their graphic characteristics: Are users consistent?», *Journal of Visual Languages and Computing*, n.° 8, pp. 85-107.

Eakins, J. P. (1996): «Automatic image content retrieval-are we getting anywhere?» [documento PDF], <http://citeseer.ist.psu.edu/eakins96automatic.html>.

— (2000): «Retrieval of still images by content», *Lecture Notes in Computer Science*, vol. 1980, pp. 111-138.

— (2002): «Towards intelligent image retrieval», *Pattern Recognition*, 35, pp. 3-14.

— y M. E. Graham (1998): «ARTISAN: A prototype system for trade mark images», *Vine*, n.° 107, pp. 73-80.

— y M. E. Graham (1999): «Content-based image retrieval» [documento HTML], *Report to* JISC *Technology Applications Programme, January*, <http://www.unn.ac.uk/iidr/report.html>. [Consulta: 27/09/04.]

— P. Briggs y B. Burford (2004): «Image retrieval interfaces: A user perspective», en Peter Ensery otros, (eds.): *CIVR 2004*, pp. 628-637.

Efthimiadis, Efthimis N., y Fidel Raya (2000): «The effect of query type on subject searching behavior of image databases: an exploratory study» [documento PDF], *Proceedings of the 23rd annual international* ACM SIGIR *conference on Research and development in information retrieval (Athens)*, pp. 328-330, <http://www.ischool.washington.edu/fidelr/RayaPubs/effectOfquerytypeonsubjectsearching.pdf>.

Eidenberger, H. (2000): «Query model-based content-based image retrieval: Similarity definition, application and automation-Abstract» [documento PDF], <http://www.ims.tuwien.ac.at/media/documents/publications/acm2000.pdf>.

Ellis, D. (1989): «A behavioural approach to information retrieval systems design», *Journal of Documentation*, 45(3), pp. 171-212.

Enser, P. G. B. (1993): «Query analysis in a visual retrieval context», *Journal of Document and Text Management*, 1(1), pp. 25-52.

— (1995): «Progress in Documentation. Pictorial Information Retrieval», *Journal of Documentation*, 51 (2), junio, pp. 126-170.

— (2000): «Visual image retrieval: Seeking the alliance of concept based and content-based paradigms», *Journal of Information Science*, 26 (4), pp. 199-210.

— (2004): «Realising the semantic content of visual images», en R. Raeli y P. Innocenti (eds.): MMIR *MultiMedia Information Retrieval: Metodologie ed esperienze internazionali di content-based retrieval per l'informazione e la documentazione*, Roma: AIDA, pp. 115-134.

— y C. G. McGregor (1992): «Analysis of visual information retrieval queries», *(British Library R&D Report 6104)*, Londres: British Library, 55 pp.

Faba Pérez, C., y M. V. Nuño Moral (2004): «La nueva gestión en las bibliotecas virtuales», *Boletín de la Asociación Andaluza de Bibliotecarios*, n.° 74, marzo, pp. 19-28.

Faloutsos, C., y otros (1994): «Efficient and effective querying by image content», *Journal of Intelligent Information Systems*, 3(3/4), julio, pp. 231-262.

Floría Cortés, A. (2000): «Pero..., ¿qué es realmente la usabilidad?» [en línea], <http://www.webtaller.com/maletin/articulos/pero_que_es_realmente_la_usabilidad.php>.

FLORÍA CORTÉS, A. (2000): «Principios del diseño centrado en el usuario», [documento HTML], <http://www.sidar.org/recur/desdi/traduc/es/visitable/quees/dcu.htm>.

FORSYTH, D., y otros (1996): «Finding pictures of objects in large collections of images», *Lectures Notes in Computer Science, Proceedings of the International Workshop on Object Representation in Computer Vision II,* Londres: Springer-Verlag, pp. 335-360.

FREDERIX, G., G. CAENEN y E. J. PAUWELS (2000): «Panoramic, adaptive and reconfigurable interface for similarity search», *Proc. 2000 International Conference on Image Processing,* vol. 3, (10-13 sept.), pp. 222-225.

FROST, C., y otros (1997): «Research on Human-centered design and evaluation of multimode image retrieval» [documento PDF], *FOURTH DELOS WORKSHOP: Image indexing and retrieval,* San Miniato, Pisa, Italy, 28-30 agosto, *ERCIM Workshop Proceedings* n.° 97-W004, <http://www.ercim.org/publication/ws-proceedings/DELOS4/frost.pdf>.

GABRIELLI, S. (1998): «Social and Cognitive Factors in the Design and Evaluation of Multimedia Systems» [documento PDF], *IRSG'98,* <http://ewic.bcs.org/conferences/1998/20thirsg/papers/paper4.pdf>. [Consulta: 21/09/05.]

GAGNON, L., S. FOUCHER y V. GOUAILLIER (2004): «ERIC7: An Experimental Tool for Content-Based Image Encoding and Retrieval under the MPEG-7 Standard», [documento PDF] *Proceedings of the Winter International Symposium on Information and Communication Technologies (WISICT 2004),* Hyatt Regency, Cancun, Mexico, 5-8 enero, <http://www.crim.ca/rd/publications/VIX_GagLals_WISITC04AbA.pdf>. [Consulta: 08/09/04.]

GARCÍA CABALLERO, R., y E. M.ª MÉNDEZ RODRÍGUEZ (1998): «Nuevas tecnologías y servicios de información gráfica: reflexiones para el profesional de la información ante la digitalización de imágenes fijas» [documento HTML], *Fesabid '98: VI Jornadas Españolas de Documentación,* <http://www.bib.uc3m.es/~mendez/publicaciones/fesabid98/fesabid98.htm>.

GERADTS, Z. J., y otros (2001): «Evaluation of contents-based image retrieval methods for a database of logos on drug tablets», en Simon K. BRAMBLE, Edward M. CARAPEZZA y Leonid I. RUDIN (eds.): *Enabling Technologies for Law Enforcement and Security, Proc. SPIE,* vol. 4232, pp. 553-562.

GERDES, V. (2001): «Content-based Image Retrieval Systems» [documento HTML], <http://www-student.informatik.uni-bonn.de/~gerdes/CBIR/index.html>.

GEVERS, T., y A. SMEULDERS (1999): «The PicToSeek WWW image search system», *Proc. of the IEEE International Conference on Multimedia Computing and Systems (Florencia, Italia),* pp. 249-269.

— (2004): «Image Search Engines: An overview» [documento PDF], en G. MEDIONI y S. B. KANG (eds.): *Emerging Topics in Computer Vision,* Prentice Hall, <http://staff.science.uva.nl/~gevers/pub/overview.pdf>. [Consulta: 21/09/05.]

GILCHREST, A., y H. LONG (2001): «An Analytical Study of Browsing Strategies in a Content-Based Image Retrieval System» [documento PDF], *School of Information and Library Science (University of North Carolina),* junio, <http://sils.unc.edu/research/publications/reports/TR-2001-04.pdf>.

GILLES, S., y C. NASTAR (2004): «Organising personal pictures with content analysis technology» [documento PDF], *LTU Technologies (France),* disponible en: <http://www.infonortics.com/searchengines/sh04/slides/ltu.pdf>.

GOODCHILD, M. F. (1995): «Alexandria Digital Library» [documento HTML], *Workshop on Metadata (8 nov., Santa Barbara-California),* <http://www.alexandria.ucsb.edu/public-documents/metadata/metadata_ws.html>.

GOODMAN, A. M., R. M. HARALICK y L. G. SHAPIRO (1989): «Knowledge-based computer vision-integrated programming language and data management system design», en W. I. GROSKY y R. MEHROTRA (eds.): *Image Database Management, COMPUTER* (special issue), vol. 22 (12), diciembre, pp. 43-54.

GOODRUM, A. A. (2000): «Image information retrieval: an overview of current research» [documento PDF], *Informing Science,* (Special Issue on Information Science Research) vol.

3 (2), pp. 63-66, <http://inform.nu/Articles/Vol3/v3n2p63-66.pdf>.

GRAHAM, M. E. (1999): «The description and indexing of images: report of a survey of ARLIS members», 1998/1999 [documento HTML], *Institute for Image Data Research.* (IIDR Research Report, n.º 2), <http://www.unn.ac.uk/iidr/ARLIS/arlisrep.htm>. [Consulta: 07/09/04.]

— (2004): «Enhancing visual resources for searching and retrieval: Is Content-based Image Retrieval a solution?», *Literary and Linguistic Computing,* 19 (3), septiembre, pp. 321-333.

GREISDORF, H., B. O'CONNOR (2002): «Modelling what users see when they look at images: a cognitive viewpoint», *Journal of Documentation,* 58 (1), pp. 6-29.

GROSKY, W. I. (1994): «Multimedia Information Systems», *IEEE Multimedia,* vol. 1(1), pp. 12-24.

GUDIVADA, V. N., y V. V. RAGHAVAN (1995): «Content-based image retrieval systems», *IEEE Computer,* vol. 28 (9), pp. 18-22.

GUPTA, A., y R. JAIN (1997): «Visual information retrieval», *Communications of the ACM,* vol. 40 (5), mayo, pp. 70-79.

— S. SANTINI y R. JAIN (1997): «In search of information in visual media», *Communications of the ACM,* vol. 40 (12), dic., pp. 34-42.

HASTINGS, S. K. (1999): «Evaluation of Image Retrieval Systems: Role of User Feedback», *Library Trends,* 48 (2), otoño, pp. 438-452.

HEESCH, D., y S. RÜGER (2004): «Three interfaces for content-based access to image collections», *Lecture Notes in Computer Science,* vol. 3115, pp. 491-499.

HEIDORN, P. B. (1995): «Barriers to Image Database Retrieval» [documento HTML], <http://alexia.lis.uiuc.edu/~heidorn/sigir/sigir.html>.

— (1999): «Image Retrieval as Linguistic and Nonlinguistic Visual Model Matching (Bibliography)» [documento HTML], *Library Trends,* otoño, <http://www.findarticles.com/p/articles/mi_m1387/is_2_48/ai_59473803.

HERNÁNDEZ PÉREZ, A. (1999): «La fotografía digital», en Félix del Valle GASTAMINZA, (ed.): *Manual de Documentación Fotográfica,* Madrid: Síntesis, pp. 205-228.

HERTZUM, M. (2003): «Requests for information from a film archive: a case study of multimedia retrieval», *Journal of Documentation, 59* (2), pp. 168-186.

HILBERT, D. M., y D. F. REDMILES (2000): «Extracting usability information from user interface events», *ACM Computing Surveys,* 32 (4), diciembre, pp. 384-421.

HOENKAMP, E. C. M., O. STEGEMAN y L. R. B. SCHOMAKER (1999): «Supporting content retrieval from www via «basic level categories», *Proceedings of the 22nd annual international ACM SIGIR conference on Research and development in information retrieval,* pp. 311-312.

HORN, J. (1996): «Evaluación heurística» [documento HTML], traducido por Alejandro Floría en enero de 2000, *SIDAR (Seminario Iberoamericano sobre Discapacidad y Accesibilidad a la Red),* <http://www.sidar.org/recur/desdi/traduc/es/visitable/inspeccion/Heur.htm>.

HOVE, L. J. (2004): «Improving CBIR systems with a thesaurus for shapes» [documento PDF], <http://www.nik.no/2004/bidrag/Hove.pdf>.

INGWERSEN, P. (1992): «Information Retrieval Interaction» [documento PDF], <http://www.db.dk/pi/iri/files/Ingwersen_IRI.pdf>.

— (1994): «Polyrepresentation of Information Needs and Semantic Entities: Elements of a Cognitive Theory for Information Retrieval Interaction», *Proceedings of the Seventeenth Annual International ACM SIGIR Conference on Research and Development in Information Retrieval, Dublin,* pp. 101-110.

IOANNIDIS, Y. (2003): «The history of histograms (abridged)» [documento PDF], *VLDB 2003, Proceedings of 29th International Conference on Very Large Data Bases*, 9-12 septiembre, Berlín, <http://www.vldb.org/conf/2003/papers/S02P01.pdf>.

IQBAL, Q., y J. K. AGGARWAL (2000): «Lower-level and higher-level approaches to content-based image retrieval», *Proc. of the IEEE South West Symposium on Image Analysis and Interpretation (Austin-Texas), abril,* pp. 197-201.

ISO/IEC 9126 (1991): *Software product evaluation-Quality characteristics and guidelines for their use.*

— (1998) 9241-11: *Guidance on Usability.*

— (2000) FDIS 9126-1: *Software Engineering-Product quality-Part 1: Quality model.*

JAGADISH, H. V., y L. O'GORMAN (1989): «An object model for image recognition», en W. I. GROSKY y R. MEHROTRA (eds.): *Image Database Management, COMPUTER* (special issue), vol. 22 (12), diciembre, pp. 33-41.

JAIMES, A., y J. R. SMITH (2003): «Semi-automatic, data-driven construction of multimedia ontologies» [documento PDF], *Proc. IEEE Intl. Conf. On Multimedia and Expo,* (Baltimore, 6-9 julio), <http://mia.ece.uic.edu/~papers/MediaBot/pdf00002.pdf>.

JAIN, R. (1993): «NSF workshop on visual information retrieval management systems», *Storage and Retrieval for Image and Video Databases: Proceedings of the Internacional Society for Optical Engineering,* San José, CA, (2-3 febrero), pp. 198-218.

— (1996): «Infoscopes: multimedia information systems», en B. FURHT (ed.): *Multimedia Systems and Techniques,* Boston: Kluwer Academic Publishers, pp. 217-253.

JAYARATNE, L., Z. JIANG y A. GINIGE (2003): «A unified approach to indexing multimedia on the web «[documento PDF], *12th International World Wide Web Conference, (20-24 mayo, Budapest),* <http://www.research.att.com/~rjana/jayaratne.pdf>.

JIN, X. (2002): «Content-based image retrieval: CBIR» [documento PDF], <http://www.cs.virginia.edu/~xj3a/publication/CBIR.pdf>. [Consulta: 21/09/05.]

JOHANSSON, B. (2000): «A survey on: Contents Based Search in Image Databases» [documento PDF], *Computer Vision Laboratory, Department of Electrical Engineering, Linköpings Universitet (*Sweden), <http://www.cvl.isy.liu.se/ScOut/TechRep/Papers/LiTHISYR2215.pdf>.

JONES, K. P. (1986): «Getting Started in Computerized Indexing», *The Indexer,* 15, pp. 9-13.

JÖRGENSEN, C. (1999): «Access to pictorial material: A review of current research and future prospects», *Computers and the Humanities,* 33 (4), pp. 293-318.

JOSEPH, T., y A. F. CARDENAS (1988): «PICQUERY: A high level query language for pictorial database management», *IEEE Transactions on Software Engineering,* vol. SE-14 (5), mayo, pp. 630-638.

KAMPFE, T., y otros (2002): «INDI -Intelligent database navigation by interactive and intuitive content-based image retrieva», *Proc. 2002 International Conference on Image Processing,* vol. 3, (24-28 junio), pp. 921-924.

KASHYAP, V., y A. SHETH (1996): «Semantic heterogeneity in global information systems: the role of metadata, context and ontologies» [documento PDF], *University of Georgia, Department on Computer Science, Large Scale Distributed Information Systems,* <http://lsdis.cs.uga.edu/lib/./download/KS97.ps

KASTURI, R., y J. ALEMANY (1988): «Information extraction from images of paper-based maps», *IEEE Transactions on Software Engineering,* vol. SE-14 (5), mayo, pp. 671-675.

KATO, T. (1992): «Database architecture for content-based image retrieval», en A. A. JAMBARDINO y W. R. NIBLACK (eds.): *Image Storage and Retrieval Systems,* Proc SPIE 2185, pp. 112-123.

— y otros (1991): «Cognitive view mechanism for multimedia database system», *IMS '91 Proceedings. First International Workshop on Interoperability in Multidatabase Systems,* pp. 179-186.

— y otros (1992): «A sketch retrieval method for full color image database: Query by visual example», *Computer Vision and Applications: Proc. ICPR,* pp. 530-533.

— y T. MIZUTORI (1989): «Multimedia data model for advanced image information systems», *Proc. Of Advanced Dabatase System Symp. ADSS'89,* diciembre, pp. 113-120.

— T. KURITA y H. SHIMOGAKI (1991): «Intelligent visual interaction with image database systems: Towards the multimedia personal interface», *Journal of Information Processing,* 14(2), pp. 134-143.

KEISTER, L. (1994): «User types and queries: Impact on image access systems», en R. FIDEL y otros (eds.): *Challenges in Indexing Electronic Text and Images, ASIS,* pp. 7-22.

KHERFI, M. L., y D. ZIOU (2004): «Image retrieval from the World Wide Web: Issues, Techniques, and Systems», ACM *Computing Surveys,* 36 (1), marzo, pp. 35-67.

— y A. BERNARDI (2003): «Atlas WISE: A Web-based image retrieval engine», *Proc. Of the International Conference on Image and Signal Processing (ICISP, Agadir, Morocco),* pp. 69-77.

KLING, R., y M. ELLIOTT (1994): «Digital library design for usability» [documento HTML], *Department of Information and Computer Science and Center for Research on Information Technology in Organizations, University of California (Irvine),* <http://www.csdl.tamu.edu/DL94/paper/kling.html>.

KOSKELA, M., J. LAAKSONEN y E. OJA (2001): «Self-organizing image retrieval with MPEG-7 descriptors» [documento PDF], *Proceedings of Infotech Oulu International Conference on Information Retrieval (IR'2001), Oulu (Finland),* septiembre, <http://www.cis.hut.fi/picsom/ir2001.pdf>. [Consulta: 21/09/05.]

KURITA, T. (1993): «Learning of Personal Visual Impression for Image Database Systems», *Proceedings of the Second International Conference on Document Analysis and Recognition,* pp. 547-552.

LAI, T-S., J. TAIT y S. MCDONALD (2001): «Evaluating a Content Based Image Retrieval System», *SIGIR '01 (9-12 septiembre, New Orleans-Louisiana),* pp. 232-240.

LAI-CHONG LAW, E., y T. HVANNBERG (2004): «Analysis of strategies for improving and estimating the effectiveness of heuristic evaluation», ACM *International Conference Proceeding Series,* vol. 82, pp. 241-250.

LEW, M. S. (2000): «Next generation Web searches for visual content» [documento PDF], IEEE *Comput.,* 33 (11), pp. 46-53, <http://www.liacs.nl/~mlew/comp2000.pdf>.

LEW, M. S., y T. S. HUANG (2001): «Visual information retrieval: Paradigms, applications, and research issues», en M. S. LEW (ed.): *Principles of Visual Information Retrieval (part 1), Springer-Verlag, series: Advances in Pattern Recognition.*

LEWIS, P., D. DUPPLAW y K. MARTÍNEZ (2002): «Content-Based Multimedia Information Handling: Should we Stick to Metadata?» [documento HTML], *Cultivate Interactive* n.º 6, febrero, <http://www.cultivate-int.org/issue6/retrieval/>.

LI, J., J. Z. WANG y G. WIEDERHOLD (2000): «Classification of Textured and Non-Textured Images Using Region Segmentation», *Proc. 7th Int. Conf. on Image Processing,* pp. 754-757.

LI, Z.-N., O. ZAÏANE y B. YAN (1997): «C-bird: Content-based image retrieval from digital libraries using chromaticity and recognition kernel» [documento PDF], *DEXA Workshop,* <http://www.cs.ualberta.ca/~zaiane/postscript/dexa98.pdf>. [Consulta: 21/09/05.]

LIU, F. (1997): «Image and video modeling and understanding» [documento PDF], *4th DELOS Workshop: Image Indexing and Retrieval (San Miniato, 28-30 August 1997),* <http://www.ercim.org/publication/ws-proceedings/DELOS4/liu.pdf>.

LONG, F., H. ZHANG y D. DAGAN FENG (2003): «Fundamentals of content-based image retrieval» [documento PDF], <http://www.research.microsoft.com/asia/dload_files/group/mcomputing/2003P/ch01_Long_v40-proof.pdf>.

LÓPEZ LÓPEZ, P. (1996): *Introducción a la bibliometría,* Valencia: Promolibro, 128 pp.

LÓPEZ MARÍN, L., E. M.ª MÉNDEZ RODRÍGUEZ y Á. SORLI ROJO (2002): «Avaluació de l'accessibilitat i usabilitat dels llocs web de les biblioteques públiques catalanes», *Item,* 31, mayo-agosto, pp. 17-51.

LÓPEZ YEPES, J. (1978): *Teoría de la Documentación,* Pamplona: EUNSA, 337 pp.

LU, Y., y otros (2000): «A unified framework for semantics and feature based relevance feedback in image retrieval systems» [documento PDF], ACM *Multimedia,* <http://citeseer.ist.psu.edu/lu00unified.html>.

LUX, M., J. BECKER y H. KROTTMAIER (2002): «Caliph&Emir: Semantic Annotation and Retrieval in Personal Digital Photo Libraries» [documento PDF], *Institute for Information Processing and Computer Supported new Media (IICM), Graz, University of Technology, Inffeldgasse (Austria),* <http://caliph-emir.sourceforge.net/pdf/CaliphEmir-CAISE03.pdf>.

MANCHÓN, E. (2002*a*). «¿Qué es la usabilidad?» [documento HTML], *Ainda.info*, <http://www.ainda.info/que_es_usabilidad.htm

— (2002*b*): «Tipos de evaluación» [documento HTML], *Ainda.info*, <http://www.ainda.info/tipos_evaluacion.html>.

— (2003*a*): «Donald Norman o la relación entre la Psicología Cognitiva y el diseño de interfaces» [documento HTML], *Alzado.org*, <http://www.alzado.org/articulo.php?id_art=147

— (2003*b*): «¿Qué es la interacción persona-ordenador (Human Computer-Interaction)?» [documento HTML], *Alzado.org*, <http://www.alzado.org/articulo.php?id_art=40

MANTAY, T., y R. MOLLER (1998): «Content-based information retrieval by computation of least common subsumers in a probabilistic description logic» [documento PDF], <http://www.sts.tu-harburg.de/~r.f.moeller/papers/1998/MaMo98.pdf>.

MARCHAND-MAILLET, S. (2001): «Performance evaluation in Content-based Image Retrieval: The Benchathlon Network», *Viper-Computer Vision Group (University of Geneva-Switzerland)*, <http://www-rocq.inria.fr/imedia/mmcbir2001/FinalpaperMarchand.pdf>.

MARCHIONINI, G. (1995): «Information seeking in electronic environments» [documento HTML], <http://ils.unc.edu/~march/isee_book/web_page.html>.

MARCOS MORA, M. C. (2001): «HCI (human computer interaction): concepto y desarrollo», *El profesional de la información*, vol. 10 (6), junio, pp. 4-16.

— (2002): «Presente, pasado y futuro de la investigación en interacción hombre-ordenador aplicada a la documentación», en M. A. MORÁN y M. C. RODRÍGUEZ LÓPEZ (coords.): *La Documentación para la investigación: Homenaje a José Antonio Martín Fuertes. Volumen II*, León: Universidad, pp. 365-385.

— (2003): «Interacción persona-ordenador en las interfaces de recuperación de información: El caso de la búsqueda por materias», *Jornadas Españolas de Documentación* (febrero 2003, Barcelona), pp. 463-476.

— (2004*a*): «El acceso por materias en los catálogos en línea: análisis comparativo de interfaces», *Revista Española de Documentación Científica*, 27 (1), pp. 45-72.

— (2004*b*): *Interacción en interfaces de recuperación de información: conceptos, metáforas y visualización*, Gijón: Trea, 354 pp.

— (2004*c*): «Browsing y clustering: dos técnicas en auge para la recuperación de información» [en línea], en C. ROVIRA y L. CODINA (dir.): *Documentación digital. Barcelona: Sección Científica de Ciencias de la Documentación del Departamento de Ciencias Políticas y Sociales de la Universidad Pompeu Fabra*, <http://www.documentaciondigital.org>.

MARKEY, K. (1988): «Access to iconographical research collections», *Library Trends*, 37 (2), pp. 154-174.

MARKKULA, M., y otros (2001): «A test collection for the evaluation of content-based image retrieval algorithms-A user and task-based approach», *Information Retrieval*, vol. 4 (3/4), Finland: University of Tampere, Tampere University of Technology, pp. 275-294.

— y E. SORMUNEN (1998): «Searching for photos-Journalists' practices in pictorial IR» [documento PDF], *Challenge of Image Retrieval (Newcastle upon Tyne, 5 febrero)*, <http://ewic.bcs.org/conferences/1998/imageret/papers/paper8.pdf>. [Consulta: 21/09/05.]

MARSICOI, M., y otros (1997): «Indexing pictorial documents by their content: a survey of current techniques», *Image and Vision Computing*, n.º 15, pp. 119-141.

MARTÍ, J., y otros (2003): «HRIMAC-una herramienta de recuperación de imágenes mamográficas por análisis de contenido para el asesoramiento en el diagnóstico del cáncer de mama» [documento PDF], *Inforsalud (VI Congreso Nacional de Informática de la Salud, Madrid, 2-4 abril)*, <http://www.seis.es/inforsalud03/INFORSALUD2003_martij.pdf>. [Consulta: 21/09/05.]

MARTÍNEZ, J. (2002): «Content-Based Image Retrieval (CBIR) Systems: A small «database» [documento HTML], <http://www.sciences.univ-nantes.fr/info/perso/permanents/martinez/Researches/CBIRSs.html>.

MCCORRY, H. C., e I. O. MORRISON (1995): «Report on the Catechism project», *National Museums of Scotland, Edinburgh*.

McDonald, S., y J. Tait (2003): «Search strategies in content-based image retrieval», *Proceedings of the* 26th *annual international* ACM SIGIR *conference on Research and Development in Information Retrieval,* (Toronto. Canadá, 28 julio-1 agosto), pp. 80-87.

Méndez Rodríguez, Eva M.ª (2002): *Metadatos y recuperación de información: Estándares, problemas y aplicabilidad en bibliotecas digitales,* Gijón: Trea, 429 pp.

— y J. A. Moreiro González (1999): «Lenguaje natural e indización automatizada», [documento PDF], <http://www.bib.uc3m.es/~mendez/publicaciones/articulos/indizacion99.pdf [publicado también en *Ciencias de la Información,* vol. 30 (3), septiembre, pp. 11-24.]

Mohan, L., y R. L. Kashyap (1988): «An object-oriented knowledge representation for spatial information», IEEE *Transactions on Software Engineering,* vol. SE-14 (5), mayo, pp. 675-681.

Molich, R., y J. Nielsen (1990): «Improving a human-computer dialogue», *Communications of the* ACM, 33 (3), pp. 338-348.

Montes de Oca Sánchez de Bustamante, A. (2004): «Arquitectura de información y usabilidad: nociones básicas para los profesionales de la información» [documento HTML], ACIMED, 12 (6), <http://www.bvs.sld.cu/revistas/aci/vol12_6_04/aci04604.htm>.

Moratilla Ocaña, A., I. Olmeda Martos y E. Fernández Vicente (2002): «Reconocimiento de formas en imágenes turísticas mediante técnicas de aprendizaje no supervisado» [documento PDF], *Actas del IV Congreso Nacional de Turismo y Tecnologías de la Información y las Comunicaciones (TuriTec 2002, Málaga, 23-25 octubre),* pp. 289-315, <http://www.turismo.uma.es/turitec/turitec2002/actas/Microsoft%20Word%20-%2019.MORATILLA.pdf>.

Moreno, L. (2004):[286] «¿Qué es un diseñador web?» [documento HTML], HTML *Web* (portal en castellano sobre diseño y programación web…), <http://www.htmlweb.net/diseno/que_es_diseniador/diseniador_2.html>. [Consulta: 21/09/05.]

Moya Anegón, F. de (1999): «Investigaciones en curso sobre interfaces gráficos en dos y tres dimensiones para el acceso a la información electrónica» [documento HTML], *Cuadernos de Documentación Multimedia,* n.º 8, <http://www.ucm.es/info/multidoc/multidoc/revista/num8/moya.html>.

Müller, H., y otros (1999): «Efficient access methods for content-based image retrieval with inverted files» [documento PDF], <http://citeseer.ist.psu.edu/199889.html>.

— (2000*a*): «MRML: A communication protocol for content-based image retrieval» [documento PDF], <http://vision.unige.ch/publications/postscript/2000/VGTR00.02_MuellerWMuellerHMarchandPunSquireGiessVries.pdf>.

— (2000*b*): «Strategies for positive and negative relevance feedback in image retrieval» [documento PDF], <http://vision.unige.ch/publications/postscript/2000/VGTR00.01_HMuellerWMuellerSquireMarchandPun.pdf>.

— (2001): «Automated benchmarking in content-based image retrieval» [documento PDF], <http://www.csse.monash.edu.au/~davids/publications/postscript/2001/MuellerHMuellerWMarchandPunSquire_icme2001.pdf>.

— (2004): «A review of content-based image retrieval systems in medicine-clinical benefits and future directions», *International Journal of Medical Informatics,* volume 73, pp. 1-23.

— S. Marchand-Maillet, y T. Pun (2002): «The truth about Corel-Evaluation in image retrieval», *Lecture Notes in Computer Science, Proc. of the International Conference on Image and Video Retrieval,* Londres: Springer-Verlag, pp. 38-49.

Mysore, R. P., Y. Aslandogan y Y. Alp (2003): «Diogenes: A distributed search agent» [documento PDF], *Department of Computer Science and Engineering, University of Texas at Arlington, Technical Report CSE-2003-24,* <http://www.cse.uta.edu/Research/Publications/Downloads/CSE-2003-24.pdf>. [Consulta: 21/09/05.]

[286] Actualización del portal del que el autor es webmaster. Los artículos disponibles en este sitio carecen de fecha de realización.

NAKAZATO, M., y T. S. HUANG (2002): «Extending image retrieval with group-oriented interface», *Proc. 2002 IEEE International Conference on Multimedia and Expo (ICME '02)*, vol. 1, (26-29 agosto), pp. 201-204.

— L. MANOLA y T. S. HUANG (2002): «Image-Grouper: Search, Annotate and Organize Images by Groups» [documento PDF], <http://www.ifp.uiuc.edu/~nakazato/publications/PDF/vis2002.pdf>.

NASTAR, C. (2003): «Content-based image retrieval: A state of the art» [documento PDF], *LTU Technologies (France)*, <http://www.infonortics.com/chemical/ch03/slides/nastar-nimes-2003.pdf>.

NAVARRO BONILLA, D. y J. TRAMULLAS SAZ (2005): «Directorios temáticos especializados: definición, características y perspectivas de desarrollo», *Revista Española de Documentación Científica,* 28 (1), pp. 49-61.

NEUHOLD, E. J., y M. KRACKER (1989): «Cognitive aspects of accessing multi-media information», *Proc. Of Computer World,* n.º 89, sept., pp. 119-126.

NEWSAM, S., B, SUMENGEN y B. S. MANJUNATH (2001): «Category-based image retrieval», *Proc. 2001 International Conference on Image Processing, (7-10 oct. Thessaloniki-Greece),* vol. 3, pp. 596-599.

NIELSEN, J. (1992): «Finding usability problems through heuristic evaluation», *Proceedings ACM CHI'92 Conference (Monterey, CA, mayo 3-7),* pp. 373-380.

— (1993): *Usability Engineering*, AP Professional, 362 pp.

— (1994): «Heuristic evaluation», en J. NIELSEN y R. MACK (eds): *Usability Inspection Methods*, Nueva York: John Wiley, pp. 25-62.

— y R. MOLICH (1990): «Heuristic evaluation of user interfaces», *Proc. ACM CHI'90 Conf. (Seattle, WA, 1-5 abril),* pp. 249-256.

NORMAN, D. A. (1982): «Steps toward a cognitive engineering: Design rules based on analyses of human error», *Proc. of the 1982 Conference on Human factors in Computing Systems (Gaithersburg, Maryland-EE. UU.),* Nueva York: ACM, pp. 378-382.

— (1983): «Design principles for human-computer interfaces», *Proc. of the SIGCHI Conference on Human Factors in Computing Systems (Boston)*, Nueva York: ACM, pp. 1-10.

NORMAN, D. A. (1986): «Cognitive Engineering», en: D. A. NORMAN y S. W. DRAPER (eds.): *User centered system design*, Lawrence Erlbaum Associates, pp. 31-61.

OGLE, V. E., y M. STONEBRAKER (1995): «Chabot: retrieval from a relational database of images», *IEEE Computer,* vol. 28 (9), pp. 40-48.

OLVERA LOBO, M. D. (1999): «Evaluación de sistemas de recuperación de información: aproximaciones y nuevas tendencias», *El Profesional de la Información,* 8 (11), pp. 4-14.

ORENSTEIN, J. A., y F. A. MANOLA (1988): «PROBE spatial data modeling and query processing in an image database application», *IEEE Transactions on Software Engineering*, vol. SE-14 (5), mayo, pp. 611-629.

ORNAGER, S. (1997): «Image retrieval: theoretical analysis and empirical user studies on accessing information in images», en C. SCHWARTZ y M. RORVIG (eds.): *Proceedings of the 60th annual meetings of the American Society for Information Science,* vol. 34, pp. 202-211.

ORTEGA-BINDERBERGER, M., y otros (2000): «WebMARS: A multimedia search engine» [documento PDF], *Proc. Of the SPIE Electronic Imaging 2000: Internet Imaging (San Jose),* <http://www-db.ics.uci.edu/pages/publications/2000/tr-db-00-01.pdf>.

OZSOYOGLU, G., y H. WANG (1993): «Example-based graphical database query languages», *IEEE Computer,* mayo, pp. 25-38.

PAEPCKE, A., y otros (1996): «Using distributed objects for digital library interoperability», *Computer,* vol. 29 (5), mayo, pp. 61-68.

PAULUS, D., y H. NIEMANN (1992): «Iconic-symbolic interfaces», [documento PDF], <http://citeseer.csail.mit.edu/47952.html>.

PEDRERO, A., y otros (2000): «Interfaz adaptativa para la consulta de imágenes» [documento PDF], *I Jornadas Españolas de Bibliotecas Digitales (Valladolid, 6 y 7 noviembre),* <http://gaia.dcs.fi.uva.es/~jbidi/jbidi2000/archivos/01_Interfaz.pdf>.

PEJTERSEN, A. M. (1995): «Cognitive engineering in information retrieval domains: Merging paradigms?» [documento PDF], *Bibliothek,* 19 (1), <http://www.bibliothek-saur.de/t5019001.htm

Peng, W. S., y N. DeClaris (1997): «Heuristic similarity measure characterization for content-based image retrieval», *Computational Cybernetics and Simulation,* IEEE *International Conference on Systems, Man, and Cybernetics,* vol. 1, (12-15 oct. Orlando, Florida), pp. 7-12.

Pentland, A., y R. Picard (1996): «Special issue on digital libraries», IEEE *Transactions on Pattern Analysis and Machine Intelligence,* 18 (8), pp. 769-770.

Pérez Álvarez, S. (2003): «Análisis de usabilidad de sistemas CBIR», *Documentación de las Ciencias de la Información,* n.º 26, pp. 313-350.

Picard, R. W. (1995*a*): «Computer learning of subjectivity», *Proc.* ACM *Computing Surveys,* 27 (4), pp. 621-623.

— (1995*b*): «Toward a visual thesaurus» [documento PDF], *Springer Verlag Workshops in Computing,* MIRO 95, <http://citeseer.ist.psu.edu/picard95toward.html>.

— (1996*a*): «A society of models for video and image libraries» [documento PDF], *Technical report,* MIT, <http://www.research.ibm.com/journal/sj/353/sectiona/picard.pdf>.

— (1996*b*): «Digital libraries: Meeting place for high-level and low-level vision» [documento PDF], *Proc. Of the Asian Conference on Computer Vision (Singapore)*, <http://citeseer.ist.psu.edu/31229.html>.

— T. P. Minka y Martin Szummer (1996): «Modeling user subjectivity in image libraries» [documento PDF], *Proc.* IEEE *Int. Conf. On Image Proc.*, (Lausanne), <http://xenia.media.mit.edu/~szummer/icip-96/icip-96-imgdb.pdf>.

Pizano, A., A. Klinger y A. Cardenas (1989): «Specification of spatial integrity constraints in pictorial databases», en W. I. Grosky y R. Mehrotra (eds.): *Image Database Management,* COMPUTER *(special issue)*, vol. 22 (12), diciembre, pp. 59-71.

Raieli, R. y P. Innocenti (eds.) (2004): *MMIR. MultiMedia Information Retrieval: Metodologie ed esperienze internazionali di content-based retrieval per l'informazione e la documentazione,* Roma: AIDA, 414 pp.

Rijsbergen, C. J. van (1979): «Information retrieval» [documento HTML], <http://www.dcs.gla.ac.uk/Keith/Preface.html>.

Rivas-Suárez, R. S., y Y. Hernández (2004): «Huya: Un sistema para recuperación de imágenes basado en MRML» [documento PDF], *CLEI 2004 (30ma Conferencia Latinoamericana de Informática),* pp. 777-788, <http://www.spc.org.pe/clei2004/es/html/clei-main.pdf>. [Consulta: 21/09/05.]

Rivera Loaiza, C. (2000): «Utilización de redes de Petri para la elaboración de una interfaz de usuario» [documento HTML], *Universidad Michoacana de San Nicolás de Hidalgo, Facultad de Ingeniería Eléctrica,* <http://www.fismat.umich.mx/~crivera/tesis/node11.html>.

Robledano Arillo, J. (1999): «La recuperación de la imagen fija. Perspectiva funcional de los sistemas automatizados de recuperación de imágenes», *El análisis de la fotografía de prensa en entornos automatizados* (tesis doctoral), pp. 265-310.

— (2000): «Documentación fotográfica en medios de comunicación social», en José Antonio Moreiro González (ed.): *Manual de documentación informativa*, Madrid: Cátedra, pp. 183-290.

— (2002): *El tratamiento documental de la fotografía de prensa: sistemas de análisis y recuperación*, 2.ª ed., Madrid: Archiviana, 403 pp.

— y J. A. Moreiro González (2002): «La recuperación documental del documento fotográfico: perspectiva tecnológica y documental», *Primeras Jornadas de Imagen, Cultura y Tecnología* (Universidad Carlos III, Madrid, 1-5 julio).

Rodden, K. (2002): «Evaluating similarity-based visualisations as interfaces for image browsing» [documento PDF], <http://citeseer.ist.psu.edu/583691.html>.

Rodríguez Bravo, B. y M.ª L. Alvite Díez (2004): «Propuesta metodológica de evaluación de interfaces de OPAC: INNOPAC versus UNICORN», *Revista Española de Documentación Científica,* 27 (1), pp. 30-44.

Rodríguez Yunta, L., y E. Giménez Toledo (2004): «Más allá de la usabilidad: características mínimas exigibles para las interfaces de bases de datos web» [documento HTML], *BID: Textos universitaris de biblioteconomia i documentació*, n.º 13, diciembre, <http://www.ub.es/bid/13rodri2.htm>.

Rogowitz, B. E., y otros (1998) «Perceptual image similarity experiments» [documento PDF], *SPIE Conf. On Human Vision and Electronic Imaging III*, <http://www.research.ibm.com/visualanalysis/papers/spie_ei98.pdf>.

Romer, D. M. (1996): «Image and Multimedia Retrieval» [documento HTML], *Research Agenda for Cultural Heritage on Information Networks. The Getty Art History Information Program*, <http://www.gii.getty.edu/agenda/image.html>. [Consulta: 09/09/04.]

Rosenbaum, S., J. Rohn y J. Humburg (2000): «A toolkit for strategic usability: Results from workshops, panels and surveys» [documento PDF], *Proc. CHI'2000, CHI Letters*, 4 (1), pp. 337-344, <http://www.teced.com/PDFs/Chi2000sr.pdf>.

Rui, Y., y otros (1998): «Relevance feedback: A power tool in interactive content-based image retrieval», IEEE *Transactions on Circuits and Systems for Video Technology*, n.º 8 (Special Issue on Segmentation, Description, and Retrieval of Video Content), sept., pp. 644-655.

— T. S. Huang y S-F. Ghang (1997): «Image retrieval: Past, present, and future» [documento PDF], *Proc. of Int. Symposium on Multimedia Information Processing*, dic., <http://citeseer.ist.psu.edu/192987.html>.

— T. S. Huang y S-F. Ghang (1999): «Image retrieval: Current techniques, promising directions, and open issues» [documento PDF], *Journal of Visual Communication and Image Representation*, 10 (1), pp. 39-62., <http://citeseer.ist.psu.edu/rui99image.html>.

Sánchez, J. A. (2004): «U-DL-A: Bibliotecas digitales en la UDLA» [documento PDF], *Revista Digital Universitaria*, 5 (6), julio, 15 pp., <http://www.revista.unam.mx/vol.5/num6/art33/jul_art33.pdf>.

Sánchez García, I. (2004): «Modelo semántico para la recuperación de imágenes de Internet» [documento HTML], tesis dirigida por Oleg Starostenko Basarab (Universidad de las Américas, Puebla-México), <http://mailweb.udlap.mx/~is110362/tesis/index.html>. [Consulta: 29/09/04.]

Santamaría, S. (2004): «Psicología cognitiva» [documento HTML], en *Monografías.com* [artículo añadido en abril de 2004], <http://www.monografias.com/trabajos15/psicologia-cognitiva/psicologia-cognitiva.shtml

Santini, S. (2001): «A query paradigm to discover the relation between text and images» [documento PDF], <http://citeseer.ist.psu.edu/santini01query.html>.

— R. C. Jain (1997): «Do images mean anything?», *Proc. of* IEEE *Intl. Conference on Image Processing (ICIP-97)*, pp. 564-567.

Sarmiento Santos, R., M. Valle Segovia y S. Fernández (2004): «Aplicación de indicadores de evaluación en sistemas de recuperación en línea: Experimento de simulación en la Biblioteca Central de la Universidad Nacional Mayor de San Marcos», *Biblios*, 5 (18-19), abril-septiembre, pp. 96-109.

Schatz, B., y otros (1996): «Federating diverse collections of scientific literature», *Computer*, vol. 29 (5), mayo, pp. 28-36.

— y Hsinchun Chen (1996): «Building large-scale digital libraries», *Computer*, vol. 29 (5), mayo, pp. 22-26.

Schmid, C., y R. Mohr (1997): «Image retrieval using local characterization» [documento PDF], *4th DELOS Workshop: Image Indexing and Retrieval (San Miniato, 28-30 agosto 1997)*, <http://www.ercim.org/publication/ws-proceedings/DELOS4/mohr.pdf>.

Sciascio, E. di, y A. Celentano (1997): «Similarity Evaluation in Image Retrieval Using Simple Features» [documento PDF], *Storage and Retrieval for Image and Video Databases V, SPIE's Electronic Imaging '97, San Jos, 8-14 febrero*, <http://www.dsi.unive.it/~auce/docs/celentano_spie97a.pdf>.

Sclaroff, S., L. Taycher y M. la Cascia, (1997): «ImageRover: A content-based image browser for the World Wide Web» [documento PDF], *Proc.of the* IEEE *Workshop on Content-*

Based Access of Image and Video Libraries (San Juan, Puerto Rico), pp. 2-9, <http://cs-ftp.bu.edu/techreports/pdf/1997-005-image-rover.pdf>. [Consulta: 21/09/05.]

SLEDGE, J. (1995): «Points of View», en D. BEARMAN (ed): *Multimedia Computing and Museums,* Pittsburgh: AIM, pp. 335-346.

SMEULDERS, A. W. M., y otros (2000): Content-Based Image Retrieval at the end of the Early Years [documento PDF], *IEEE Transactions on Pattern Analysis and Machine Intelligence,* vol. 22 (12), pp. 1349-1380.

— T. S. HUANG y T. GEVERS (2004): «Guest editorial», *Special Issue on Content-Based Image Retrieval, International Journal of Computer Vision,* enero-febrero, vol. 56 (1-2), pp. 5-6.

SMITH, J. R., y S. F. CHANG (1996): «VisualSEEk: a fully automated content-based Image query system» [documento PDF], *ACM Multimedia,* <http://citeseer.ist.psu.edu/smith96visualseek.html>.

— (1997*a*): «An image and video search engine for the World-Wide Web» [documento HTML], *Proc. of the SPIE Conference on Storage and Retrieval for Image and Video Databases V (IS&T/SPIE, San Jose, CA),* pp. 84-95, <http://www.ctr.columbia.edu/~jrsmith/html/pubs/wsspie/wsspie.html>.

— (1997*b*): «Multi-stage classification of images from features and related text» [documento PDF], *4th DELOS Workshop: Image Indexing and Retrieval (San Miniato, 28-30 August 1997),* <http://www.ercim.org/publication/ws-proceedings/DELOS4/smith.pdf>.

SMITH, T. R. (1996): «A digital library for geographically referenced materials», *Computer,* vol. 29 (5), mayo, pp. 54-60.

SO, S., y C. H. C. LEUNG (1999): «A New Paradigm in Image Indexing and Retrieval Using Composite Bitplane Signatures», *ICMCS,* vol. I, pp. 855-859.

SONESSON, G. (1993): «Pictorial Semiotics: The state of the art at the beginning of the nineties» [documento HTML], <http://www.arthist.lu.se/kultsem/sonesson/pict_sem_1.html>.

SQUIRE, D. M., y otros (1998): «Content-based query of image databases, inspirations from text retrieval: inverted files, frequency-based weights and relevance feedback» [documento PDF], *Computer Vision Group (Geneva),* <http://citeseer.ist.psu.edu/squire98contentbased.html>.

SRIHARI, R. K. (1995): «Automatic Indexing and Content-Based Retrieval of Captioned Images», *IEEE Computer,* vol. 28(9), pp. 49-56.

STANCHEV, P. L., y David Jr. GREEN (2002): «Current state and research trend in the image database systems» [documento PDF], *Mathematics and education in Mathematics,* pp. 66-76, <http://www.gmi.edu/~pstanche/borovez.pdf>.

SU, Z., y H. ZHANG (2003): «Relevance feedback in CBIR» [documento PDF], <http://research.microsoft.com/asia/dload_files/group/mcomputing/2003P/VDBHJZ.pdf>.

TANAKA, M., y T. ICHIKAWA (1988): «A visual user interface for map information retrieval based on semantic significance», *IEEE Transactions on Software Engineering,* vol. SE-14 (5), May, pp. 666-670.

TASI: Technical Advisory Service for images (2004): A review of Image Search Engines [documento HTML], <http://www.tasi.ac.uk/resources/searchengines.html>.

THOMA, G. R., L. R. LONG y S. ANTANI (2002): «Content-Based Image Retrieval (CBIR) of Biomedical Images» [documento HTML] *Report to the NLM/LHC Board of Scientific Counselors,* <http://archive.nlm.nih.gov/pubs/reports/bosc02/bosc02.html>. [Consulta: 21/09/05.]

TOGNAZZINI, B. (2003): «First principles of interface design» [documento HTML], <http://www.asktog.com/basics/firstPrinciples.html>.

TORRES, J. M., y A. PARKES (2001): «Intelligent multimodal interfaces for visual information retrieval» [documento PDF], *ECDL-2001,* <http://www2.ufp.pt/~jtorres/publica/artigo_torres_and_parkes_ecdl_200109.pdf>.

TORRES, R. S., y otros (2003): «Visual structures for Image Browsing», *Proceedings of CIKM '03 (New Orleans, Louisiana-EE. UU., November 3-8),* pp. 49-55.

TORRES VARGAS, G. A. (2001): «La biblioteca digital: Una revisión conceptual» [documento HTML], *Liber: Revista de Bibliotecología,* vol.

3 (4), octubre-diciembre, <http://www.ambac.org.mx/publicaciones/V3N4art2.html>. [Consulta: 01/06/05.]

Town, C., y D.Sinclair (2004): «Language-based Querying of Image Collections on the basis of an Extensible Ontology» [documento PDF], *International Journal of Image and Vision Computing*, vol. 22 (3), pp. 251-267, <http://www.cl.cam.ac.uk/users/cpt23/papers/TownIVC2004.pdf>.

Urban, J., M. J. Joemon y C. J. van Rijsbergen (2003): «An Adaptive Approach Towards Content-Based Image Retrieval» [documento PDF], *Department of Computing Science University of Glasgow,* <http://www.dcs.gla.ac.uk/~jana/research/./publications/CBMI2003.pdf>.

Urcid Pliego, P. (2003): «Búsqueda de imágenes por contenido en bibliotecas digitales» (tesis) [documento PDF], *Universidad de las Américas-Puebla (México),* Escuela de Ingeniería, <http://www.pue.udlap.mx/~tesis/lis/urcid_p_p/>. [Consulta: 21/09/05.]

Vailaya, A., A. Jain y H. J. Zhang (1998): «On image classification: city images vs. Landscapes», *Pattern Recognition,* 31 (12), pp. 1921-1935.

Vargas-Quesada, B., F. de Moya Anegón y M.ª D. Olvera Lobo (2002): «Enfoques en torno al modelo cognitivo para la recuperación de información: análisis crítico», *Ci. Inf., Brasília,* 31 (2), mayo-agosto, pp. 107-119.

Vasconcelos, N., y A. Lippman, (2000): «A probabilistic architecture for content-based image retrieval» [documento PDF], *Proc. IEEE Conference Computer Vision and Pattern Recognition,* disponible en: <http://www.svcl.ucsd.edu/publications/conference/2000/cvpr00/cvpr00.pdf>.

Veltkamp, R. C., y M. Tanase (2002): «Content-based image retrieval systems: A survey» [documento PDF], *Technical Report UU-CS-2000-34,* <http://www.aa-lab.cs.uu.nl/cbirsurvey/cbir-survey.pdf>.

Vendrig, J. (1997): «Filter Image Browsing: A study to image retrieval in large pictorial databases» [documento HTML], *Department of Intelligent Sensoric Information Systems, Faculty WINS, Universiteit van Amsterdam,* <http://carol.wins.uva.nl/~vendrig/thesis/>. [Consulta: 17/09/04.]

— M. Worring y A. W. M. Smeulders (2001): «Filter Image Browsing: Interactive image retrieval by using database overviews», *Multimedia Tools and Applications,* vol. 15, n.º 1, Sept., pp. 83-103.

Venters, C. C., y otros (2001): «Query by Visual Example: Assessing the Usability of Content-Based Image Retrieval System User Interfaces», *The Proceedings of the Second IEEE Pacific-Rim Conference on Multimedia 2001: International Symposium on Multimedia Information Processing October 24th-26th, 2001, Beijing, Republic of China, Lecture Notes in Computer Science,* vol. 2195, pp. 514-521.

— y M. Cooper (2000*a*): «A Review of Content-Based Image Retrieval Systems» [documento HTML], *Report to JISC Technology Applications Programme,* <http://www.jtap.ac.uk/reports/htm/jtap-054.html>. [Consulta: 11/09/04.]

— y M. Cooper (2000*b*): «Content based image retrieval: A new paradigm for image retrieval?» [documento PDF] *Spectra, Fall Issue November,* <http://mvc.man.ac.uk/staff/venters/pubs/spectra.pdf>. [Consulta: 19/09/04.]

— J. P. Eakins y R. J. Hartley (1997): «The user interface and content-based image retrieval systems» [documento PDF], *19th Annual BCS-IRSG Colloquium on IR (Aberdeen, UK, 8th-9th abril),* <http://ewic.bcs.org/conferences/1997/irsg/papers/paper11.pdf>. [Consulta: 21/09/05.]

— R. J. Hartley y W. T. Hewitt (2004): «Mind the Gap: Content-Based Image Retrieval and the User Interface», en S. Deb (ed.): *Multimedia Systems and Content-based Image Retrieval,* Hershey: Idea Publishing, pp. 322-355.

Vries, A. P. de (2000): «The role of evaluation in the development of content-based retrieval techniques» [documento PDF], *Centre for Telematics and Information Technology Technical Report TR-CTIT-00-19,* <http://www.cwi.nl/~arjen/pub/ctit-tr-00-19-web.pdf>.

Wang, J. Z., y Y. Du (2001): «RF*IPF: A weighting scheme for multimedia information retrieval» [documento PDF], <http://citeseer.ist.psu.edu/wang01rfipf.html>.

— J. LI y G. WIEDERHOLD (2001): «SIMPLIcity: Semantics-sensitive integrated matching for picture libraries» [documento PDF], *IEEE Trans. Pattern Anal. Machine Intell.*, sept., vol. 23, pp. 947-963, <http://www-db.stanford.edu/~wangz/project/imsearch/SIMPLIcity/TPAMI/wang2.pdf>.

WANG, T., Y. RUI y S. JIA-GUANG (2004): «Constraint Based Region Matching for Image Retrieval», *Special Issue on Content-Based Image Retrieval, International Journal of Computer Vision,* enero-febrero, vol. 56 (1-2), pp. 37-45.

WEI, G., D. LI y I.K. SETHI (1998): «Web-WISE: Compressed image retrieval over the Web», *Proc. Of the Multimedia Information Analysis and Retrieval, IAPR International Workshop,* pp. 33-46.

WENYIN, Liu y otros (2001): «A performance evaluation protocol for content-based image retrieval algorithms/systems» [documento PDF], *Microsoft Research China, Beijing 100080 PR China,* <http://citeseer.csail.mit.edu/liu01performance.html>.

WESTERVELD, T. (2000): Image retrieval: Content versus Context [documento PDF], *Content-Based Multimedia Information Access, RIAO '2000,* <http://homepages.cwi.nl/~thijs/pub/riao.pdf>.

WIEDERHOLD, G. (1995): «Digital libraries, value and productivity», *Communications of the ACM,* 38 (4), pp. 85-96.

WILESKY, R. (1996): «Toward work-centered digital information services», *Computer,* vol. 29 (5), mayo, pp. 37-44.

WILSON, T. (2000): «Human information behaviour», *Informing Science,* 3(2), pp. 49-55.

YANAI, K. (2003): «Web Image Mining toward Generic Image Recognition» [documento HTML], *The 12th International World Wide Web Conference (20-24 mayo, Budapest-Hungary),* <http://www2003.org/cdrom/papers/poster/p080/p80-yanai.html>.

YANKELOVICH, N. y otros (1988): «Intermedia: the concept and the construction of a seamless information environment», *Computer,* vol. 21 (1), pp. 81-96.

YEN, M. Y.-M., y R.W. SCAMELL (1993) «A human factors experimental comparison of SQL and QBE», *IEEE Transactions on Software Engineering,* 19(4), pp. 390-409.

YOSHITAKA, A., y otros (1994): «Knowledge-assisted content based retrieval for multimedia databases», *IEEE Multimedia,* vol. 1(4), invierno, pp. 12-21.

ZACHARY, J. M. Jr., y S. S. IYENGAR (1999): «Content-based image retrieval systems», *Application-Specific Systems and Software Engineering and Technology (ASSET),* pp. 136-143.

ZHANG, H. J., y Z. SU (2001): «Improving CBIR by semantic propagation and cross modality query expansion» [documento PDF], <http://www-rocq.inria.fr/imedia/mmcbir2001/FinalpaperZhang.pdf>.

ZHAO, R., y W. I. GROSKY (2000): «From features to semantics: some preliminary results» [documento PDF], *Proceedings of the IEEE International Conference on Multimedia and Expo,* (Nueva York, julio), pp. 679-682, <http://www-personal.engin.umd.umich.edu/~wgrosky/Recent_Publications/2000ICME.pdf>. [Consulta: 21/09/05.]

— (2002): «Bridging the Semantic Gap in Image Retrieval», en T. K. SHIH (ed.): *Distributed Multimedia Databases: Techniques and Applications,* Hershey: Idea Group Publishing, pp. 14-36.

ZHUGE, H. (2003): «Semantic-based Web Image Retrieval» [documento HTML], *The 12th International World Wide Web Conference (20-24 mayo, Budapest-Hungary),* <http://www2003.org/cdrom/papers/poster/p172/p172-zhuge/p172-zhuge.htm>.